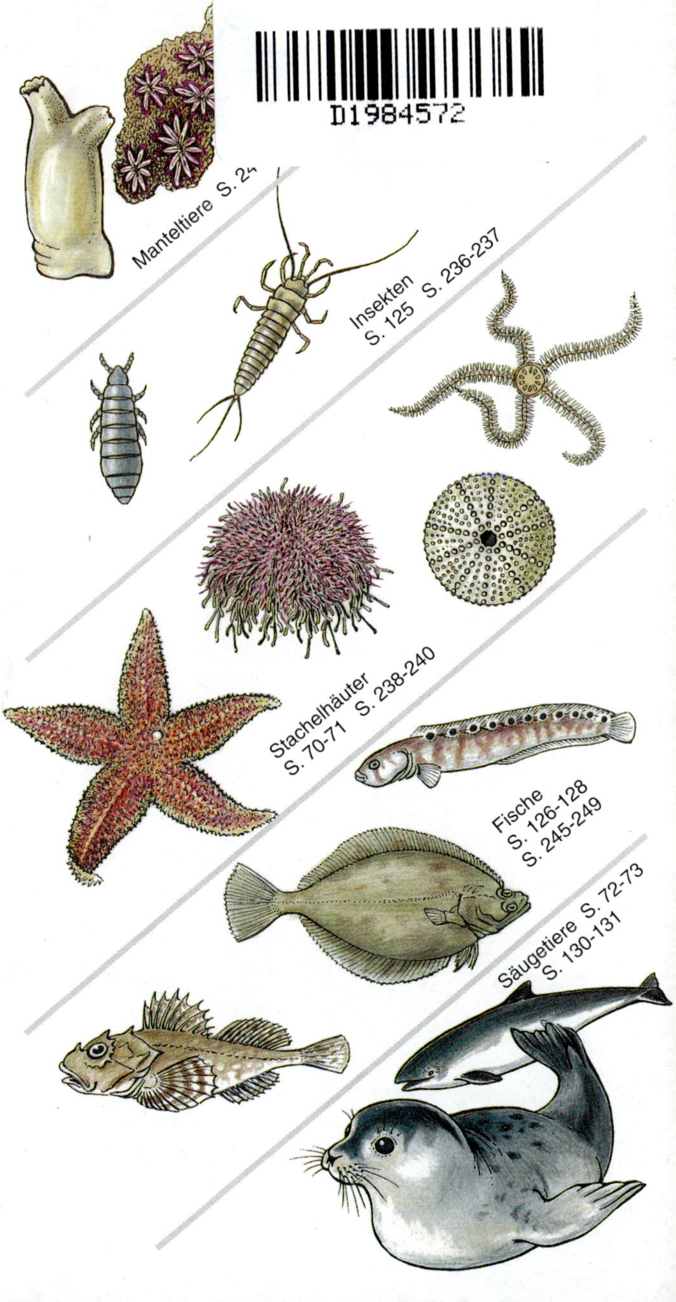
Manteltiere S. 24
Insekten
S. 125 S. 236-237
Stachelhäuter
S. 70-71 S. 238-240
Fische
S. 126-128
S. 245-249
Säugetiere S. 72-73
S. 130-131

kosmos NATURFÜHRER

Klaus Janke · Bruno P. Kremer

Düne, Strand und Wattenmeer

Tiere und Pflanzen unserer Küsten

Kosmos

Mit 436 Farbfotos von Balzer, B. (1), Diedrich, J. (6), Ewald, G. (6), Greve, W. (1), Janke, K. (261), Kage, M. (1), Kerber, B. (1), König, R. (13), Kremer, B. P. (68), Limbrunner, A. (1), Penski, K. (1), Quedens, G. (21), Rohdich, W. (1), Valentin, C. (4) und Wernicke, K. (50) sowie 42 Strichzeichnungen von Klaus Janke, coloriert von Marianne Golte-Bechtle

69 Farbzeichnungen auf den Klappen von Marianne Golte-Bechtle (67) und Bruno P. Kremer (2).
Bildnachweis siehe S. 313.

Umschlag von Atelier Reichert, Stuttgart, unter Verwendung von vier Dias von Frank Hecker (1) und Klaus Janke (3). Die kleinen Bilder zeigen eine Stranddistel (*Eryngium maritimum*), einen Austernfischer (*Haematopus ostralegus*) und den Gemeinen Seestern (*Asterias rubens*), das große Bild einen Einsiedlerkrebs (*Pagurus bernhardus*).

3. Auflage, 1999

L 14 Pl / ISBN 3-440-07734-9
Printed in Italy / Imprimé en Italie
Satz: G. Müller, Heilbronn
Reproduktion: G. Schmid, Stuttgart
Herstellung: Printer Trento s.r.l., Trento

Die Deutsche Bibliothek – CIP-Einheitsaufnahme

Janke, Klaus:
Düne, Strand und Wattenmeer : Tiere und Pflanzen unserer Küsten / Klaus Janke ; Bruno P. Kremer. – Stuttgart : Franckh-Kosmos, 1999
(Kosmos-Naturführer)
ISBN 3-440-07734-9
NE: Kremer, Bruno P.:

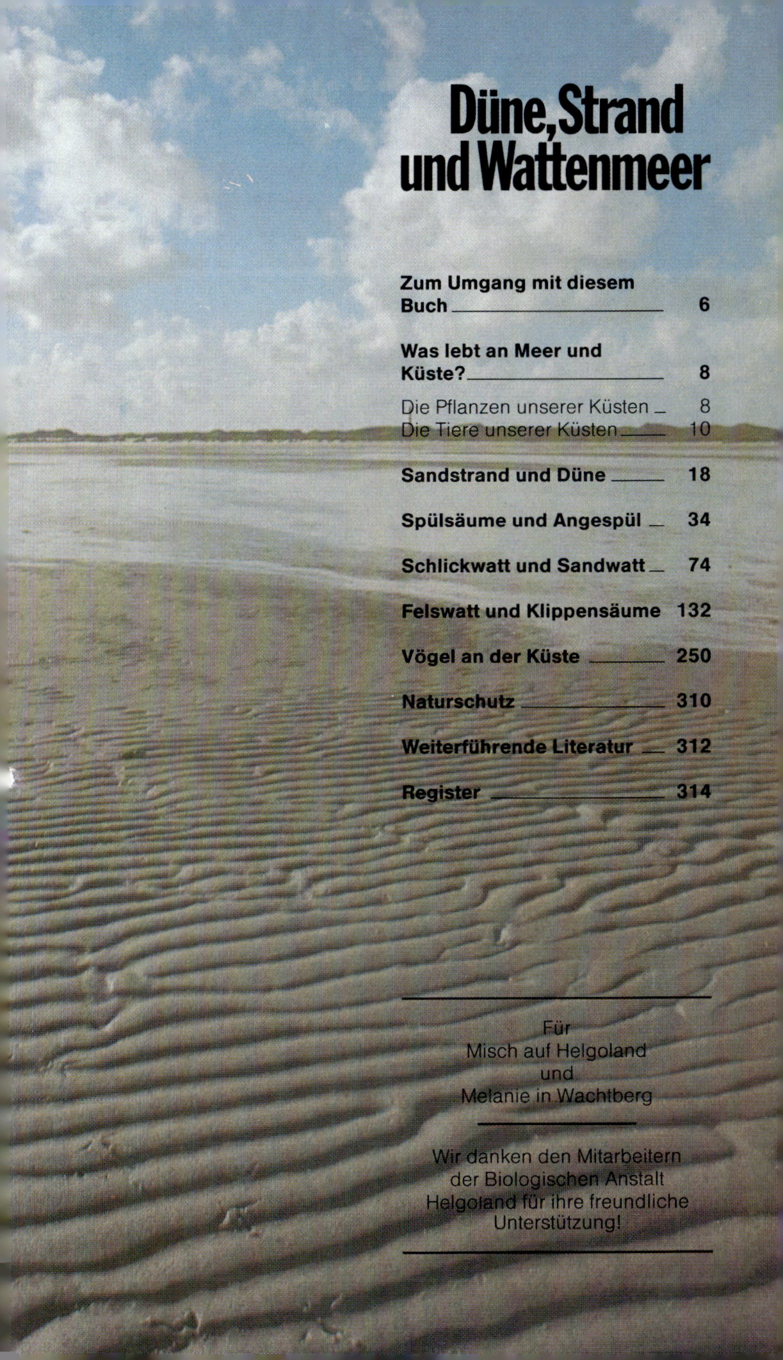

Düne, Strand und Wattenmeer

Für
Misch auf Helgoland
und
Melanie in Wachtberg

Wir danken den Mitarbeitern
der Biologischen Anstalt
Helgoland für ihre freundliche
Unterstützung!

Zum Umgang mit diesem Buch

Das Meer ist der älteste und größte Lebensraum. Nahezu drei Viertel der Erdoberfläche entfallen auf die Ozeane und ihre Randmeere. Andererseits reicht ihre Ausdehnung von der Wasserlinie bis hinab in die tiefsten ozeanischen Grabensysteme. Berücksichtigt man also zusätzlich das Volumen, so verschieben sich die Relationen Land – Meer noch viel weiter zugunsten der marinen Biosphäre.
In diesem gewaltigen Raum leben ungemein vielgestaltige und vielgliedrige Organismengemeinschaften, wobei wiederum Ausdehnung und Individuenreichtum bestechen. Selbst wenn auf dem Festland mit seinen verschiedenen Ökosystemen bei den Blütenpflanzen (etwa 260 000 Arten) und erst recht bei den Insekten (vermutlich eine Million Arten) der größere Artenreichtum angetroffen wird, so kommt doch im Meer immerhin die mit Abstand größere Typenvielfalt vor: Nahezu alle Stämme des Tierreiches und die meisten übergeordneten Verwandtschaftsgruppen des Pflanzenreiches, dazu auch Bakterien und Pilze, sind in den verschiedenen marinen Lebensräumen vertreten.
Diese beachtliche Vielfalt und vor allem auch die Andersartigkeit der Meerespflanzen und Meerestiere können wir zumindest ausschnitthaft erleben, wenn wir uns an Strand und Küste, im Schlick- oder Felswatt aufhalten. Die Randsäume des Meeres sind zwar nur ein vergleichsweise kleiner Teilbereich des riesigen Ökosystems, aber immerhin ein ungemein interessantes und geradezu faszinierendes Lebensraumgefüge. Wo sich Meer und Land gegenseitig verzahnen und im Gezeitenrhythmus auch noch täglich ihre Grenzmarken neu verteilen, begegnen uns hochgradig angepaßte Lebensgemeinschaften. Da lohnt es sich, einmal genauer hinzusehen und zu beobachten, in welcher räumlichen und zeitlichen Ordnung diese so eigenartigen Lebewesen auftreten und verteilt sind. Außerdem findet sich in den Spülsäumen und Flutmarken so manches reiche Strandgut aus anderen Teilbereichen des Lebensraumes Meer, die uns normalerweise nicht zugänglich sind. So gewinnt man gerade an den Küstensäumen und Stränden dennoch einen facettenreichen Einblick in den gewaltigen Formenbestand und zudem auch in die enorme Produktionskraft des Meeres.
Dieser Naturführer ist ein Buch über die Pflanzen und Tiere von Strand und Watt.

* Es werden vor allem solche Arten vorgestellt, die man in Urlaub und Freizeit an der Küste, bei Strandwanderungen oder Exkursionen auch tatsächlich finden und beobachten kann.
Zweifellos sind auch gerade die Lebensräume unterhalb der Wasserlinie faszinierend artenreich. Dennoch beschränken wir uns in der Artenauswahl auf diejenige Meeresflora und -fauna, die im Strandbereich bzw. in der Gezeitenzone erlebbar ist. Dazu gehören nicht nur Arten die <u>im</u> Meer vorkommen, sondern auch solche, die auf küstennahe, vom Meer unmittelbar beeinflußte Standorte spezialisiert sind. Salzwiesen und Dünenserien, Klippensäume und Seevogelfelsen sind derartige Lebensstätten, die eigentlich dem Festland angehören, aber vom Meer nachhaltig geprägt und daher auch im typischen Artenbesatz abhängig sind.

* Die Meerespflanzen und Meerestiere werden erstmals in ihrem natürlichen Lebensraumzusammenhang vorgestellt.
Die Lebensräume sind eingeteilt in:

Sandstrand und Düne
Seite 18–33

Spülsäume und Angespül
Seite 34–73

Schlickwatt und Sandwatt
Seite 74–131

Felswatt und Klippensäume
Seite 132–249

Vögel an der Küste
Seite 250–309

Dieses Buch bringt daher keine Auflistungen von Arten, die nach systematischen Gesichtspunkten zusammengewürfelt wurden; vielmehr steht die Vergesellschaftung der verschiedenen Organismen im Vordergrund.
Wenn Sie etwa die Kapitel „Sandstrand" oder „Felswatt" aufschlagen, haben Sie jeweils eine komplette Übersicht vor Augen, welche pflanzlichen und tierischen Besiedler in diesem Lebensraum vorkommen oder mit großer Wahrscheinlichkeit gefunden werden können.
* Neben einer Beschreibung wichtiger arttypischer Merkmale für die sichere Diagnose bringen die Begleittexte jeweils auch interessante Angaben zur Ökologie oder Lebensweise. So erfährt man nicht nur Namen und Aussehen einer speziellen Art, sondern viele weitere wissenswerte Zusammenhänge.
* Besondere Zeichnungen und Grafiken vertiefen diese Textteile.
* Dieses Buch berücksichtigt in besonderem Maße die Anliegen von Arten- und Biotopschutz (Naturschutz)! Wir empfehlen nicht das Einsammeln, Töten und Präparieren von Meerestieren, sondern möchten statt dessen zum rücksichtsvollen Umgang mit der Natur anregen.
Dies schließt vielfältige, intensive Beobachtung und aktives Erleben gewiß nicht aus, auch wenn man dabei empfindliche, störanfällige Biotope und Lebensgemeinschaften (vgl. „Naturschutz", Seite 310/311) ausklammern sollte, die es selbstverständlich auch im Küstenbereich gibt.
Andererseits kann man nur schützen, was man kennt und schätzt.
Tragen Sie zum Bewahren und Erhalten der Natur an Strand und Küste bei!

Abkürzungen

MTNW Mittleres Tidenniedrigwasser

MTHW Mittleres Tidenhochwasser

(Mit den Zusätzen „**Sp**" oder „**N**" werden die Hoch- oder Niedrigwasserstände während der Spring- bzw. Nipptiden bezeichnet.)

K Arttypische Kennzeichen und Merkmale

V Verbreitungsangaben, Lebensraum und geografische Verbreitung

A Allgemeine Angaben zur Biologie oder Ökologie, Hinweise auf ähnliche oder weitere Arten

Die Pflanzen unserer Küsten

Die typische marine Flora setzt sich überwiegend aus den verschiedenen Vertretern der Algen (Tange) und einigen Blütenpflanzen-Arten zusammen. Moose und Farnpflanzen sind (fast) nicht vertreten.

Grünalgen (*Chlorophyceae*)
Die Grünalgen sind eine sehr umfangreiche Verwandtschaftsgruppe mit rund 7000 Arten in 450 Gattungen. Die wenigsten davon kommen jedoch im Meer vor. Ihr Formenbestand umfaßt überwiegend fädige, röhrige oder seltener auch blättrige Arten. Grünalgen führen die gleichen Farbstoffe wie höhere Pflanzen.

Braunalgen (*Phaeophyceae*)
Die Braunalgen sind mit knapp 2000 Arten in 250 Gattungen eine relativ kleine Verwandtschaftsgruppe. Sie stellen jedoch vor allem an Felsküsten in der Gezeitenzone den Großteil der Vegetation. Viele Arten sind auffallend groß und derb – sie werden als Tange bezeichnet. Die größten wasserlebenden Pflanzen gehören hierher. Sie werden viele Meter lang. Die braune Farbe dieser Tange geht auf das Carotinoid Fucoxanthin zurück. Die meisten Arten zeigen einen sehr ausgeprägten Generationswechsel. Braunalgen haben als Rohstofflieferanten eine enorm praktische Bedeutung.

Rotalgen (*Rhodophyceae*)
Weltweit sind etwa 4000 Arten in ungefähr 600 Gattungen bekannt. Außer ganz wenigen einzelligen Arten finden sich bei den Rotalgen überwiegend fädige, vielachsige, buschige oder blättrige Formen, die jedoch nicht so lederig-derb ausfallen wie bei den Braunalgen. Die schönsten Rottöne zeigen die Tiefenformen. Im Gezeitenbereich überwiegen bei den Rotalgen eher grauviolette (bei den Kalkrotalgen), braunrote oder dunkelpurpurne Farbtöne. Die beteiligten Farbstoffe sind Phycobiliproteine, mit unseren Gallenfarbstoffen verwandte Substanzen. Rotalgen durchlaufen bei ihrer Entwicklung komplizierte Generationswechsel. Einige Arten werden technisch genutzt.

Blütenpflanzen (*Magnoliophytina*)
Die Blütenpflanzen sind im Lebensraum Meer unterrepräsentiert. Die Gezeitenzone und das Sublitoral von Felsküsten werden ausschließlich von Algen und Tangen besiedelt. Lediglich an Weichbodenküsten treten am Meer einige wenige Arten auf, in unseren Breiten etwa die Seegräser, in den Tropen dagegen die verschiedenen Mangrovepflanzen. Erst oberhalb der Hochwasserlinie beginnt die eigentliche Domäne der höheren Pflanzen. Die Pioniere des Festlandes gegen das Meer bilden die typische Vegetation der Dünen und der Salzwiesen. Mit zunehmendem Abstand von der Wasserlinie schwindet gleichzeitig die Salztoleranz der hier siedelnden Arten.

Flechten (*Mycophycophyta*)
Flechten sind ernährungsphysiologisch spezialisierte Pilze, die nicht zum Pflanzenreich gehören. In der Spritzwasserzone an Felsküsten bilden die Flechten außerordentlich farbenprächtige Bestände in verschieden hoch angeordneten Gürteln.

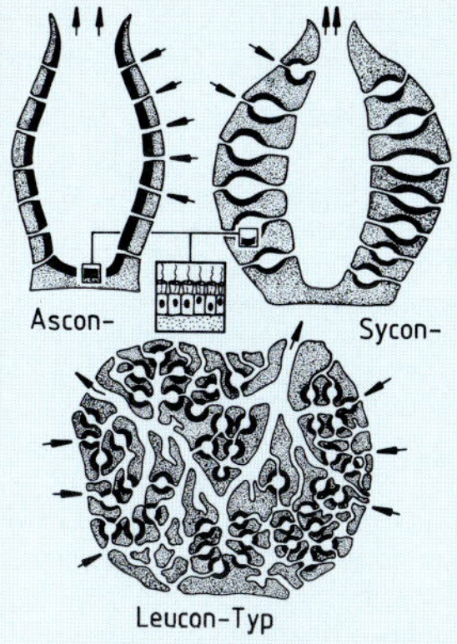

Organisationsschemata der Schwämme (mit Ausschnitt aus Kammerwand)

Die Tiere unserer Küsten

Schwämme (*Porifera*)
Schwämme sind eine sehr ursprüngliche Tiergruppe und besitzen noch keine echten Gewebe. Sie leben von Plankton und Detritus, das sie einstrudeln und aus dem Wasser herausfiltrieren. Zu diesem Zweck ist der Schwammkörper von Kanälen durchzogen, die zunächst in Höhlen, sogenannten Geißelkammern, münden. An ihren Wänden sitzen Kragengeißelzellen (Choanocyten), die mit dem Schlag ihrer Wimpern den saugenden Wasserstrom erzeugen und die Nahrung herausfiltrieren. Anschließend wird das Wasser über einen zentralen Hohlraum durch große Öffnungen wieder nach außen gepumpt. Je nach Aufbau des Kanalsystems unterscheidet man einen Ascon-, Sycon- oder Leucontyp. Als Skelett fungieren mannigfaltig geformte Kalk- oder Kieselnadeln. Außerdem bilden viele Schwämme ein Sponginfasernetz aus Proteinen aus.

Hohltiere (*Coelenterata*)
Die Hohltiere besitzen als ursprüngliche Gruppe des Tierreichs zwar Gewebe, doch entwickeln sie sich im Gegensatz zu allen höher entwickelten Tiergruppen nur aus 2 Keimblättern, die durch eine Stützlamelle getrennt sind. Man unterscheidet Nesseltiere (Cnidaria) und Rippenquallen (Ctenophora).
Nesseltiere treten häufig in 2, durch einen Generationswechsel bedingten Formen innerhalb einer Art auf: der festsitzende Polyp und die freischwimmende Meduse (= Qualle). Eine Generation kann verkümmern oder völlig unterdrückt werden. Nesseltiere produzieren in der äußeren Zellschicht Nesselkapseln (Cnidocysten), aus denen bei mechanischer oder auch chemischer Reizung lange, im Ruhezustand aufgerollte Stilette herausgeschleudert werden. Sie dienen sowohl zur Feindabwehr als auch zum Nahrungserwerb.
Rippenquallen bilden Klebzellen (Colloblasten) aus, die vor allem an den Tentakeln Nahrung festhalten. Polypen treten nicht auf.

Kranzfühler (*Tentaculata*)
Von den 3 Gruppen der Kranzfühler kommen im heimischen Flachwasser und Angespül nur die Moostierchen (*Bryozoa*) regelmäßig vor. Sie leben in flachen Kolonien, aufrechten Wirteln, Reihen und lockeren Verbänden, die durch Ausläufer (Stolone) miteinander verbunden sind. Ihre dicht bewimperte Tentakelkrone strudelt Nahrungspartikel herbei und kann, z.B. bei Gefahr oder in Ruhephasen, vollständig in das chitinöse und häufig durch Kalkeinlagen verstärkte Gehäuse zurückgezogen werden. Die meisten Moostierchen sind Zwitter. Aus den befruchteten Eiern entstehen Schwimmlarven, die verdriftet werden und später zum Bodenleben übergehen. Außerdem vermehren

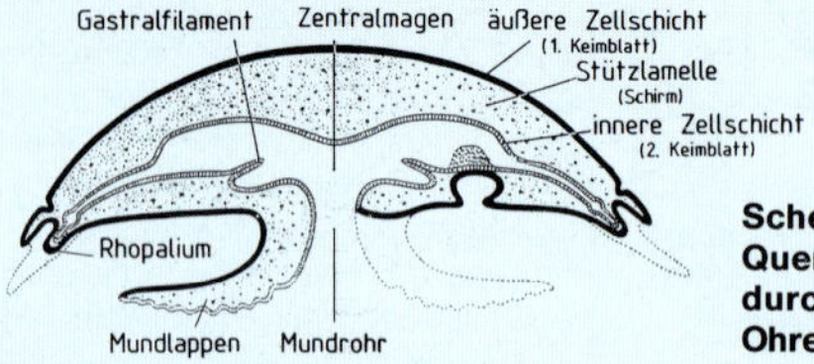

Schematischer Querschnitt durch eine Ohrenqualle

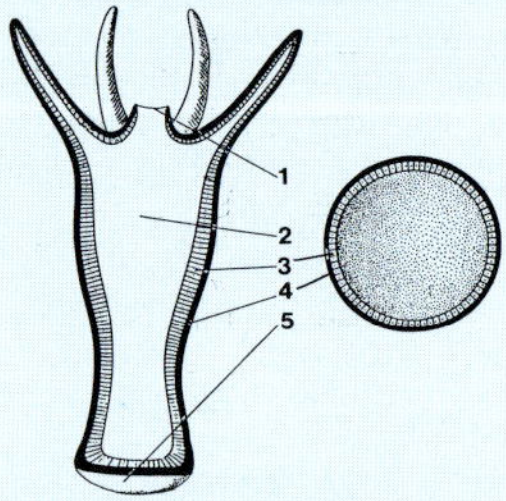

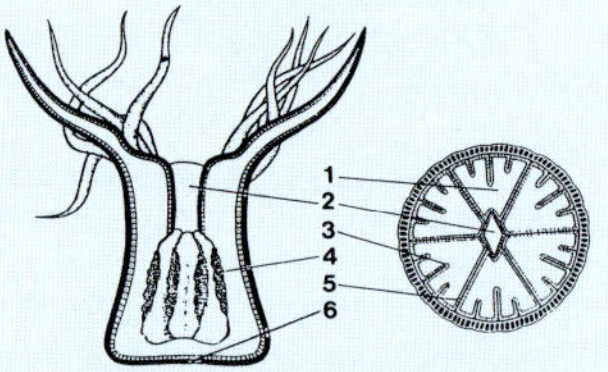

Schematischer Quer- und Längsschnitt durch einen Hydrozoenpolyp
1 Mund
2 Magenraum
3 Innere Zellschicht
4 Äußere Zellschicht
5 Fußscheibe

Schematischer Quer- und Längsschnitt durch einen Anthozoenpolyp
1 Magenraum
2 Schlundrohr
3+5 Nebensepten
4 Keim-, Freß- und Drüsenzellen
6 Fußscheibe

sie sich durch Knospung. Dabei entsteht aus einem Einzeltier eine ganze Kolonie, innerhalb derer speziell umgewandelte Freß-, Putz- und Wehrzooide auftreten können, so daß sich eine echte Aufgabenteilung entwickelt.

Plattwürmer (*Plathelminthes*)
Die Plattwürmer bilden eine formenreiche Gruppe. Sie leben sowohl frei als auch parasitisch (z.B. Bandwürmer, Leberegel). Zu den freilebenden Formen gehören die im Meer weit verbreiteten Strudelwürmer (*Turbellaria*), die sich durch eine dichte Hautbewimperung auszeichnen. Sie besitzen etwa in der Mitte der Bauchseite einen Mund mit muskulösem Schlund, der in einen weit verzweigten Darmtrakt mündet und durch den die Nahrung verteilt und verdaut wird. Ein After fehlt. Eine echte Körperhöhle zwischen dem Darm und dem Hautmuskelschlauch existiert nicht. Statt dessen ist das Innere von einem Bindegewebe (Parenchym) erfüllt. Am Kopf können einfache kurze Fühler und/oder mehrere Paar Augenflecken entwickelt sein.

Schnurwürmer (*Nemertini*)
Schnurwürmer sind niemals seg-

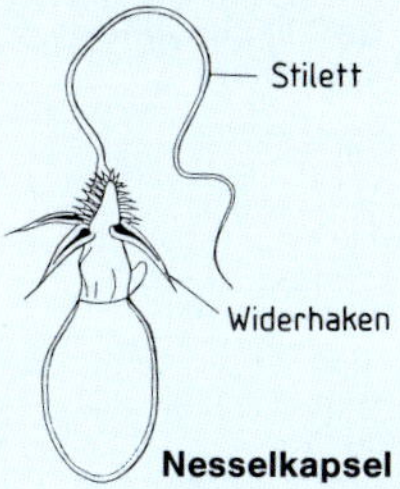

Nesselkapsel

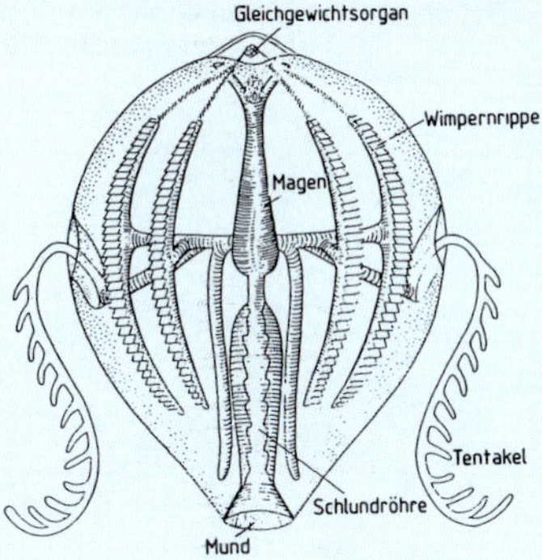

Schema einer Rippenqualle

Schematischer Querschnitt durch ein Moostierchen

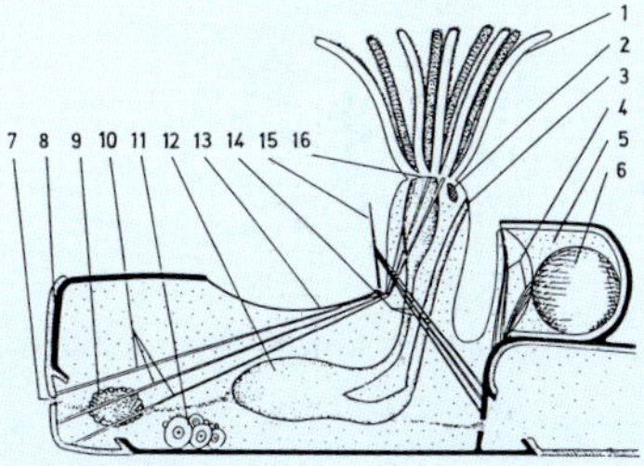

1 Tentakelkrone
2 Gehirn
3 After
4 Muskulatur
5 Keimlingsack
6 Keimling
7 Pore zum Nachbartier
8 Kapselwand
9 Hoden
10 Rückziehmuskel
11 Eierstock
12 Magen
13 Kapsel (Cystid)
14 Deckelschließmuskel
15 Deckel
16 Mund

mentiert und tragen auch keine Anhänge. Nur am Hinterende wächst bei einigen Arten ein kurzer Cirrus aus. Der Kopf ist meist flacher und breiter als der Körper und mit Augenfeldern besetzt. Viele Arten sind kontrastreich gefärbt und/oder gemustert. Der Verdauungstrakt durchläuft als langes Rohr den gesamten Körper und mündet am Hinterende. Am Mund ist ein einstülpbarer Rüssel ausgebildet, der jedoch nicht unbedingt eine Verbindung zum Schlund haben muß. Unter der dicht bewimperten und deshalb samtig schimmernden Haut liegt ein Hautmuskelschlauch, mit dessen Hilfe sich die Tiere strecken und blitzschnell zusammenziehen können.

Weichtiere (*Mollusca*)
Mit etwa 130000 bekannten Arten bilden die Weichtiere den zweitgrößten Stamm des Tierreichs. Charakteristisches Merkmal ist die Dreiteilung des Körpers in Kopf, Fuß und Eingeweidesack. Außerdem bilden sie eine Schale aus und tragen in ihrem Mund eine Raspelzunge (Radula). Die Schale besteht aus einer äußeren Hornschicht (Periostracum), einer durch Kalk verstärkten Prismenschicht (Ostracum) und einer inneren Perlmuttschicht (Hypo-

Schematischer Querschnitt durch eine gehäusetragende Vorderkiemenschnecke (Prosobranchia)

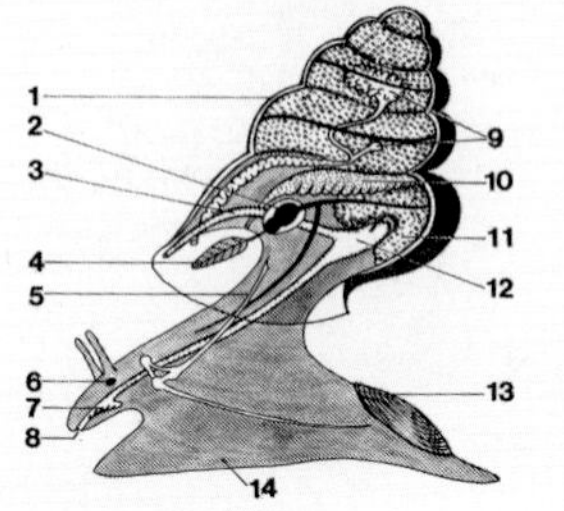

1 Schale
2 Herz
3 Darm
4 Kieme
5 Nervensystem
6 Auge
7 Radula
8 Mund
9 Geschlechtsorgan
10 Niere
11 Mitteldarmdrüse
12 Magen
13 Verschlußdeckel
14 Fuß

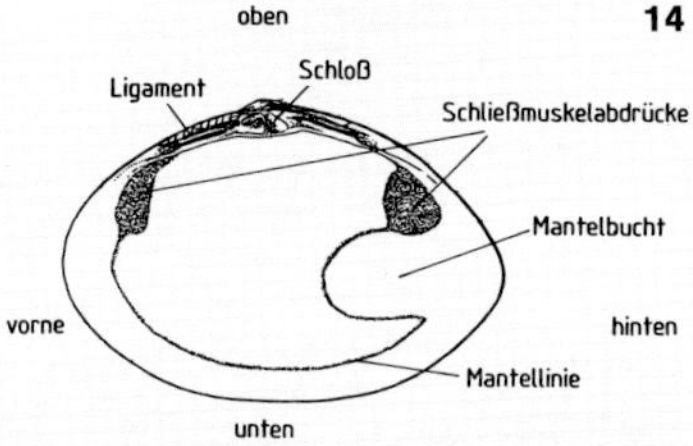

Schematischer Längsschnitt durch eine Muschelschale

Schematischer Längsschnitt durch einen Borstenwurm

1 Gehirn
2 Darm
3 Ringgefäß
4 Geschlechtsorgan
5 Blutgefäßstrang
6 Mund
7 Nierenorgan
8 Nervensystem
9 Segment

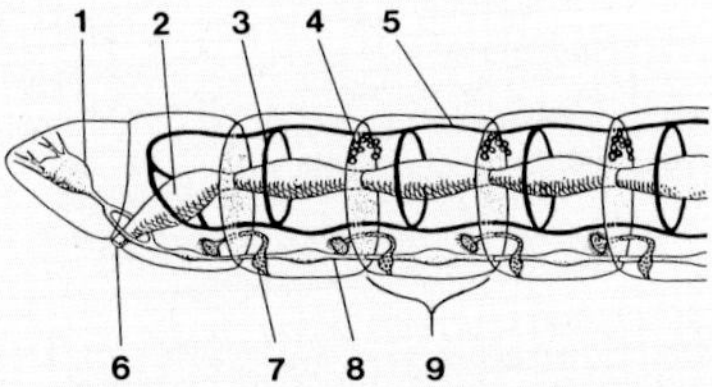

stracum). Letzere kann fehlen. Die Schale wird kontinuierlich von einer Hautfalte, dem Mantel, gebildet und dient als Schutz, Körperstütze und zuweilen auch, mit Hilfe von eingelagerten Gaskammern, als Auftriebsorgan. 4 der 7 Molluskengruppen stellen wir in diesem Buch vor:

1. Käferschnecken (*Polyplacophora*) mit 8 flachen Rückenplatten und rundum verlaufendem Mantelsaum.

2. Schnecken (*Gastropoda*, 2 Gruppen). a) Vorderkiemer (Prosobranchia) mit einem spiralig gewundenen oder zu einem Napf umgeformten Gehäuse. b) Hinterkiemer mit zumeist ± stark reduzierter Schale, häufig mit bizarren Körperanhängen und bunter Färbung („Nacktschnecken").

3. Muscheln (*Bivalvia*) mit reduziertem Kopf und 2 durch ein Ligament und/oder Schloß verbundenen Schalenklappen; Kiemen zu einem Filtrierapparat umgewandelt, ohne Radula.

4. Kopffüßer (*Cephalopoda*) mit 8 oder 10 Greifarmen; Mund mit kräfti-

Schneckengehäuse

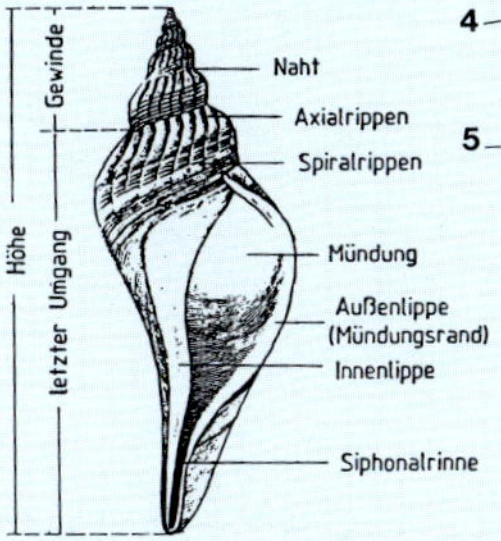

Schematischer Längsschnitt durch eine Muschel

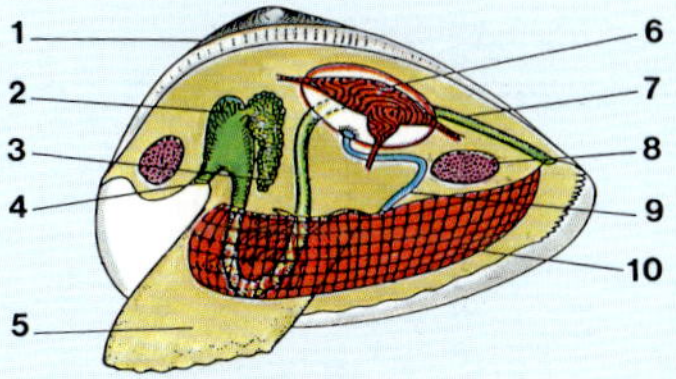

1 Schale
2 Magen
3 Mitteldarmdrüse
4 Mundöffnung
5 Fuß
6 Herz
7 Darm
8 Schließmuskel
9 Niere
10 Kieme

Schematischer Querschnitt durch einen Borstenwurm

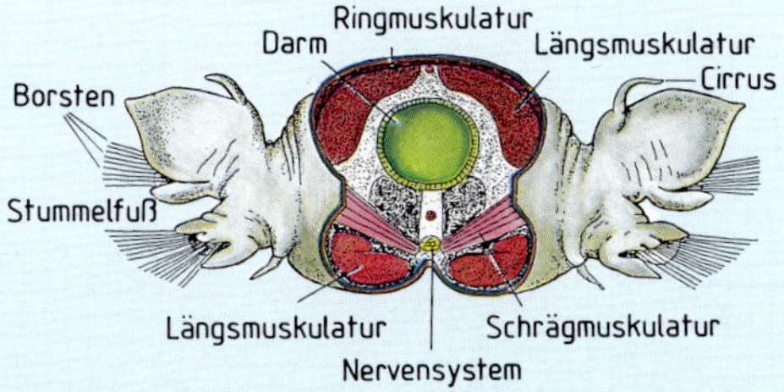

gem Kiefer; Schale vom Mantel umwachsen oder fehlend.

Borstenwürmer (*Polychaeta*)
Borstenwürmer sind eng verwandt mit den landlebenden Ringelwürmern (z. B. Regenwurm). Sie sind innen und außen segmentiert, wobei zu jedem Abschnitt ein beborstetes Paar Stummelfüße (Parapodien) gehört, das sehr unterschiedlich entwickelt oder auch ± reduziert sein kann. Der Kopf trägt häufig Anhänge, und viele Formen besitzen einen ausstülpbaren Rüssel. Die von Flüssigkeit erfüllte Leibeshöhle wird von einem Hautmuskelschlauch umgeben. Borstenwürmer besitzen ein geschlossenes Blutgefäßsystem. Die Segmente können ± einheitlich oder aber in Abschnitten ab- und zu funktionellen Untereinheiten umgewandelt worden sein. Dies tritt meist bei solchen Arten auf, die standorttreu in einer selbst produzierten Sekret- oder Kalkröhre leben.

Schematischer Längsschnitt durch einen Höheren Krebs

1 Antennen
2 Auge
3 Gehirn
4 Kaumagen
5 Kiemen
6 Herz
7 Geschlechtsorgan
8 Darm
9 Nierenorgan
10 Nervensystem
11 Vene

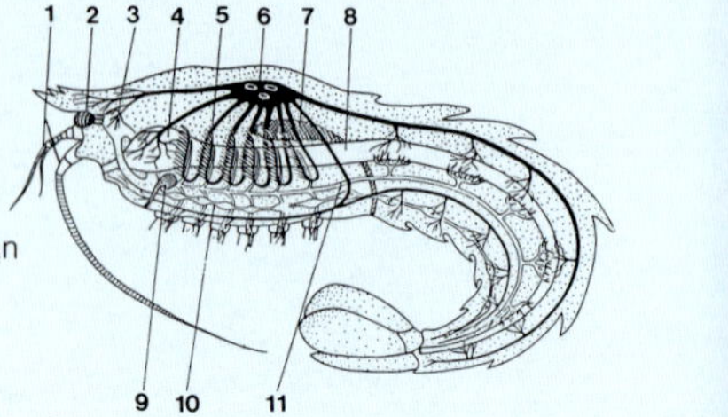

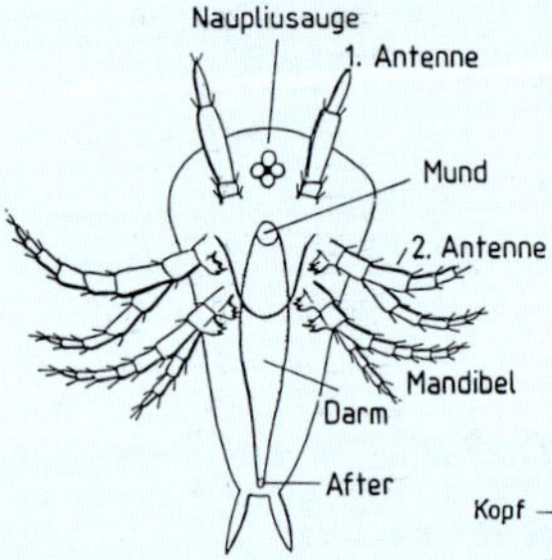

Nauplius-Larve

Schematische Ansicht eines Insektes

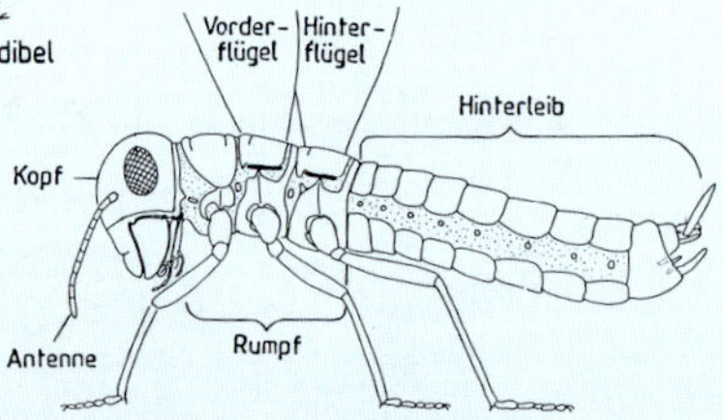

Krebse (*Crustacea*)
Die Krebse bevölkern mit weltweit etwa 40000 bekannten Arten überwiegend das Meer. So unterschiedlich auch ihre Gestalt ist, so durchlaufen sie doch in ihrer Entwicklung sehr ähnliche Larvenstadien wie z.B. die immer wieder auftretende Nauplius-Larve. Weitere gemeinsame Merkmale sind 2 Paar Antennen und ein segmentierter Chitinpanzer. Zu jedem Körpersegment gehört ein seinerseits gegliedertes Beinpaar, das stark abgewandelt werden kann. Es entsteht daraus z.B. ein Mundwerkzeug, Atemorgan, Filtrierapparat, Gelegeträger oder eine große Schere. Der Körper ist in der Regel in Kopf (Cephalon), Rumpf (Thorax) und Hinterleib = Schwanz (Abdomen) gegliedert, doch können mannigfaltige Um- und Rückbildungen das Schema variieren. Besonders auffällig ist das Verwachsen von Kopf und Rumpfsegmenten, das von der Ausbildung einer dachförmigen Panzerfalte (Carapax) auf dem Rücken begleitet wird (z.B. bei Krabben). Der starre Chitinpanzer wächst nicht mit dem Körper und muß deshalb besonders in der Jugend- und Larvalphase häufig gehäutet werden.
Während an Land nur die Asseln wirklich heimisch geworden sind, hat sich am Meer eine große For-

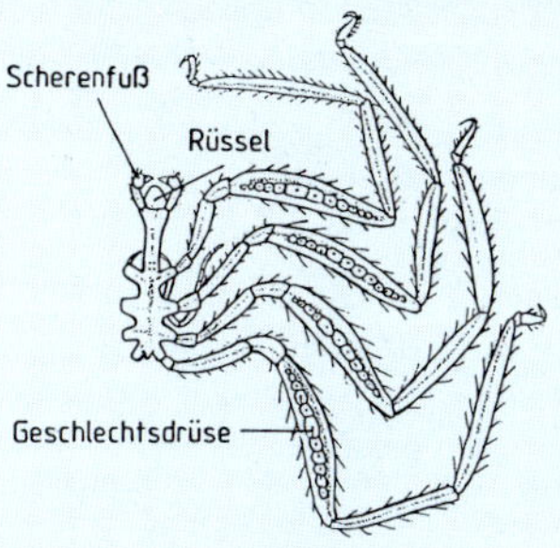

Asselspinne

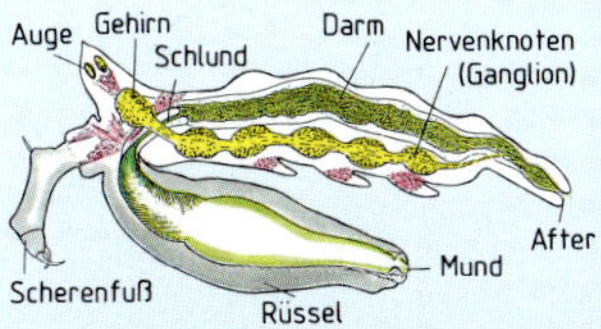

Schematischer Längsschnitt durch eine Asselspinne

menvielfalt entwickelt. Krebse schweben als winzige Planktonorganismen im freien Wasser umher, besiedeln das Sandlückensystem der Sedimentböden oder bilden Formen mit über 2 m Beinspannweite aus. Eine besonders abgewandelte Gruppe ist die der festsitzenden und auch bei uns heimischen „Seepocken", die durch ihre besondere Lebensweise in ihrer Form gänzlich vom ursprünglichen Organisationsschema abgewichen sind.

Spinnentiere (*Chelicerata*)

Diese mannigfaltige Tiergruppe ist geprägt durch einen zweigeteilten Körper, der von einem Chitinpanzer geschützt und abgeschlossen wird. Gemeinsames Merkmal ist auch ein gemeinsames, doch in der Ausgestaltung völlig unterschiedliches Scherenpaar (Cheliceren). Neben den „echten" Spinnen (*Arachnida*) gehören in diese Gruppe auch die im Meer lebenden Pfeilschwanz-„Krebse", die bekannten Skorpione (*Scorpiones*) und auch die ausschließlich meeresbewohnenden Asselspinnen (*Pantopoda*).

Letztere treten mit wenigen Arten auch an unseren Küsten auf. Bei ihnen ist der Hinterkörper zu einem kleinen Stummel verkümmert. Der Vorderkörper ist ebenfalls stark verengt, so daß innere Organe, wie z. B. Geschlechtsdrüsen und blind endende Darmausstülpungen, ganz in die Beine verlegt werden.

Insekten (*Insecta*)

Nur wenige der mit über 850 000 bekannten Arten formenreichsten Gruppe des Tierreiches haben den Lebensraum Meer erobert. Insekten tragen im Gegensatz zu Krebsen nur 1 Paar Antennen und laufen zur Fortbewegung am Boden immer nur auf 3 Beinpaaren.

Der Körper teilt sich in Kopf (Caput), Rumpf (Thorax) und Hinterleib (Abdomen). Während an Kopf und Rumpf die Antennen und Mundwerkzeuge bzw. die Laufbeine ansetzen, fehlen dem Hinterleib vergleichbare Extremitäten.

Höher entwickelte Insekten tragen am Rumpf zudem bis zu 2 Paar Flügel.

Die Formenvielfalt der Insekten ist unübersehbar, wenn man sich nur erinnern mag an die verschiedensten Formen von Käfern, Mücken, Fliegen, Wanzen, Schmetterlingen etc.

Stachelhäuter (*Echinodermata*)
Stachelhäuter sind ausschließliche Meeresbewohner. Im heimischen Flachwasser kommen 3 der 5 rezenten Großgruppen vor: Seeigel (*Echinoidea*), Seesterne (*Asteroidea*) und Schlangensterne (*Ophiuroidea*). Ihr Hauptmerkmal ist die fünfstrahlige Radiärsymmetrie des Körpers. Ihren Namen erhielten sie nach dem dicht unter der Haut liegenden Skelett, das sich in viele, oberflächlich stachelige Kalkplatten gliedert. Nur bei den Seeigeln sind sie vollständig zu einem festen Gehäuse verwachsen und zusätzlich mit langen, kugelgelagerten Stacheln ausgestattet. Bei den Stachelhäutern ist eine sehr kompliziert gestaltete Körperhöhle entwickelt. Besonders bemerkenswert ist das von dort abzuleitende Wassergefäßsystem, zu dem auch die vielen in 5 Feldern angeordneten ein- und ausfahrbaren Füßchen gehören. Sie dienen zur Fortbewegung und Atmung. Erstaunlich ist auch die hohe Regenerationsfähigkeit der Stachelhäuter. So können z.B. von Fischen abgefressene Arme mühelos nachgebildet werden.

Manteltiere (*Tunicata*)
Manteltiere leben entweder frei im Wasser wie Feuerwalzen und Salpen (*Thaliacea*) oder festsitzend am Boden wie die Seescheiden (*Ascidiacea*).
Die Ausbildung eines Stützstabes (Chorda), zumindest bei der Larve, stellt sie in die direkte Verwandtschaft der Wirbeltiere.
Der Körper ist umgeben von einer gallertig ledrigen und sehr festen Hülle, dem Mantel. Mit ihrem auffälligsten und größten Organ, dem Kiemendarm, filtrieren sie aus dem durch die Einströmöffnung eingezogenen Wasser kleine Nahrungspartikel (Planktonorganismen) ab und führen sie über eine Schleimrinne zum Verdauungstrakt. Das Wasser wird durch die Ausströmöffnung hinausgestrudelt.
Seescheiden können sich durch ungeschlechtliche Knospung fortpflanzen und auf diese Weise große Kolonien bilden. Die geschlechtliche Fortpflanzung und Entwicklung läuft über eine kaulquappenähnliche Schwimmlarve.

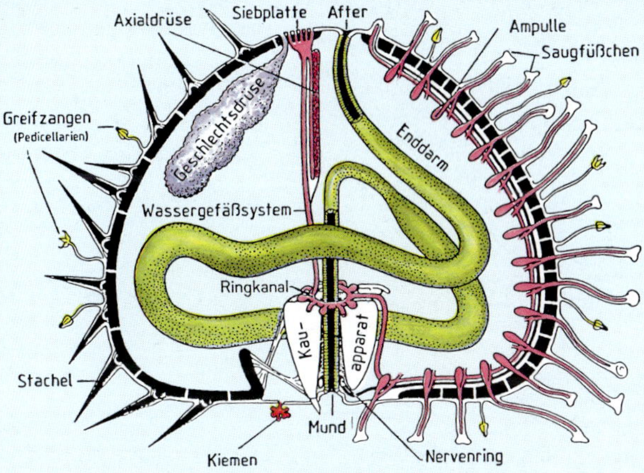

Seeigel, quer

Seestern, quer

1 Geschlechtsdrüse
2 Siebplatte
3 Skelettplatte
4 Mund
5 Darm
6 Darmanhänge
7 Nervensystem
8 After
9 Wassergefäßsystem

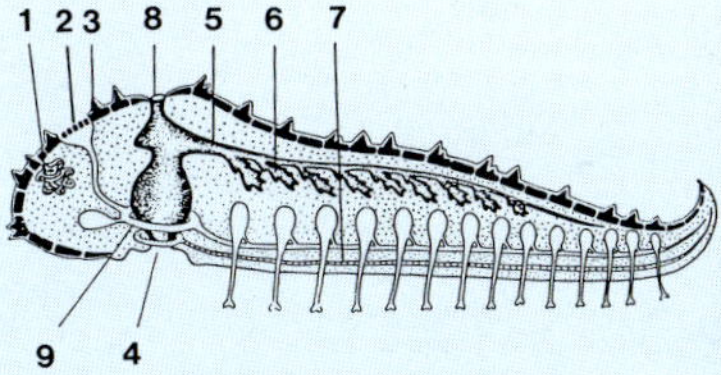

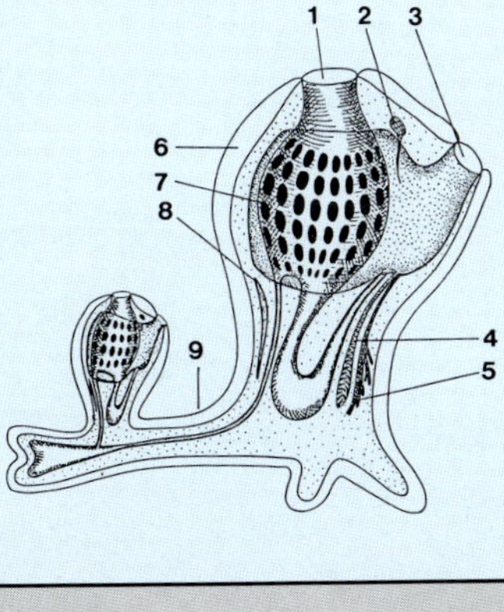

Seescheide, längs

1 Mund
2 Gehirn
3 Ausströmöffnung
4 Eierstock
5 Hoden
6 Mantel
7 Kiemendarm
8 Herz
9 Stolon

Sandstrand
und Düne

Große Teile des Meeresbodens werden von riesigen Sandmassen bedeckt. Sandablagerungen unterschiedlichen Alters sind im gesamten Nordseebecken, aber auch an vielen anderen Stellen des küstennahen Festlandsockels, die bei weitem überwiegende Sedimentart. Besonders in Flachwasserbereichen mit weniger als zwanzig Meter Wassertiefe werden die abgelagerten Sandkörper von Verwirbelungen erfaßt und mit den Gezeitenströmen ständig umgeschichtet. Dabei sammeln sich vor allem in unmittelbarer Küstennähe größere Sandbänke an. Wo große Flüsse einmünden, unterstützt deren Sedimentführung die küstennahen Ablagerungen. Auch weit geschwungene oder selbst kleinere Buchten an Felsküsten können die Sedimentation an sich ziehen und allmählich von riesigen Sandkörpern angefüllt werden.
An Gezeitenküsten fallen die ufernahen Sandbänke oder Platen bei Ebbe trocken. Sonnenwärme und Wind trocknen die Oberflächen aus, so daß die Sandkörner ihren Zusammenhalt verlieren. Auflandige, zum Festland wehende Winde verlagern den Sand weiter uferwärts. So entstehen ausgedehnte Sandstrände. Durch die gemeinsame Aktion von Wasser, Wärme und Wind kann sich an einer Sandküste die Strandlinie gleichsam von selbst über die Hochwasserlinie erhöhen. Wegen der ständigen Umschichtung des lockeren Sediments können sich am Sandstrand unterhalb der Wasserlinie keine Pflanzen ansiedeln. Erst oberhalb der Flutmarke stellen sich die ersten Besiedler ein, meist Gräser wie die Strand-Quecken. In deren Windschatten schlägt sich der Flugsand nieder und bildet so die noch niedrigen Vordünen.
Bald finden sich weitere Gräser wie der Strandhafer ein, der mit seinem weit verzweigten Wurzelsystem den Sandboden verfestigt und mit seinen Halmhorsten zusätzlich als Sandfänger wirkt. Bei anhaltender Sandzufuhr kann die Pflanze beinahe völlig verschüttet werden. Die Übersandung erträgt sie jedoch, durchwächst sogar die aufgelagerten Sandschichten und bildet neue Etagen von Wurzelwerk. Auf diese Weise können sich die Vordünen beträchtlich erhöhen und langsam zu den steilkuppigen Primärdünen anwachsen. Bis etwa zehn Meter Höhe kann eine Primärdüne erreichen. Sie wird auch Weißdüne genannt,

Pflanzengesellschaften der Dünen
1 Gelappte Melde, **2** Strand-Melde, **3** Meerstrand-Quecke, **4** Kali-Salzkraut, **5** Strand-Salzmiere, **6** Meersenf, **7** Strandroggen, **8** Stranddistel, **9** Strandhafer,

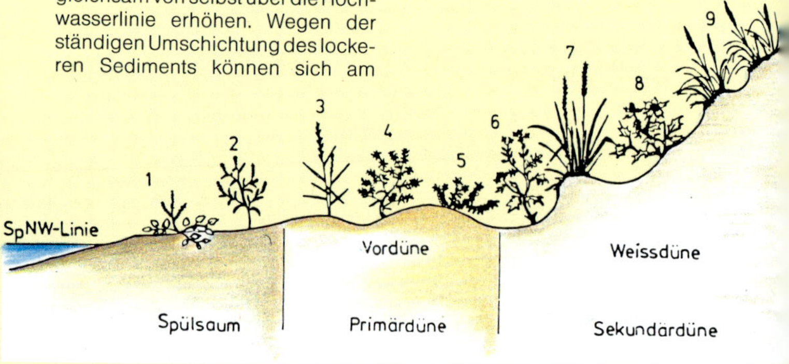

weil ihre Pflanzendecke noch lückig ist und überall den Blick auf den weißen Sand freigibt. Wenn das pflanzliche Befestigungswerk nicht ausreicht, wird die Weißdüne im Luv auch wieder abgetragen, während sie im Lee durch Anlagerung wächst. Eine noch nicht festgelegte Düne kann sich auf diese Weise um Meterbeträge im Jahr landeinwärts bewegen. Durch Anpflanzung von Strandhafer (= Halmpflanzungen) soll die Dünenbildung und -festlegung aus Gründen des Küstenschutzes gefördert werden.

Im strandferneren Bereich, wo der Dünensand eher zur Ruhe kommt, kann sich eine dünne Humuslage ansammeln und weiteren Pflanzen Siedlungsmöglichkeit bieten.

Die Farbe des Bodens wechselt nun zu Grautönen, unterstützt durch das Graugrün der Dünenpflanzen: Die Weiß- oder Primärdüne hat sich nun zur Grau- oder Sekundärdüne weiterentwickelt. Durch Windanriß oder ständige Beschädigung der Pflanzendecke bei Trittbelastung kann sich der noch locker geschichtete Sand der Graudüne jederzeit wieder in Bewegung setzen. Solche Dünen lösen sich aus ihrem Verband und wandern als parabelförmige Sandberge landeinwärts.

Im Lee von Graudünen betätigen sich niedrige Gehölze wie Sanddorn oder Kriech-Weide als Sedimentfänger.

Unter dem dichteren Rasen- und Moosbewuchs der Graudüne kann sich weiterer Humus ansammeln. Damit verändert sich abermals das Pflanzenkleid. Jetzt siedeln sich nämlich verschiedene Zwergstrauchgesellschaften an, die einen dichten Schluß der Pflanzendecke vollziehen. Die verheidete Düne mit ihren ausgedehnten Krähenbeerenhorsten oder Besenheidebeständen wird Braundüne oder Tertiärdüne genannt. Je nach Windexposition und Salzfracht in der Luft können sich nun empfindlichere Gehölze ansiedeln, etwa Kiefernbestände oder verschiedene Laubhölzer. Die Dünenzüge der friesischen Inseln sind für eine Bewaldung größtenteils zu exponiert. Dagegen endet die Entwicklung der Dünenserien an der Ostsee mit ansehnlichen Gehölzen.

Die tiefen Senken zwischen den Dünenkuppen, die Dünentälchen, entwickeln sich oft zu außerordentlich interessanten Feuchtbiotopen mit vielen Kennarten von Nieder- oder sogar Hochmooren.

10 Silbergras, **11** Berg-Sandglöckchen, **12** Sand-Segge, **13** Kriech-Weide, **14** Dünen-Veilchen, **15** Krähenbeere, **16** Heidekraut, **17** Rauschbeere, **18** Glockenheide, **19** Moorbärlapp, **20** Sonnentau, **21** Binsen-Arten, **22** Moosbeere

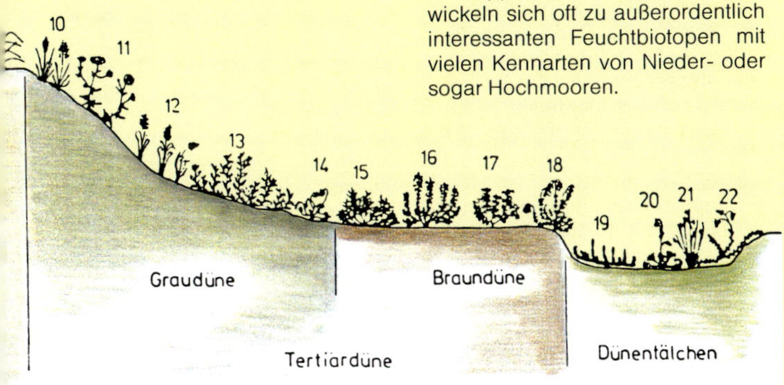

Strandhafer, Helm
Ammophila arenaria
Süßgräser (*Poaceae*)

K Ausdauerndes, typisch graugrünes Gras, 60–100 cm hoch, mit sehr tiefreichendem, reich verzweigtem Wurzelwerk. Blätter ziemlich schmal (um 3 mm breit), meist eingerollt, kahl und glatt, hängen leicht bogig über und berühren mit der Borstenspitze den Sand. Ährenrispe vielblütig, stark zusammengezogen. Einzelblüten ziemlich klein.
Blütezeit VI–VII.

V Charakterart der Strandhafer-Gesellschaft und Pionierpflanze auf entkalkten Weißdünen.
Im Gegensatz zum Strandroggen nur wenig salztolerant, dafür aber sehr übersandungsfest.

A Wird häufig zur Dünenbefestigung angepflanzt (Küstenschutz).

Strandroggen
Elymus arenarius
Süßgräser (*Poaceae*)

K Mehrjährige, stark blaugrüne Pflanze mit kriechendem Wurzelstock und aufrechten, ziemlich steifen Stengeln. Unterirdisch sehr weitreichende Ausläufer, daher fast immer in individuenreichen Horsten. 60–120 cm hoch. Blätter ziemlich steif, oberseits deutlich rauh, vorne stechend, um 10 mm breit, mitunter eingerollt (Verdunstungsschutz). Blütenstand ährenförmig, bis 30 cm lang und um 2 cm dick mit sehr großen, dreiblütigen Ährchen.

V Charakterpflanze der Strandhafer-Gesellschaft von der Spülsaumgrenze bis in die Weißdünen.

A Salztoleranter als Strandhafer, aber weniger übersandungsfest. Seltener in Dünenbefestigungen.

Strand-Quecke, Strandweizen
Agropyron junceum
Süßgräser (*Poaceae*)

K Mehrjähriges, graugrünes Gras mit kriechender Grundachse und langen Ausläufern. Halme etwa 30–80 cm hoch. Blätter ziemlich lang und bogig überhängend, etwas schlaff, etwa 4–8 mm breit, mit dikken, kurz samtig behaarten Blattrippen und langgezogener Blattspitze. Blütenstand ährenförmig, aufrecht, um 20 cm lang. Ährenspindel brüchig. Ährchen entfernt, ziemlich groß, mit stumpfen Hüllspelzen.
Blütezeit VI–VIII.

V Ziemlich verbreitet auf Vordünen (Pionierpflanze), vor allem im Bereich der Nordseeküste.

A Außerordentlich übersandungsfeste Pflanze, die auch Flugsandbelastung gut verträgt.

Dünen-Quecke
Agropyron pungens
Süßgräser (*Poaceae*)

K Mehrjährige, in lockeren Rasen wachsende Pflanze mit langen Ausläufern. Blätter vorne stachelspitzig, meist gerollt, grünweißlich, da das Blattgewebe zwischen den starken Nerven fast vollständig verschwindet. Oberseits deutlich rauh. Blütenstand ährenförmig, meist nur bis 10 cm lang, aber im Gegensatz zur Strand-Quecke sehr dichtblütig, steif aufrecht.
Blütezeit V–VII.

V Zerstreut bis selten im Bereich der Weiß- und Graudünen.

A Die Dünen-Quecke, auch Nordsee-Quecke genannt, ist eine mediterran-atlantisch verbreitete Küsten- und Stromtalpflanze, die selten auch auf Binnendünen vorkommt.

Stranddistel
Eryngium maritimum
Doldenblütengewächse
(*Apiaceae*)

[K] Zweijährige bis ausdauernde, ziemlich stattliche Pflanze, 20–70 cm hoch, mit aufsteigenden oder aufrechten, wenig verzweigten Stengeln. Blätter buchtig oder gelappt, unregelmäßig halbkreisförmig, lederig-derb, weißlich-bläulich bereift, dornig gezähnt. Grundblätter deutlich gestielt, Stengelblätter stengelumfassend. Hüllblätter der kopfigen Dolden verkehrt-eiförmig bis dreilappig.
Blütezeit VI–VIII.

[V] Ziemlich selten in lückig bewachsenen Weißdünen, meist auf deren Luvseite. An der Nordseeküste fast nur auf den Inseln.

[A] Steht unter Naturschutz.

Salzmiere, Strand-Salzmiere
Honkenya peploides
Nelkengewächse
(*Caryophyllaceae*)

[K] Mehrjährige, gelbgrüne oder frischgrüne, ziemlich fleischige Pflanze mit niederliegendem, an den Knoten wurzelndem Stengel und aufsteigenden oder aufrechten, sehr dicht beblätterten Stengeln, etwa 5–30 cm hoch. Blätter kahl, oberseits leicht glänzend, oval, vorne spitz, sitzend, kreuzgegenständig. Kronblätter 5, weißlich, werden von grünlichen Kelchblättern überragt.
Blütezeit VI–VII.

[V] Sehr häufig, gesellige bis massenhaft auftretende Pflanze auf feuchtem Sand, vom Spülsaum bis zu den Vordünen. Nord- und Ostseeküste.

[A] Typische salzsukkulente Art.

Sand-Segge
Carex arenaria
Riedgrasgewächse
(*Cyperaceae*)

K Mehrjährige, kleine, ziemlich zierliche Pflanze aus der Gruppe der gleichährigen Seggen mit deutlich dreikantigem Stengel und schmalen, rauhen, oft eingerollten und bogig überhängenden Blättern. Ährchen zu 6–16 in dichter, leicht überhängender Rispe, an der Spitze mit männlichen, in der Mitte mit gemischtgeschlechtigen, an der Basis mit rein weiblichen Blüten.
Blütezeit V–VII.

V Weit verbreitet in Dünen (Weiß- und Graudüne), aber auch in sandigen Heiden und Kiefernwäldern. Kommt auch im Binnenland vor.

A Die Pflanze bildet meterlange Ausläufer in geraden Zeilen.

Silbergras
Corynephorus canescens
Süßgräser
(*Poaceae*)

K Mehrjähriges Gras mit ziemlich steifen, etwas borstlichen Blättern. Blattspreiten graugrün mit auffällig rötlichen Blattscheiden. Blütenstand rispig, feinverzweigt. Ährchen immer zweiblütig mit begrannter Deckspelze und deutlich gekielter Hüllspelze. Staubbeutel intensiv purpurn, zur Blütezeit weit aus der Blüte herausragend. Blütenstand nach dem Abblühen silbrig-grau.
Blütezeit VI–VII.

V Sehr dichtrasig oder in kräftigen Horsten wachsendes Gras auf feinerdearmen Sandböden, in Dünen oft zusammen mit der Sand-Segge. Auch auf Flugsandstandorten des Binnenlandes.

Sandglöckchen
Jasione montana
Glockenblumengewächse
(*Campanulaceae*)

K Einjährig-überwinternde oder zweijährige kleine Pflanze, 15–30 cm hoch, ohne Ausläufer, mit aufrechtem oder aufsteigendem Stengel. Blätter ganzrandig, etwas rauhhaarig, schmal-lanzettlich. Blütenkronen röhrig, meist blau, gelegentlich auch rötlich oder reinweiß, dicht gedrängt in endständigen Köpfchen von 15–25 mm Breite.
Blütezeit VI–VIII.

V Selten bis zerstreut in den Graudünen der Nord- und Ostseeküsten oder auch in Kiefernbeständen.

A Das Sandglöckchen ist eine sehr formenreiche Art, die auch fernab der Küste in Sandmagerrasen auftritt.

Kriech-Weide
Salix repens
Weidengewächse
(*Salicaceae*)

K Ziemlich formenreicher kleiner Strauch mit unterirdisch kriechendem Hauptstamm und davon aufsteigenden schlanken, braunen, recht dünnen und biegsamen Ästen. 20–100 cm hoch. Blätter schmaloval bis lanzettlich, bis 6 cm lang und 2 cm breit, an den Rändern mitunter eingerollt, anfangs seidig behaart, später zunehmend verkahlend. Kätzchen kugelig, sitzend, aufrecht, blühen vor dem Laubaustrieb.
Blütezeit IV–V.

V Ziemlich häufige und oft bestandsbildende Art in den Graudünen oder in den Dünentälchen.

A Ziemlich unempfindlich gegen Übersandung.

Acker-Gänsedistel
Sonchus arvensis
Korbblütengewächse
(*Asteraceae*)

K Mehrjährige Pflanzen, 50–150 cm hoch, mit kriechendem Wurzelstock und aufrechtem, erst oberwärts ästigem Stengel, unten kahl, im oberen Bereich drüsig behaart. Blätter glänzend grün, schrotsägeförmig bis fiederspaltig mit stacheligen Zähnen, wechselständig. Körbchen besteht nur aus gelben Zungenblüten, bis etwa 5 cm breit, nur bei sonnigem, trockenem Wetter vollständig ausgebreitet. Blütezeit VII–X.

V Verbreitet bis zerstreut in lockeren Sandböden der Graudünen. Im Binnenland vor allem in Wildkrautfluren der Äcker.

A Salzverträglich; fällt vor allem zur Blütezeit in den Dünen sehr auf.

Sand-Stiefmütterchen
Viola tricolor
Veilchengewächse
(*Violaceae*)

K Einjährige bis ausdauernde, kleine Pflanze, 10–20 cm hoch, mit länglich-ovalen bis breit-lanzettlichen, gesägten Blättern. Nebenblätter ziemlich schmal. Blüten etwa 15–20 mm lang mit relativ kurzem, um 4 mm langem Sporn, dieser deutlich länger als die Kelchanhängsel. Kronblätter blauviolett, die oberen immer dunkler als die unteren. Schlundbereich hellgelb.
Blütezeit V–IX.

V Zerstreut, aber meist gesellig auf Weißdünen zwischen Salzmiere und Strandroggen, aber auch in anderen küstennahen Sandfluren. Schützenswert.

A Sehr formenreich und variabel.

Scharfer Mauerpfeffer
Sedum acre
Dickblattgewächse
(*Crassulaceae*)

K Ziemlich formenreiche, mehrjährige Pflanze mit kriechendem, aufsteigendem oder aufrechtem Stengel, ästig verzweigt. Blätter ziemlich klein, um 4 mm lang, ohne Stachelspitze, dicklich, von dreieckigem Umriß, führen ein sehr scharf schmeckendes Alkaloid. Blüten endständig oder auf kurzen Seitenzweigen, fünfzählig. Kronblätter goldgelb, etwa 7 mm lang, waagerecht abstehend.
Blütezeit VI–VIII.

V Verbreitet bis häufig in den Dünengebieten der Nord- und Ostsee.

A Im Bereich der Küsten kommt die Pflanze vorwiegend in Graudünen, seltener im Spülsaum vor.

Strand-Winde
Calystegia soldanella
Windengewächse
(*Convolvulaceae*)

K Mehrjährige, kleine Pflanze mit niederliegendem, kaum windendem, an den Enden aufsteigendem Stengel, etwa 10–50 cm lang (hoch). Blätter deutlich gestielt, etwas fleischig, oberseits dunkelgrün glänzend, nieren- bis herzförmig. Blüten sehr auffallend, trichterförmig, bis 5 cm lang. Kronblätter verwachsen, hellrötlich mit klarem weißlichem Mittelstreif. Blüten einzeln in den Blattachseln. Blütezeit VI–VIII.

V Zerstreut auf sandigen Böden, vor allem in Weißdünen.

A Die Strand-Winde stammt vermutlich aus dem Mittelmeergebiet, ist heute jedoch an allen atlantischen Küsten verbreitet.

Strand-Platterbse
Lathyrus maritimus
Schmetterlingsblütengewächse
(*Fabaceae*)

K Ausdauernde, mitunter stark ästig verzweigte Pflanze mit liegenden, nur wenig aufgerichteten Stengeln. Am Grunde mit zahlreichen unterirdischen Ausläufern. Blätter graugrün, paarig gefiedert, mit 2–4 Fiederpaaren, die am Blattende auch Ranken bilden können. Nebenblätter in Zipfel verlängert und daher von pfeilförmigem Aussehen. Blüten auffallend rotbunt, zu mehreren auf verlängertem Stengel in Trauben.
Blütezeit VI–VIII.
V Verbreitet in Weißdünen im Saum von Strandhafer oder Strandroggen, seltener auch in Graudünen.
A Die Pflanze entwickelt unterirdische, auffällige Knöllchen.

Echtes Labkraut
Galium verum
Labkrautgewächse
(*Rubiaceae*)

K Mehrjährige, recht formenreiche Pflanze mit aufrechtem oder aufsteigendem, rundlichem oder stumpfkantigem Stengel, etwa 20–50 cm hoch. Blätter schmal-linealisch und stachelspitzig, zu 8–12 in Quirlen, nur knapp 1 mm breit, oberseits dunkelgrün, unterseits wollig-weichhaarig. Blüten zitronengelb, stark und angenehm duftend, mit 4 Kronzipfeln, sehr zahlreich in dichtblütigen Rispen.
Blütezeit V–VIII (IX).
V Ziemlich häufig und verbreitet auf trocken-warmen Standorten von der Grau- bis zur Braundüne. Überall in den Dünengebieten anzutreffen. Kommt auch im Binnenland vor.

Kleiner Sauerampfer
Rumex acetosella
Knöterichgewächse
(*Polygonaceae*)

K Mehrjährige, kleine Pflanze, 5–30 cm hoch, mit meist aufrechten, erst im Blütenstand ästigen Stengeln. Blätter spießförmig oder auch linealisch, gestielt, nur im oberen Stengelbereich sitzend, meist graugrün oder grasgrün, mitunter jedoch auch lebhaft rot gefärbt. Geschmack leicht bitter (wenig säuerlich). Blüten eingeschlechtig. Männliche und weibliche Blüten auf getrennten Pflanzen (zweihäusig), zahlreich in lockeren Rispen, gelblich-rötlich. Blütezeit V–VIII.

V Kalkmeidende, ziemlich häufige Art auf Sand- und Trockenböden der Dünen. Auch im Binnenland verbreitet.

Krähenbeere
Empetrum nigrum
Krähenbeerengewächse
(*Empetraceae*)

K Zweihäusiger, heidekrautähnlicher Zwergstrauch mit flach ausgebreiteten oder aufrechten astigen Zweigen, etwa 10–50 cm hoch. Blätter nadelförmig, oberseits dunkelgrün, unterseits mit weißlichem Filzstreif, randlich umgerollt, 4–6 mm lang, kurz gestielt, sehr dicht stehend. Blüten sehr klein, mit rötlichen, freien Kronblättern, zu 1–3 in den Blattachseln. Steinfrucht beerenartig, kugelig, schwarzglänzend, von geringem Eigengeschmack. Blütezeit IV–V.

V Verbreitet bis bestandsbildend in Braundünen – Heidegesellschaften.

A Im alpinen Bereich kommt eine nahe verwandte Art vor.

Dünen-Rose, Bibernell-Rose
Rosa pimpinellifolia
Rosengewächse
(*Rosaceae*)

K Kleiner, außerhalb der Blütezeit nur wenig auffallender Strauch mit dünnen, bogigen, sehr dicht und etwas ungleich bestachelten Zweigen, etwa 10–70 cm hoch. Blätter dunkelgrün, kahl, unpaarig gefiedert, mit 7–9 eiförmigen bis rundlichen, ziemlich kleinen Fiedern. Blüten bis etwa 4 cm breit, reinweiß bis leicht rötlich überlaufen, einzeln an den Zweigenden, gestielt. Die Frucht ist eine schwarzrote bis fast schwarze Hagebutte. Blütezeit V–VI.

V Verbreitet auf den Kämmen der Braundünen, vor allem auf den Nordseeinseln.

A Ziemlich selten auch in Silikatmagerrasen des Binnenlandes.

Sanddorn, Gemeiner Sanddorn
Hippophae rhamnoides
Ölweidengewächse
(*Elaeagnaceae*)

K Zweihäusiger Strauch oder kleiner Baum mit aufrechten, stark ästigen und ziemlich verdornten Zweigen, etwa 50–400 cm hoch. Blätter schmal-linealisch, stumpf, kurzgestielt, oberseits graugrün, unterseits silbrigweiß, mit auffälligen, schuppenförmigen Sternhaaren. Blüten in kurzen, dichten Ähren, gelblich. Steinfruchtartige Früchte orangerot. Das Fruchtfleisch entsteht aus der Kronröhre. Blütezeit III–V.

V Verbreitet bis häufig in den Dünengebieten der Nord- und Ostsee. Häufig auch angepflanzt.

A Der Sanddorn kommt auch auf den Schotterterrassen von Gebirgsflüssen vor.

Silber-Ölweide
Elaeagnus commutata
Ölweidengewächse
(*Elaeagnaceae*)

K Sommergrüner kleiner Strauch oder Baum, bis etwa 4 m hoch, mit sehr kräftigen, mitunter etwas verdornten Ästen und Zweigen, diese starr abstehend und leicht sparrig. Junge Triebe rostgelb-silbrig. Blätter breit-oval, bis etwa 40 mm breit und 60 mm lang, wechselständig, besonders auf der Unterseite von silbrig-gelblichen Schuppenhaaren besetzt und daher grob punktiert erscheinend. Blüten abwärts gebogen, gelblich, zwittrig, glockig-trichterig, wohlriechend.
Blütezeit V–VI.

V Ursprünglich nur in Nordamerika, im Küstenbereich jedoch häufig als Windschutz angepflanzt.

Runzel-Rose
Rosa rugosa
Rosengewächse
(*Rosaceae*)

K Dichtverzweigter, sommergrüner Strauch, 50–200 cm hoch, mit kräftigen und sehr dicht mit langen Stacheln besetzten Zweigen. Stacheln gerade und ziemlich lang. Blätter dunkelgrün, oberseits leicht glänzend, unterseits mehr graugrün, leicht grubig-runzlig. Blüten meist einzeln, sehr groß, bis etwa 7–8 cm breit, mit rosaroten bis weißen Kronblättern, diese am Vorderrand leicht herzförmig ausgerandet. Kelchblätter ganzrandig. Hagebutte groß und kugelig. Blütezeit V–VII.

V Ursprünglich in Ostasien beheimatet, aber schon seit langem im Küstenbereich angepflanzt und hier vielfach verwildert.

Gemeiner Hornklee
Lotus corniculatus
Schmetterlingsblütengewächse
(*Fabaceae*)

K Mehrjährige, ziemlich formenreiche Pflanze, etwa 5–30 cm hoch, mit aufrechten, liegenden oder aufsteigenden Stengeln. Fiederblättchen verkehrtoval, vorne rundlich oder mit kurzer Spitze, bei manchen Formen auch eher schmal-lanzettlich und leicht dicklich. Blüten zu mehreren in doldigen Köpfchen. Krone goldgelb, 7–12 mm lang, oft mit weißlicher, rötlicher oder roter Schiffchenspitze. Blütezeit V–VIII.

V Ziemlich weit verbreitet in verschiedenen Wiesengesellschaften und Halbtrockenrasen, an der Küste von der Weißdüne bis zum Übergang Graudüne/Heidegesellschaften.

Kleinblütige Nachtkerze
Oenothera parviflora
Nachtkerzengewächse
(*Oenotheraceae*)

K Einjährige, aber kräftige Pflanze, etwa 50–100 cm hoch, mit schräg wachsendem, dichtblättrigem, rot getupftem Stengel. Blätter wechselständig, schmal-lanzettlich, weichhaarig. Grundblätter in einer dichten, nicht bodenanliegenden Blattrosette. Blütenstand traubig, leicht nickend. Einzelblüten hellgelb. Kronblätter 8–12 mm breit und ebenso lang. Kelchblätter anfangs grün, später rot. Blütezeit VI–IX.

V Zerstreut, aber bestandsbildend in lückigen, trocken-warmen Krautfluren, im Bereich der Weiß- und Graudünen vor allem an etwas ruderal beeinflußten Stellen.

A Sehr formenreiche Sammelart.

Spülsäume und Angespül

Viele Lebewesen, die im Meer vorkommen, oder auch ihre Produkte besitzen besondere Einrichtungen, die ihnen im Wasser Auftrieb verleihen. Nach dem Schwimmbojenprinzip halten sie sich damit immer möglichst an der Wasseroberfläche auf. Verschiedene Makroalgen oder Tange entwickeln beispielsweise spezielle Gasblasen als Auftriebskörper, und auch die Eihüllen mancher Meerestiere sind blasig aufgetrieben, so daß sie nach Entleerung schwebefähig sind. Winddrift und Wasserströme sorgen dafür, daß solches Treib- und Schwebegut eventuell auch Kurs auf die Küste nimmt und schließlich an den Strand geworfen wird. Gerade an flach abfallenden Küstensäumen, besonders aber an den Sand- und Kiesstränden, sammelt sich daher eine reiche Fülle verschiedenster Dinge an. Spülsäume, Flutsäume oder Strandlinien werden diese Marken genannt, wo das Meer allerlei Schwimm- und Schwebegut an den Uferbereich verfrachtet und parallel zur Wasserlinie ablagert. Die genaue Lage der Spülsäume verändert sich jeweils mit dem Hochwasserstand. Zur Springtidenzeit oder bei einer Wind- oder Sturmflut rutschen sie wesentlich weiter auf den Strand herauf. Während der Nipptiden, in denen die Hochwasser nicht so sehr hochreichen, werden auch tiefer unten an der Strandlinie Spülsäume angelegt. An einer offenen Sandküste kann man daher immer ganze Serien von Flutmarken mit verschiedenartigem Angespül beobachten.

Holzteile und Flaschenkork gehörten eigentlich schon immer zum Standardsortiment im Angespül. Plastikgefäße, Kanister, Nylonseile, Styroporstücke und Teerklumpen bestimmen neben anderem Unrat vielfach das Bild der heutigen Spülsäume, besonders an Küstenabschnitten im Einflußbereich großer Schiffahrtswege. Hier erinnern die Flutmarken am Strand eher an eine in die Länge gezogene Müllhalde. Tonnenweise wird der Unrat vor Saisonbeginn an den Badestränden eingesammelt. Andererseits kann der interessierte „Strandläufer" im Auswurfgut der Spülsäume und Flutmarken auch so manches Fundstück erwarten, das sonst der Beobachtung nicht zugänglich ist.

Algen und Tange stellen gewöhnlich den größten Anteil unter den Materialien am Strand. Wenn Hartböden die sandige Badebucht säumen oder im weiteren Umkreis anstehen, werden die darauf siedelnden Algen besonders bei Stürmen losgerissen und auf dem Strand zu regelrechten Strandwällen aufgetürmt. Hier finden sich natürlich besonders viele Arten, die eigentlich nur unterhalb der Niedrigwasserlinie vorkommen. Algen und Tange sind sehr reich an den verschiedensten Mineralverbindungen. In manchen Küstenregionen werden die ausgeworfenen Tangmassen daher eingefahren und als Dünger auf die Felder gestreut. Verrottende Tangbüschel in den Spülsäumen dienen andererseits einer ganzen Anzahl von Kleintieren als Nahrung. Strandflöhe halten sich hier in großer Anzahl auf, und auch die Maden der schwarmweise auftretenden Tangfliegen bauen das organische Material ab.

Die Lockerböden im Bereich der Strandwälle sind wegen des lebhaften Umsatzes des Auswurfgutes besonders nährstoffreich. Sie führen unter anderem viele Stickstoffverbindungen und begünstigen daher die Ansiedlung einer speziellen Flora aus salztoleranten, aber ausgesprochen stickstoffliebenden Pflanzen. Meerkohl, Melden, Wildrübe und viele andere interessante Arten kann man daher in den oberen Spülsäumen erwarten.

Der genauere Blick auf das bunte

Links: Tange bilden sehr auffällige Flutmarken.

Rechts: Häufig finden sich im Angespül Schalen und andere Reste von Hartteilen.

Strandgut in den Flutmarken fördert natürlich auch allerlei tierische Materialien zutage. Seeigelgehäuse, der Schulp von Tintenfischen, dazu auch Scheren oder andere Panzerteile großer Zehnfußkrebse sind regelmäßig vertreten. Mitunter finden sich an unseren Küstensäumen auch Dinge ein, die ihren Ursprung in wärmeren Meeresregionen haben. So werden besonders an den westeuropäischen Küsten allerlei tropische Samen und Früchte, dazu aber auch Treibholzstücke mit Entenmuscheln und vieles andere angespült.
An den Nord- und Ostseeküsten werden während der Sommermonate verschiedene Quallen auf den Strand gespült, harmlose und auch solche, denen man mit Respekt begegnen sollte. Wer die Gehäuse von Meeresschnecken oder Muscheln sammeln möchte, wird in den Spülsäumen besonders fündig. Hier ist fast immer eine artenreiche Auswahl vertreten.
So bieten die Strandsäume einen recht differenzierten Einblick in die Meeresflora und -fauna. Sogar seltene Wirbeltiere sind hier mitunter anzutreffen.

Meerkohl
Crambe maritima
Kreuzblütengewächse
(*Brassicaceae*)

[K] Mehrjährige, sehr stattliche Pflanze mit aufsteigenden oder aufrechten Stengeln, etwa 25–80 cm hoch. Blätter sehr groß, kräftig blaugrün bereift, kahl, gestielt bis sitzend, fleischig und von deutlichem Salzgeschmack, am Rande wellig. Blüten weiß, sehr zahlreich in doldig ausgebreiteten Rispen. Die 4 längeren der 6 Staubblätter sind in der Mitte gespalten. Frucht ein birnenförmiges Schötchen. Blütezeit V–VII.

[V] Im Spülsaum von Geröllstränden oder sehr grob kiesigen Strandabschnitten. Im Bereich der Nordsee sehr selten, verbreitet an der Ostsee und entlang der Atlantikküste.

[A] Eßbar, jedoch schützenswert.

Meersenf
Cakile maritima
Kreuzblütengewächse
(*Brassicaceae*)

[K] Einjährige, ziemlich formenreiche Pflanze mit ästigen, ausgebreiteten oder aufrechten, kahlen, graugrünen Stengeln, etwa 10–50 cm hoch. Blätter leicht dicklich-fleischig, ungeteilt bis doppelt-fiederspaltig, graugrün, kahl. Blüten zu mehreren in gedrängten Trauben. Kronblätter reinweiß, hellviolett oder kräftiger blauviolett. Früchte zweigliedrige Schoten mit hartem, dolchartigem Oberteil.
Blütezeit VI–X.

[V] Kennart der Spülsaumgesellschaft und der unbeständigen Fluren salziger Sandböden. An allen Küsten heimisch.

[A] Bildet oft massenhafte Bestände.

Wilde Rübe, Meerstrand-Rübe
Beta maritima
Gänsefußgewächse
(*Chenopodiaceae*)

K Ein- bis mehrjährige, ziemlich kräftige Pflanze mit liegenden oder aufrechten, ästigen Stengeln, etwa 20–80 cm hoch. Blätter überwiegend in dichter, grundständiger Rosette, langgestielt, oberseits glänzend dunkelgrün, fest und fleischig, schmecken angenehm salzig. Blüten klein, grünlich, sehr zahlreich zu je 2–4 in dichtem, rispigem Blütenstand (Scheinähre). Blütezeit VII–IX.
V Im Bereich der Spülsäume und Strandwälle weit verbreitet, vor allem an Stellen mit organischem Angespül. In Deutschland nur auf Helgoland, sonst an allen Küsten.
A Wildpflanze von Zucker- und Futterrübe, Roter Bete und Mangold.

Strand-Melde
Atriplex littoralis
Gänsefußgewächse
(*Chenopodiaceae*)

K Einjährige Pflanze, 30–80 cm hoch, mit aufrechtem oder aufsteigendem, wenig ästigem Stengel. Blätter wechselständig, kaum dicklich, beidseits gleichfarbig graugrün, ganzrandig oder gezähnt, ohne deutliche Seitennerven, ziemlich schmal, mitunter fast fadenförmig. Blüten eingeschlechtig, in Knäueln an aufrechten, rutenartigen Seitenzweigen. Fruchthülle dreieckig, nur am Grunde verwachsen, gezähnt. Blütezeit VII–IX.
V Charakterart der Strandmelden-Gesellschaft auf Tang- und Seegrasspülsäumen.
A Oft mit weiteren Melden-Arten vergesellschaftet.

Strandkamille, Meerkamille
Tripleurospermum maritimum
Korbblütengewächse
(*Asteraceae*)

K Zur Blütezeit sehr auffällige, zweijährige bis ausdauernde Pflanze mit niedrigliegendem, ausgebreitetem oder an den Enden aufsteigendem Stengel, vom Grunde an mehrfach verzweigt und ästig, etwa 10–30 cm hoch (lang). Blätter kahl, etwas dicklich-fleischig, frischgrün bis dunkelgrün, mehrfach fiederteilig, Fiederabschnitte ziemlich kurz, unterseits etwas gefurcht, sehr schmal bis fadenförmig, riechen beim Zerreiben nur sehr schwach nach Kamille. Blütenköpfe sehr groß, bis etwa 5 cm breit, gestielt, zahlreich an den Enden der Seitenäste. Zungenblüten 20–30, reinweiß, flach ausgebreitet. Röhrenblüten halbkugelig angeordnet, goldgelb. Hülle des Blütenköpfchens nur wenigreihig mit schmalen, häutig umsäumten Hüllblättern, diese fast alle gleich lang. Früchte gewölbt, gerippt, fast ohne Haarkranz. Blütezeit VII–X.

V Ziemlich häufig und weit verbreitet auf Strandwällen im Bereich der Spülsäume, aber auch auf meeresnahen Felsen, auf salzführenden Sand- und Geröllflächen. Mitunter bestandsbildend.

A Von der nahe verwandten Geruchlosen Kamille (*Tripleurospermum inodorum*) durch die fleischigen Blätter, die niederliegenden Stengel und die stärkere Verzweigung unterschieden.

Kali-Salzkraut
Salsola kali
Gänsefußgewächse
(*Chenopodiaceae*)

[K] Einjährige Pflanze mit dicklichen, aufrechten, ästigen Stengeln, etwa 10–40 cm hoch. Seitenzweige sparrig abstehend. Blätter schmal-linealisch, rundlich oder elliptisch im Querschnitt, meist graugrün, zuweilen aber auch rötlich überlaufen, kahl oder zerstreut kurzhaarig, ungestielt, stachelspitzig. Blüten klein und unscheinbar, einzeln oder zu 2–3 in den Blattachseln. Wind- oder Insektenbestäubung.
Blütezeit VII–IX.
[V] Charakteristische Pflanze im Bereich der Flutmarken und Spülsäume, dort meist auch Erstbesiedler. Sehr selten auch im Binnenland.
[A] Salzverträgliche Art.

Dänisches Löffelkraut
Cochlearia danica
Kreuzblütengewächse
(*Brassicaceae*)

[K] Einjährige oder zweijährige, ziemlich kleine Pflanze mit verzweigtem, liegendem oder aufsteigendem Stengel, etwa 2–10 cm hoch (lang). Untere Blätter deutlich gestielt und herzförmig. Mittlere Stengelblätter efeuartig 3–7lappig, obere Blätter kurzgestielt und lanzettlich, nicht stengelumfassend. Blüten klein, in dichten, endständigen Trauben. Kronblätter weiß, um 1 mm breit und 3 mm lang. Frucht ist ein Kugelschötchen.
Blütezeit V–VI.
[V] Zerstreut in lückigen Salzschlickfluren, besonders auf wechselsalzigen Strandwällen oder auch in Salzwiesen. Fehlt im Binnenland.

Zottige Meersaite
Chorda tomentosa
Braunalgen (*Chordaceae*)

K Einjährige, nur saisonal auftretende Braunalge von eigenartigem, peitschenschnurähnlichem Aussehen, im Querschnitt drehrund, etwa 3–4 mm dick, an beiden Enden deutlich verschmälert, bis über 100 cm lang, unverzweigt, oliv- bis dunkelbraun, auf der gesamten Länge mit sehr feinen, goldbraunen Haaren besetzt und daher zottig erscheinend. An der Basis mit kleiner, rundlicher Haftscheibe. Fühlt sich leicht schleimig an.
V Vor allem im Sommer auf größeren Steinen und auf Muschelschalen unterhalb der Gezeitenzone, aber häufig in Mengen angetrieben.
A Sehr ähnlich ist die Glatte Meersaite (*Chorda filum*).

Stacheltang
Desmarestia aculeata
Braunalgen (*Desmarestiaceae*)

K Ziemlich derbe Braunalge mit stark ästigen, unregelmäßig gabelig verzweigten Achsen, an der Basis rundlich, zur Spitze hin deutlich abgeflacht, etwa 1–2 mm breit, dunkel- oder goldbraun, etwa 30–100 cm lang. Im Frühjahr mit sehr dichten, ungefähr 5 mm langen Haarbüscheln besetzt, im Sommer dagegen nur mit kurzen, stachelig-dornartigen Seitenzweigen.
V Mehrjährige Pflanze auf Felsen und großen Steinen unterhalb der Niedrigwasserlinie. Besonders nach Stürmen in größeren Mengen in den Spülsäumen und Strandwällen. Atlantik, westliche Ostsee.
A Kann große Mengen an freier Schwefelsäure speichern.

Knotentang
Ascophyllum nodosum
Braunalgen (*Fucaceae*)

K Sehr auffällige und derbe Braunalge von olivgrüner bis olivbrauner Färbung, nach längerem Herumliegen im Spülgut hornartig und schwarzbraun bis schwarz. Achsen 10–15 mm breit, ohne Mittelrippe, etwa alle 5–10 cm mit großer, gasgefüllter Schwimmblase, unregelmäßig gabelig verzweigt, etwas abgeflacht, mit kurzen Seitenzweigen, im Frühjahr auch mit graugrünen oder orangegelben, blasig-keuligen Rezeptakeln.
V Bestandsbildende Art an Felsküsten. In Deutschland kommt er nur bei Helgoland vor. Häufig finden sich überall im Küstengebiet jedoch angetriebene Exemplare, vermutlich von den Kanalküsten.

Japanischer Beerentang
Sargassum muticum
Braunalgen (*Sargassaceae*)

K Sehr auffällige, bis 300 cm lange Braunalge mit drehrunder, bis 4 mm dicker Hauptachse und davon abzweigende, stark ästig gegabelte, büschelige Seitenzweige. Wenn man die Pflanze aus dem Wasser hebt, hängen die Seitenbüschel wie Wäsche an der Trockenleine.
Die letzten Verzweigungen tragen 3–8 mm lange, blattartige Abschnitte. An deren Basis zweigen kleine Ästchen mit 2–3 mm dicken, kugeligen Schwimmblasen ab.
V Ursprünglich nur in japanischen Küstenregionen. Mit Austernkulturen nach Nordamerika und an die Kanalküste verschleppt. In Ausbreitung begriffen und oft in Mengen auf den Inseln angetrieben.

Zypressenmoos
Sertularia cupressina
Hohltiere (*Coelenterata*)
Hydroidpolypen (*Hydrozoa*)

K Aufrecht verzweigte, in der Hauptachse gewundene Polypenstöcke; Einzelindividuen in 2 leicht gegeneinander versetzten Reihen. Farbe weiß, rosa bis grün, braun. Koloniehöhe bis 45 cm.

V Auf Hartböden, Muscheln und Krebspanzern unterhalb der MTNL. Atlantik, Ärmelkanal, Nord- und Ostsee.

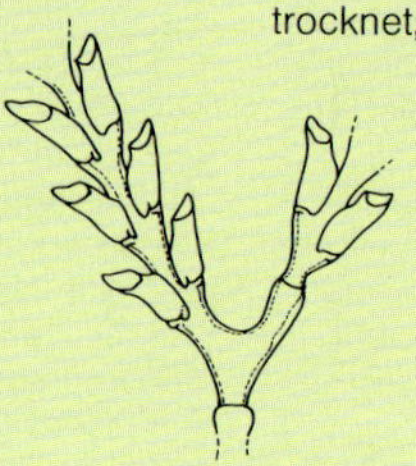

A Die Polypen ernähren sich von Plankton. Mit nesselkapselbewehrten Tentakeln fangen sie sich ihre Nahrung aus dem Wasserstrom. Wegen ihres pflanzenhaften Aussehens (vgl. Namengebung) werden die Polypenkolonien häufig auch als Dekorationsmaterial verwendet. Getrocknet, stark eingefärbt und eventuell sogar eingetopft werden sie als schmückendes Dauergrün angeboten.

Seestachelbeere
Pleurobrachia pileus
Hohltiere (*Coelenterata*)
Rippenquallen (*Ctenophora*)

K Durchscheinend rund bis oval; 8 lange Wimpernfelder („Rippen") vom Mundfeld bis zum Scheitelpol. 2 sehr lange, gefiederte Tentakel, bei gestrandeten Tieren entweder abgerissen oder in den paarigen Tentakeltaschen verborgen.
Länge bis 3 cm.

V Im offenen Meer, kann durch Strömungen weit verdriftet werden. Atlantik, Ärmelkanal, Nord- und westliche Ostsee.

A Seestachelbeeren ernähren sich, indem sie ihre langen und zart gefiederten Fangtentakel als große, sehr fein gebaute Netze ins Wasser hängen. Vorbeidriftende Schwebepartikel und Planktonorganismen, die sich darin verfangen, werden mit dicht gepackten Klebzellen festgehalten und am Mund abgestreift.
Im Gegensatz zu den nahe verwandten Nesseltieren (*Cnidaria*), zu denen auch die großen Quallen gehören, fehlt bei den Seestachelbeeren der Generationswechsel zwischen Meduse und Polyp. Aus den freischwebenden Eiern entstehen kleine Schwimmlarven, die sich direkt zum erwachsenen Tier umwandeln.

Ohrenqualle
Aurelia aurita
Hohltiere (*Coelenterata*)
Quallen (*Scyphozoa*)

K Großer, flacher Gallertschirm; 4 durchscheinende, wie Hufeisen geschwungene Gonaden, bei den Männchen weiß oder orange, bei den Weibchen rotviolett. Schirmrand aufgeteilt in 32 Lappen, von zahlreichen kurzen Tentakeln und 8 Sinnesknospen (Rhopalien) gesäumt; vor dem Schlund 4 krause Mundarme. Durchmesser bis 40 cm, meist kleiner.

V Atlantik, Ärmelkanal, Nord- und Ostsee.

A Häufig kann man im Flachwasser auf festem Untergrund die ungeschlechtliche Polypengeneration beobachten. Sie schnüren den tentakeltragenden (oralen) Pol vom Körper ab. Die winzigen Schwimmlarven (Ephyra) wachsen zu großen Quallen heran. Aus der Verschmelzung ihrer Geschlechtsprodukte entstehen Wimpernlarven (Planula), die sich am Boden niederlassen und zu Polypen auswachsen.

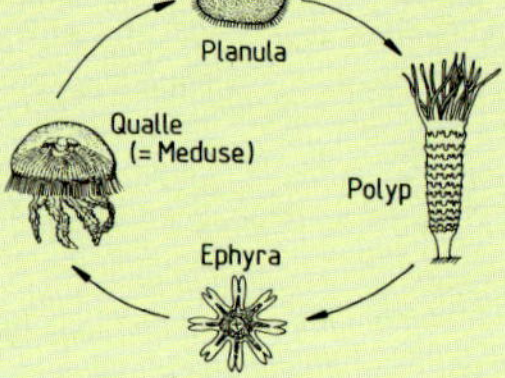

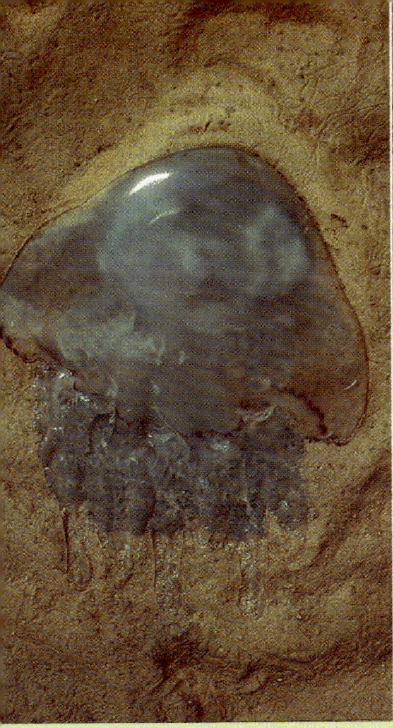

Wurzelmundqualle
Rhizostoma octopus
Hohltiere (*Coelenterata*)
Quallen (*Scyphozoa*)

K Weißlich- bis tiefblauer, hochgewölbter Schirm mit bis zu 100 Randlappen, ohne Randtentakel; 8 große, miteinander verwachsene Mundlappen, bei den erwachsenen Quallen nur im unteren Teil freistehend, mittlerer und oberer Bereich blumenkohlartig gekräuselt. Durchmesser bis 60 cm.
V In Küstennähe. Atlantik, Ärmelkanal, Nord- und Ostsee.
A Eine zentrale Mundöffnung zwischen den Mundlappen ist nur im Jugendstadium vorhanden, bei den erwachsenen Quallen verwächst sie, und die Nahrung wird durch viele sehr feine Nebenmundöffnungen eingesogen.

Blaue Nesselqualle
Cyanea lamarckii
Hohltiere (*Coelenterata*)
Quallen (*Scyphozoa*)

K Flacher, runder Schirm mit 32 Randlappen und 8 Sinnesknospen (Rhopalien). Zahlreiche, in 8 Gruppen angeordnete Randtentakel, diese deutlich länger als die 4 krausen, verbreiterten Mundlappen. Schirmdurchmesser bis 20 cm.
V In Küstennähe treibend. Nördlicher Atlantik, Ärmelkanal, Nordsee und Kattegat.
A Diese Qualle nesselt bei Berührung sehr stark (Name!) und tritt zudem häufig in den Sommermonaten in riesigen Schwärmen auf.
Bei hautempfindlichen Menschen kann es zu starken Hautreizungen („Verbrennungen") und akuten Kreislaufstörungen kommen.

Gelbe Nesselqualle
Cyanea capillata
Hohltiere (*Coelenterata*)
Quallen (*Scyphozoa*)

K Ähnlich der Blauen Nesselqualle, doch größer (Schirmdurchmesser bis 50 cm). Farbe tiefrot bis gelb („Feuerqualle"). Stark nesselnde Fäden (siehe vorige Art).

V Atlantik, Ärmelkanal, Nord- und westliche Ostsee.

A Es ist nicht geklärt, ob es sich bei den vorgestellten *Cyanea*-Formen nicht um Varietäten der gleichen Art handelt. (Im Nordatlantik lebt *Cyanea arctica* mit einem Schirmdurchmesser von 2,3 m (!) und einem 20–30 m langen Tentakelschweif.)
Alle Formen dieser Gattung fangen mit ihren langen Nesselfäden Kleintiere aus dem Wasser.

Kompaßqualle
Chrysaora hysoscella
Hohltiere (*Coelenterata*)
Quallen (*Scyphozoa*)

K Schirm flach, weiß bis gelb gefärbt, mit braunroten, konzentrischen Streifen gezeichnet; 32 Randlappen; 24 Tentakel und 8 Sinnesknospen (Rhopalien), die sich regelmäßig ablösen (...1 – 3 – 1 – 3 – 1...); 4 an der Basis eingeschnittene und sich zunehmend verschmälernde blaßbraune Mundlappen von der Länge des Schirmdurchmessers (bis 30 cm).

V Mittelmeer, Atlantik, Ärmelkanal, Nordsee.

A Die Kompaßqualle macht in ihrer Quallenphase einen Geschlechtswandel durch. Zuerst sind die Tiere männlich, dann zwittrig und schließlich weiblich. Nesselt kaum.

Blätter-Moostierchen
Flustra foliacea
Kranzfühler (*Tentaculata*)
Moostierchen (*Bryozoa*)

K Blattartige, rundgelappte, schmutzig graubraune bis gelbliche Kolonien mit einer deutlichen Anhaftungsstelle. Beim flüchtigen Hinschauen leicht mit einer ledernen Alge zu verwechseln; Oberfläche gleichmäßig durch die regelmäßigen bedornten Einzelgehäuse (Zooide) der Tiere (bis 0,5 mm) strukturiert.
Koloniehöhe bis zu 20 cm.

V Im Flachwasser auf felsigen Untergründen, Steinen und Muschelschalen. Mittelmeer, Atlantik, Ärmelkanal, Nordsee.

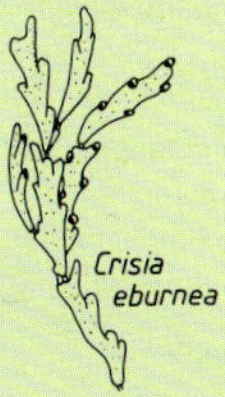

A Jedes der einzelnen Tiere besitzt eine bewimperte Tentakelkrone, mit der sie feine Partikel und Plankton aus dem Wasser heraus- und zur Mundöffnung weiterstrudeln.
Häufig wachsen auf dieser Art andere Moostierchen wie z. B. das abgebildete Elfenbeinmoos (*Crisia eburnea*), das als Kolonie feine, weiße „Sträucher“ ausbildet. Die Individuen dieser Art bilden keine „Kästchen“, sondern einseitig geschlossene, verkalkte „Röhren“.

Flustra foliacea

Zottige Seerinde
Electra pilosa „verticillata"
Kranzfühler (*Tentaculata*)
Moostierchen (*Bryozoa*)

K Weiße bis gelbliche, aufrechtwachsende Kolonien, die jedoch viel kleiner und häufiger eingeschlitzt sind als Blätter-Moostierchen (S. 49). Viele der Einzeltiere (max. 0,6 mm) mit einem langen chitinförmigen Dorn, daher die „borstige" Oberfläche der Kolonie. Koloniehöhe bis 10 cm.

V Auf Hartböden, Muschelschalen und großen Tangen. Mittelmeer, Atlantik, Ärmelkanal, Nord- und Ostsee.

A Die krustenbildende Varietät dieser Art, *Electra pilosa*, wird auf Seite 180 vorgestellt.

Flache Seerinde
Membranipora membranacea
Kranzfühler (*Tentaculata*)
Moostierchen (*Bryozoa*)

K Regelmäßige, schmutzigweiße Überzüge auf Algen. Einzeltiere flach, streng rechteckig und häufig unterbrochen durch „Turmzellen" (zur Feindabwehr), die aus abgewandelten vollständigen Individuen bestehen.

V Auf flächigen Algen, besonders Laminarien; von der Gezeitenzone an abwärts. Mittelmeer, Atlantik, Ärmelkanal, Nordsee.

A Die Flache Seerinde bildet an unseren Küsten wohl die größten und auffälligsten Moostierchenkolonien.

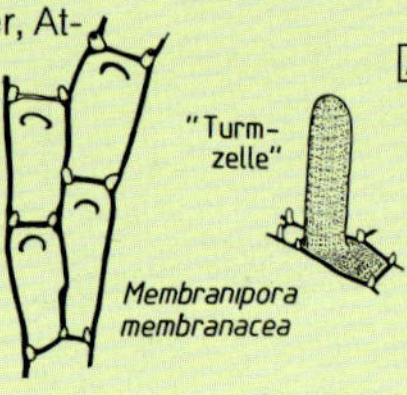

Pelikanfuß
Aporrhais pespelicani
Weichtiere (*Mollusca*)
Fechterschnecken (*Strombacea*)

K Fünfstrahlig ausgezogene Außenlippe der Mündungsöffnung, nicht bei den Jugendstadien; 8–10 dickwandige Umgänge. Oberfläche charakteristisch knotig gerippelt; Farbe gelblich bis rotbraun. Höhe bis 5 cm.

V Auf Schlamm- und Sandböden; unterhalb der MTNL. Mittelmeer, Atlantik, Ärmelkanal, Nordsee, Kattegat.

A Lebt eingegraben im Boden und strudelt einen Wasserstrom durch die Kiemen. Diese dienen als Filtrationsapparat und halten feine Nahrungspartikel aus dem Wasser zurück. Wenn die Tiere wandern, hebeln sie das Gehäuse über den Kopf.

Europäische Kauri
Trivia monacha
Weichtiere (*Mollusca*)
Porzellanschnecken (*Cypraeacea*)

K Schmutzigweißes bis hellbraunes Gehäuse. Mündung lang und schmal; auf der Gehäuseoberfläche 3 dunkle Punkte; letzter Umgang überwächst und verdeckt alle älteren Windungen. Höhe bis 1 cm.

V Auf Hartböden; unterhalb der MTNL. Mittelmeer, Atlantik, Nordsee.

A Sehr ähnlich und eng verwandt ist die Arktische Kauri (*Trivia arctica*) mit einem reinweißen Gehäuse (siehe Foto).

Beide Kauris ernähren sich von Seescheiden, die sie mit ihrer Raspelzunge anfressen.

Ihre Eikapseln legen die Schnecken im Inneren ihrer angefressenen Beutetiere ab.

Pantoffelschnecke
Crepidula fornicata
Weichtiere (*Mollusca*)
Haubenschnecken (*Calyptraeacea*)

K Sehr variables Gehäuse, leicht zu erkennen an der sehr großen Mündung, die zur Hälfte von einer kräftigen, grauweißen Scheidewand verdeckt bleibt, erinnert an einen Pantoffel (Name!). Länge bis 5 cm.
V Auf Hartböden, Muschelbänken und Pfählen; von der Gezeitenzone an abwärts. Ostküste Nordamerikas, Mittelmeer, Atlantik, Ärmelkanal, Nordsee.
A Die Pantoffelschnecke wurde um 1890 von den USA zusammen mit Austern nach Europa verschleppt und 1934 zum ersten Mal auch in der Deutschen Bucht (List/Sylt) entdeckt.
Die erwachsenen Tiere sitzen fest am Untergrund und strudeln mit ihren Kiemen Plankton ein, das mit einem Schleimteppich festgehalten, zu einem Nahrungskonzentrat verdichtet und zum Mund geführt wird. Die jungen geschlechtsreifen Tiere sind zunächst männlich und setzen sich auf bereits am Untergrund haftenden älteren Artgenossen fest. Diese haben bereits eine Umwandlung zum Weibchen durchgemacht. Die jüngeren Männchen befruchten das daruntersitzende Weibchen und wechseln nun ebenfalls nach einer sterilen Phase das Geschlecht. So können lange Paarungsketten gebildet werden, bei denen unten Weibchen, oben Männchen sitzen.

Treppengiebelchen, Kleine Lora
Oenopota turricula
Weichtiere (*Mollusca*)
Turmschnecken (*Turridae*)

K Gehäuse spindelförmig, bis zu 8 deutlich abgesetzte Umgänge. Mündung länglich keulenförmig und mit kurzer Siphonalrinne. Oberfläche mit breiten Axial- und zarten Spiralrippen. Farbe weiß, gelb, braun bis grau. Höhe bis 1,8 cm.
V Auf Weichböden in der Dauerflutzone. Atlantik, Ärmelkanal, Nord- und westliche Ostsee.
A Die kleine Lora lebt räuberisch. An der Rüsselspitze ist sie mit stilettförmigen Giftzähnen bewehrt, mit denen sie ihre Opfer lähmt und tötet. Man findet sie häufig in aufgespülten Sanden aus der Dauerflutzone, die vom Sturm abgetragene Strände ersetzen sollen.

Gemeine Turmschnecke
Turritella communis
Weichtiere (*Mollusca*)
Turmschnecken (*Turritellidae*)

K Sehr schlankes, kräftiges Gehäuse mit 20 Umgängen und rundlich-ovaler Mündung. Oberfläche spiralig gerippt. Farbe rötlich bis braun, angespülte Exemplare auch ausgeblichen grauweiß. Höhe bis 5,5 cm.
V Auf Sand- und Schlickböden, von 10 bis 200 m Tiefe.
Mittelmeer, Atlantik, Ärmelkanal, Nord- und Ostsee.
A Die Schnecke lebt im flachen Winkel (ca. 15°) eingegraben im Boden und ernährt sich als Suspensions- und Partikelstrudler. Als Filtrierapparat dient ihre Federkieme, von der aus die Nahrung über eine Rinne am Boden der Mantelhöhle zum Mund gelangt.

Unechte Wendeltreppe
Epitonium clathrus
Weichtiere (*Mollusca*)
Wendeltreppen
(*Epitoniidae*)

K Gehäuse hoch und glatt, mit kräftigen Axialrippen und 15 gewölbten Umgängen. Mündung klein und rundlich-oval. Höhe 4 cm.
V Auf Sand- und Schlickböden und auf Blumentieren, unterhalb der MTNL. Mittelmeer, Atlantik, Ärmelkanal, Nordsee und Kattegat.
A Die Tiere ernähren sich, indem sie mit ihrer an einem Rüssel sitzenden Raspelzunge Blumentiere (*Anthozoa*) anbohren.
Neben dieser kommen noch 3 weitere ähnliche Arten in unseren Breiten vor, die nur schwer zu unterscheiden sind: *E. turtonis, E. trevelyanum* und *E. clathratula.*

Kleine Gitterschnecke
Bittium reticulatum
Weichtiere (*Mollusca*)
Gitterschnecken
(*Cerithiidae*)

K Sehr schlankes und hohes Gehäuse mit 15 gewölbten Umgängen. Mündung sehr klein und oval, in der Form an eine Zitrone erinnernd. Farbe braun bis grau. Höhe 1,5 cm.
V Auf Sandböden, häufig in Seegraswiesen. Schwarzes Meer, Mittelmeer, Atlantik, Ärmelkanal, Nord- und westliche Ostsee.
A Die Kleine Gitterschnecke weidet Diatomeen vom Boden und von größeren Algen ab. Außerdem frißt sie Schwämme und einzellige Kammerlinge (Foraminiferen). Im Angespül findet man zumeist die Schalen längst abgestorbener Populationen.

Dicklippige Netzreusenschnecke
Hinia incrassata
Netzreusenschnecken
(*Nassaridae*)

K Dickschaliges, kegelförmiges Gehäuse, auf der Oberfläche mit gleichmäßigen Axial- und Spiralstreifen („Netz") besetzt. Mündung rundlich, innen gezähnt. Siphorinne kurz. Außenlippe stark verdickt (Name!). Farbe gelb, beige, braun bis rot, häufig gemustert. Höhe bis 1,5 cm.

V Auf Weichböden unterhalb der MTNL. Mittelmeer, Atlantik, Ärmelkanal, Nordsee.

A Diese kleine Schnecke ernährt sich von Kleintieren und Aas.
Ihre Lebensweise ist ähnlich wie bei der Gemeinen Netzreusenschnecke.

Gemeine Netzreusenschnecke
Hinia reticulata
Weichtiere (*Mollusca*)
Netzreusenschnecken
(*Nassaridae*)

K Kräftiges, kegelförmiges, an der Oberfläche durch ein Gittermuster gekennzeichnetes Gehäuse mit bis zu 7 Umgängen. Mündung mit Siphokanal und kräftig gezähnter Außenlippe. Farbe gelb bis graubraun, angespülte Schalen oft verblichen. Höhe bis 3 cm.

V Auf Sand- und Steinböden; unterhalb der MTNL. Schwarzes Meer, Mittelmeer, Atlantik, Ärmelkanal, Nord- und westliche Ostsee.

A Die Schnecke lebt von Aas, Mollusken und Würmern. Um ihre Nahrung zu lokalisieren, hält sie ihren Sipho in die Strömung und „erschmeckt" so ihre Opfer.

Wellhornschnecke, Coxe
Buccinum undatum
Weichtiere (*Mollusca*)
Kinkhörner (*Buccinidae*)

K Spindelförmiges, kräftiges Gehäuse mit bis zu 8 gewölbten Umgängen. Mündung groß und mit kurzer Siphorinne. Oberfläche wellenförmig, mit deutlichen Spiralstreifen und Wachstumsnähten. Farbe blaugrau bis weiß. Höhe bis 12 cm.

V Auf Weich- und Hartböden, unterhalb der MTNL. Atlantik, Ärmelkanal, Nord- und westliche Ostsee.

A Die Wellhornschnecke ist ein Beutegreifer und Aasfresser. Mit ihrem langen Sipho kann sie ihre Beute schnell lokalisieren und aufsuchen. Hat sie die Beute erreicht, fährt sie aus dem Schlund einen langen Rüssel aus, an dessen Spitze die Raspelzunge sitzt. Mit diesem variablen Freßwerkzeug kann die Schnecke auch verwinkelte Molluskenschalen und Krebspanzer vollständig ausfressen.

Häufig findet man die leeren Eiballen im Angespül, deren einzelne Kapseln bis zu 1000 Eiern enthalten können (siehe Foto). Nur etwa 10 Eier in einer Kapsel sind befruchtet, der Rest dient als Nahrung für die Jungschnecken, die sich direkt in dem Gelege entwickeln und vollständig ausgeprägt ihre „Kinderstube" verlassen.

Die leeren Gehäuse werden nicht nur gerne von Strandwanderern gesammelt, sondern auch von Einsiedlerkrebsen genutzt.

Glänzende Nabelschnecke
Lunatia alderi
Weichtiere (*Mollusca*)
Nabelschnecken (*Naticidae*)

K Kugeliges, deutlich genabeltes Gehäuse mit bis zu 6 flachen Umgängen, der letzte besonders groß; Mündung weit, ohrförmig. Oberfläche glänzend gelb bis hellbraun mit rotbraunen, pfeilförmigen Flecken. Höhe bis 1,5 cm.

V Auf Sand- und Schillböden; unterhalb der MTNL. Mittelmeer, Atlantik, Ärmelkanal, Nord- und westliche Ostsee.

A Alle Nabelschnecken leben räuberisch. Mit ihrer scharfen und an einem Rüssel sitzenden Raspelzunge bohren sie Muscheln an und fressen sie vollständig aus. Angegriffene Muschelschalen weisen ein kreisrundes Loch auf.

Krause Bohrmuschel
Zirfaea crispata
Weichtiere (*Mollusca*)
Bohrmuscheln (*Pholadidae*)

K Schalenklappen kompakt, kräftig, relativ hoch und mit je 1 nach innen gerichteten Fortsatz (Apophyse); vorne und hinten weit klaffend. Schalenrand mit Ausnahme des Vorderrandes glatt, vorderer oberer Schalenrand nach außen umgeschlagen; tiefgebuchtete Mantellinie, Oberfläche rauh, sowohl radiär als auch konzentrisch gerippt; Farbe weiß bis grau. Länge bis 8 cm.

V In Holz, Kreide, Torf und Ton; unterhalb der MTNL. Atlantik, Ärmelkanal, Nord- und westliche Ostsee.

A Die Muschel bohrt runde Löcher in die bewohnten Substrate. Als Bohrer dient der vordere Außenrand der Schalenklappen.

Dattelmuschel
Pholas dactylus
Weichtiere (*Mollusca*)
Bohrmuscheln (*Pholadidae*)

K Schalenklappen schlank und kräftig, nach vorne abrupt verjüngt und mit je 1 Apophyse. Vorderer oberer Schalenrand in 2 Lamellen umgeschlagen und durch senkrechte Septen verbunden. Oberfläche radiär und konzentrisch gerippt. Farbe weiß. Länge 12 cm.
V In weichen Gesteinen, Holz und Torf; unterhalb der MTNL. Mittelmeer, Atlantik, Ärmelkanal, Nordsee (Helgoland) und Skagerrak.
A Bohrt sich in das Substrat ein, bis Siphonen und Schale geschützt liegen. Vom Mantel- und Siphorand aus werden durch Drüsenzellen Leuchtstoffe abgegeben, die der Anlockung von Plankton dienen.

Weiße Bohrmuschel
Barnea candida
Weichtiere (*Mollusca*)
Bohrmuscheln (*Pholadidae*)

K Schalenklappen langgestreckt, dünnwandig, mit je 1 nach innen gerichteten Apophyse; vorne und hinten weit klaffend. Vorderer oberer Schalenrand einfach umgeschlagen; Oberfläche gleichmäßig radiär gerippt.Farbe weiß. Länge 6 cm.
V In Holz, Kreide, Torf und Ton, unterhalb der MTNL. Schwarzes Meer, Mittelmeer, Atlantik, Ärmelkanal, Nord- und westliche Ostsee.
A Auch die Weiße Bohrmuschel bohrt kreisrunde Löcher in das Substrat, wobei sie sich ständig um die eigene Achse dreht.
Die Ernährung erfolgt durch Hereinstrudeln und Abfiltrieren von Planktonorganismen.

Amerikanische Bohrmuschel
Petricola pholadiformis
Weichtiere (*Mollusca*)
(*Petricolidae*)

K Ähnlich der Weißen Bohrmuschel, doch ohne umgeschlagenen Schalenrand und Apophysen, wenig klaffend. Oberfläche hinten fast glatt, nach vorne zunehmend radiär und konzentrisch gerippt, ganz vorne sogar raspelartig skulpturiert. Farbe gelblich bis weiß. Länge bis 8 cm.

V In Ton, Torf, Klei und Kreide; unterhalb der MTNL. Schwarzes Meer, Mittelmeer, Atlantik, Ärmelkanal, Nord- und westliche Ostsee.

A Diese Art wurde um 1890 mit Austernkulturen nach Europa verschleppt und hat seitdem ihre Verbreitungsgrenzen ständig erweitert.

Bunte Kammuschel
Chlamys varia
Weichtiere (*Mollusca*)
Kammuscheln (*Pectinidae*)

K Schalenklappen fast gleich und deutlich gewölbt; über 30 Rippen; hinteres Ohr kleiner als das vordere. Schalenklappen deutlich höher als lang. Farbe rotbraun bis gelb, auch gemustert. Länge bis 7 cm.

V Auf Sand- und Hartböden; unterhalb der MTNL. Mittelmeer, Atlantik, Ärmelkanal, Nordsee.

A Lebt entweder frei oder mit Byssusfäden angeheftet. In der Regel liegt das Tier leicht geöffnet auf einer Klappe und strudelt mit dem Wasserstrom Nahrungspartikel herbei. Am äußeren Mantelrand befinden sich viele kleine Tentakel und dunkle Linsenaugen.

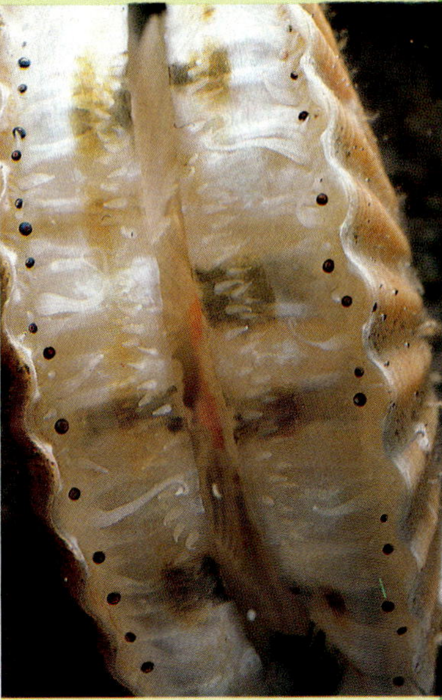

Kleine Kammuschel
Aequipecten opercularis (syn. *Chlamys opercularis*)
Weichtiere (*Mollusca*)
Kammuscheln (*Pectinidae*)

[K] Schalenklappen etwa so hoch wie lang, mit bis zu 22 konzentrischen Rippen, linke Klappe stärker gewölbt als die rechte. Vorderes Ohr nur wenig größer als das hintere; Oberfläche zwischen den Rippen fein radiär gestreift. Farbe hellgelb bis braun, zuweilen dunkel gefleckt. Höhe/Länge 9 cm.

[V] Auf Weich- und Hartböden; unterhalb der MTNL. Atlantik, Mittelmeer und Nordsee.

[A] Kammuscheln leben entweder frei oder mit Byssusfäden angeheftet am Untergrund. In der Regel liegt das Tier leicht geöffnet auf einer Klappe und strudelt mit dem Wasserstrom Nahrungspartikel herbei, die von der Kieme abfiltriert und über Wimpernbänder zum Mund geführt werden. Am äußeren Mantelrand befinden sich viele kleine Tentakel und dunkle Linsenaugen. Sobald sich den Muscheln ein Freßfeind nähert, z.B. ein Seestern, können sie die Klappen ruckartig schließen und nach dem Rückstoßprinzip davonschwimmen. Bei ungefährdeten Wanderbewegungen schwimmen sie dagegen nach dem Saugprinzip mit der Öffnung voran und pressen das Wasser an den feinen Schlitzen der „Ohren“ wieder hinaus.

Ovale Trogmuschel
Spisula solida
Weichtiere (*Mollusca*)
Trogmuscheln (*Mactridae*)

K Schalenklappen oval, kräftig, mit fein gekerbten Hauptzähnen im Schloß; Mantelbucht auf der Innenseite groß. Außenseite mit konzentrischen Anwachsstreifen. Farbe weiß bis gelb, mit bunter Streifung. Länge 6 cm.

V Auf (Grob-)Sandböden; von der Gezeitenzone an abwärts. Atlantik, Ärmelkanal und Nordsee.

A Nahe verwandt und leicht mit dieser Art zu verwechseln ist die Gedrungene Trogmuschel (rechts). Beide Formen leben dicht unter der Sedimentoberfläche. Sie werden leicht von Plattfischen ausgegraben. Ihre Bestandsdichte ist zuweilen sehr hoch.

Gedrungene Trogmuschel
Spisula subtruncata
Weichtiere (*Mollusca*)
Trogmuscheln (*Mactridae*)

K Schalenklappen kräftig, fast dreieckig, Hauptzähne im Schloß fein gekerbt. Mantelbucht groß. Außenseite mit konzentrischen Zuwachsstreifen. Farbe schmutzigweiß. Länge bis 3 cm

V In Schill-, Sand- und Schlickböden, unterhalb der MTNL. Schwarzes Meer, Mittelmeer, Atlantik, Ärmelkanal, Nordsee.

A Lebensweise und nahrungsökologische Bedeutung wie vorangestellte Art. Bei beiden Formen handelt es sich möglicherweise um eine Art, da aus der tieferen Nordsee Übergangsformen bekannt sind.

Abgestutzte Klaffmuschel
Mya truncata
Weichtiere (*Mollusca*)
Klaffmuscheln (*Myidae*)

K Schalenklappen kräftig und mit ausgeprägter konzentrischer Skulpturierung auf der Außenseite; Hinterende gerade abgestutzt, weit klaffend. Linke Klappe mit löffelartigem Fortsatz am Wirbel; Mantelbucht tief. Farbe weiß bis gelblich braun. Länge bis 7 cm.

V In Sand- und Schlickböden; unterhalb der MTNL. Atlantik, Ärmelkanal, Nord- und westliche Ostsee.

A Diese Art besitzt lange, miteinander verwachsene Siphone, die von einer dicken Hülle umgeben sind. Sie lebt bis zu 20 cm tief eingegraben und ist so vor der Gefahr, gefressen oder freigespült zu werden, gut geschützt.

Astarten
Astarte spp.
Weichtiere (*Mollusca*)
Astarte-Muscheln (*Astartidae*)

K Kräftige, rundliche bis dreieckige Schalenklappen mit konzentrischer Skulptur, ohne Mantelbucht. Außenseite mit gelb- bis schwarzbraun gefärbter Oberhaut. Die 3 häufigsten Vertreter in unseren Breiten sind:

1. Montagu-Astarte (*A. montagui*), 2 cm (oberes Foto rechts)
2. Nordische Astarte (*A. borealis*), bis 4,5 cm (oberes Foto links)
3. Elliptische Astarte (*A. elliptica*), 3 cm (unteres Foto)

V In Sand- und Schlickböden, unterhalb der MTNL. Nordatlantik, Nord- und westliche Ostsee.

A Fuß lang und beweglich. Ein ausgeprägter Sipho fehlt. Sie leben dicht unter der Sedimentoberfläche.

Gemeine Islandmuschel
Arctica islandica
Weichtiere (*Mollusca*)
Islandmuscheln (*Arcticidae*)

[K] Kräftige, stark gewölbte Schalenklappen mit leicht nach vorne geneigtem Wirbel, kräftigen Schloßzähnen und starkem Ligament. Innenseite mit deutlichen Schließmuskelabdrücken, ohne Mantelbucht; Außenseite konzentrisch gestreift, mit kräftiger, schwarzbrauner Oberhaut überzogen. Länge bis 12 cm.

[V] In Sand- und Schlickböden; unterhalb der MTNL. Mittelmeer, Atlantik, Nord- und westliche Ostsee.

[A] Die Islandmuschel lebt als Filtrierer dicht unter der Sedimentoberfläche. Von den Fischern, die sie „Piepmuschel“ nannten, wurde sie früher gerne gegessen.

Scheidenmuschel
Ensis siliqua
Weichtiere (*Mollusca*)
Scheidenmuscheln (*Solenidae*)

[K] Schalenklappen dünnwandig, gerade und langgestreckt. Außenseite mit ausgeprägten, diagonalen Radiärstreifen. Oberhaut gelbbraun glänzend. Etwa 6mal so lang wie hoch. Länge bis 20 cm.

[V] In Sandböden; unterhalb der MTNL. Mittelmeer, Atlantik, Ärmelkanal, Nord- und westliche Ostsee.

[A] Die Scheidenmuschel lebt mit kurzen Siphonen dicht unter der Oberfläche in einer senkrechten Röhre, in die sie sich bei Gefahr mit ihrem kräftigen Fuß noch tiefer zurückzieht. Zudem kann sie sich durch heftige Schalenbewegungen nach dem Rückstoßprinzip schwimmend fortbewegen.

Artemismuschel
Dosinia exoleta
Weichtiere (*Mollusca*)
Venusmuscheln (*Veneridae*)

K Schalenklappen kräftig, fast rund; Wirbel leicht nach vorne gerichtet, dahinter ein langes Ligament. Innenseite mit spitzer, tiefer Mantelbucht, beiderseits 3 kräftige Hauptzähne (rechts auch 4). Außenseiten konzentrisch gestreift. Farbe weiß bis hellbraun, bisweilen gefleckt. Länge 5 cm.

V In Schill-, Sand- und Schlickböden; von der Gezeitenzone an abwärts. Mittelmeer, Atlantik, Ärmelkanal, Nordsee.

A Die Muscheln können sich wegen der langen und fast bis zur Spitze verwachsenen Siphonen tief eingraben, ohne den Kontak mit dem Wasser zu verlieren. Filtrierer.

Sägezähnchen
Donax vittatus
Weichtiere (*Mollusca*)
Stumpfmuscheln (*Donacidae*)

K Schalenklappen kräftig und langgestreckt. Oberfläche glänzend, fein konzentrisch gestreift und radiär gerippt. Unterer Rand gezähnt (Name). Farbe gelb, beige, braun, auch vielfarbig (rosa, blau) gebändert. Länge bis 3 cm.

V In Sandböden des Flachwassers. Mittelmeer, Atlantik, Ärmelkanal, Nord- und Ostsee.

A Sägezähnchen leben mit ihrem kurzen Sipho nur knapp unterhalb der Oberfläche verborgen. Werden sie von der Brandung freigespült, können sie sich sehr schnell wieder eingraben, um nicht fortgespült zu werden.

Gestreifte Venusmuschel
Chamelea striatula (*syn. Venus s.*)
Weichtiere (*Mollusca*)
Venusmuscheln (*Veneridae*)

K Schale kräftig, in der Form schief dreieckig mit nach vorne gebogenem Winkel. Außenseite mit vielen, konzentrisch verlaufenden Rippen. Innenseite hell, Mantelbucht spitz zulaufend. Farbe schmutzigweiß, cremefarben oder blaßgelb, häufig mit 3 zum Rand sich verbreiternden Radialstreifen. Länge bis 4 cm.

V In Sand- und Schlickböden, unterhalb der MTNL. Schwarzes Meer, Mittelmeer, Atlantik, Ärmelkanal, Nordsee, Kattegat.

A Sehr ähnlich in der äußeren Form ist die verwandte *Clausinella fasciata*, die auf der Schale nur wenige (ca. 12), aber dafür wulstig hervorstehende konzentrische Rippen trägt.

Kleine Venusmuschel
Timoclea ovata (*syn. Venus o.*)
Weichtiere (*Mollusca*)
Venusmuscheln (*Veneridae*)

K Schalenklappen kräftig, aber nicht sehr dick, in der Form oval (jugendlich) bis leicht dreieckig (erwachsen). Außenseite mit deutlicher konzentrischer und radiär gerippter Skulptur. Farbe schmutzigweiß oder gelblich, zuweilen mit kleinen rotbraunen Streifen oder Punkten. Länge bis 1,5 cm.

V In Schill-, Sand- und Schlickböden, unterhalb der MTNL. Schwarzes Meer, Mittelmeer, Atlantik, Ärmelkanal, Nordsee, Kattegat.

A Lebensweise ähnlich wie bei den voranbeschriebenen Arten. Auf den ersten flüchtigen Blick wird sie häufig für eine junge Eßbare Herzmuschel (S. 94) gehalten.

Getupfte Teppichmuschel
Venerupis pullastra
Weichtiere (*Mollusca*)
Venusmuscheln (*Veneridae*)

K Schalenklappen kräftig, lang, oval, am Hinterende abgestutzt, Wirbel nach vorne verschoben. Innenseite mit großer Mantelbucht und jederseits 3 großen Schloßzähnen, die über den Schalenrand hinaus nach innen ragen. Außenseite fein radiär, kräftig konzentrisch skulpturiert; Schalenklappen lebender Tiere oft aufregend gebändert, getupft und gemustert. Angespülte Klappen außen grau, gelb oder hellbraun, innen weiß mit violetter Färbung im hinteren Bereich. Länge bis 6,5 cm.

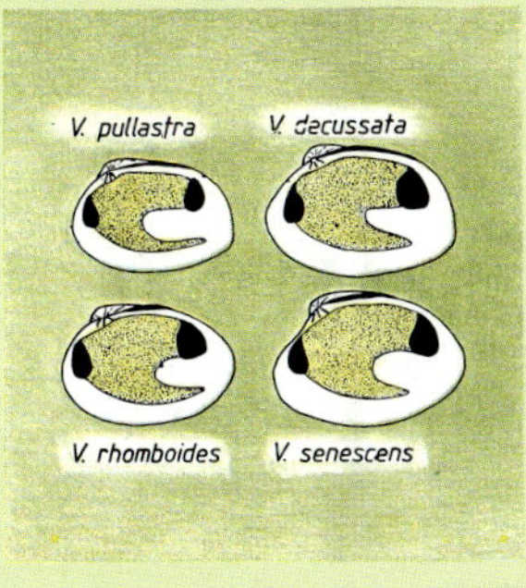

V In stark überströmten Fein- und Grobsandböden, unterhalb der MTNL. Mittelmeer, Atlantik, Ärmelkanal, Nordsee.

A An den europäischen Atlantikküsten kommen noch mindestens 3 weitere Arten vor, die der oben beschriebenen sehr ähnlich sehen (siehe Zeichnung links).

Gemeiner Tintenfisch
Sepia officinalis
Weichtiere (*Mollusca*)
Kopffüßer (*Cephalopoda*)

K Breiter, plumper, auf dem Rücken abgeflachter Eingeweidesack mit rundum laufendem Flossensaum. Kopf abgesetzt mit 1 Paar großer Linsenaugen; um die Mundöffnung 8 kurze und 2 sehr lange Fangarme mit vielen Saugnäpfen, bei den langen Tentakeln nur auf einer breiten Platte an der Spitze. Farbe sehr variabel. Länge bis 30 cm. Im Angespül findet man nur die unter der Rückenhaut versteckt liegende, kalkige Schale (Schulp). Sie ist sehr leicht und porös und besitzt am Ende 2 flügelartige Fortsätze (Foto rechts).

V Auf Weichböden; unterhalb der MTNL. Mittelmeer, Atlantik, Ärmelkanal, Nordsee.

A Der Gemeine Tintenfisch ist ein nachtaktiver Beutefänger, der sich dicht unter der Oberfläche eingräbt und vorbeischwimmenden Tieren auflauert, sich sodann vorsichtig an sie heranpirscht und mit den langen Fangarmen ergreift. Anschließend zieht er die Beute heran, hält sie mit den 8 kurzen Tentakeln fest und führt sie zum Mund, wo sie mit einem kräftigen Kiefer („Papageienschnabel") gelähmt und zerteilt wird. Zusätzlich ist zum Zerkleinern der Beute eine Raspelzunge vorhanden.

Die Tiere können sich ausgezeichnet tarnen, da in ihrer Haut viele variable Pigmentzellen, sogenannte Chromatophoren, eingelagert sind,

mit denen sie ständig die Farben und Zeichnungen des Untergrundes imitieren. Bei der Paarung führt das Männchen einen rinnig umgeformten Fangarm, den Hectocotylus, in die Mantelhöhle des Weibchens ein und legt dort seine Spermienpakete ab.

Die Eier werden in schwarzen, schleimigen Kapseln an feste Gegenstände geklebt. Aus ihnen schlüpfen vollständig entwickelte Jungtiere.

Die äußerst anpassungsfähigen Verhaltensweisen dieser Tiergruppe sind nur möglich durch eine differenzierte Wahrnehmung der Umwelt und ein leistungsfähiges Gehirn. Ihr Geschmacks-, Tast- und Gleichgewichtssinn ist außerordentlich hoch entwickelt. Am eindrucksvollsten aber sind die großen, lichtstarken Augen, die ein sehr differenziertes Dämmerungssehen erlauben.

Bei Gefahr oder starker Erregung können die Tiere aus einer Tintendrüse durch die Mantelhöhle und den Atemsipho hindurch eine dunkle Flüssigkeit ausstoßen, die sich im Wasser wie eine Wolke ausbreitet und den Tieren bei ihrer Flucht einen gewissen Sichtschutz gewährt.

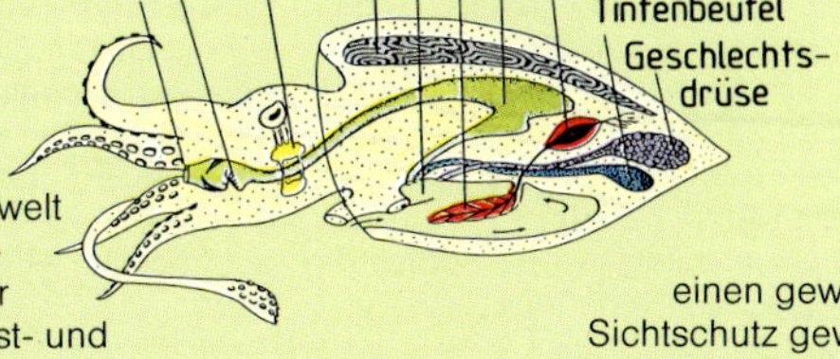

Kleiner Herzigel
Echinocardium cordatum
Stachelhäuter (*Echinodermata*)
Seeigel (*Echinoidea*)

K Schale herz- bis eiförmig, zerbrechlich; Oberseite mit 5 doppelten Porenreihen, eine davon in einer Vertiefung zum Vorderende führend. Unterseite flach, im vorderen Teil mit einer breiten, schlitzartigen Mundöffnung. Farbe der angespülten Schalen schmutzigweiß, lebend gelb bis braun. Länge bis 9 cm, meist kleiner.

V In Sand- und Schlickböden; von der Gezeitenzone an abwärts. Mittelmeer, Atlantik, Ärmelkanal, Nordsee. Ziemlich häufig.

A Die zerbrechlichen Gehäuse der Kleinen Herzigel findet man unversehrt am ehesten in den Spülsäumen geschützt gelegener Küstenabschnitte. Manchmal tragen sie noch einen Teil ihrer kurzen Stacheln. Mit ihnen graben sich die Tiere tief in den Boden ein und halten die Verbindung zur Oberfläche durch einen schmalen, senkrechten Gang, der mit etwa 70 bis zu 20 cm langen Kittfüßchen ständig gereinigt und freigehalten wird. Auch die Wände der Wohnhöhle werden mit Hilfe solcher Füßchen und der Stacheln verklebt. Der von wimperntragenden Stacheln erzeugte Abwasserstrom wird in einen blinden Gang ins Sediment geleitet.
Herzigel ernähren sich von kleinen Schnecken, Muscheln und Würmern.

Zwergseeigel
Echinocyamus pusillus
Stachelhäuter (*Echinodermata*)
Seeigel (*Echinoidea*)

K Schale klein, flach und eiförmig; matte Oberseite mit 2×5 doppelreihigen Porenleisten, die sternförmig auseinanderweichen. Unterseite mit großer zentraler und kleiner, nach hinten versetzter Mund- bzw. Afteröffnung. Farbe weiß. Länge 1,5 cm.
V Auf Sand- und Kiesböden; unterhalb der MTNL. Mittelmeer, Atlantik, Ärmelkanal, Nord- und westliche Ostsee.
A Zwergseeigel leben dicht unter der Oberfläche des Sedimentes. Sie ernähren sich von absterbenden Pflanzenresten und im Boden lebenden Kleintieren. Sie selbst sind eine wichtige Nahrungsquelle für Grundfische, insbesondere Plattfische. Manchmal werden sie auch lebend an den Strand gespült. Dann tragen sie noch ihre kurzen Stacheln und sind grünlich gefärbt.
Enge Verwandte sind die in den tropischen und subtropischen Flachwassern verborgen lebenden „Sanddollars", die sich als sehr zerbrechliches Souvenir großer Beliebtheit erfreuen.

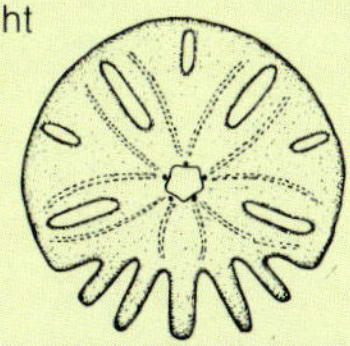
"Sanddollar"

Schweinswal (Braun-„Fisch")
Phocoena phocoena
Säugetiere (*Mammalia*)
Zahnwale(*Odontoceti*)

K Stromlinienform; waagerechte Schwanzflosse, Blasloch auf dem Rücken der Kopfregion. Oberseite blauschwarz bis tiefbraun mit kleiner Rückenflosse. Unterseite schmutzigweiß mit zwei kleinen, breiten Brustflossen. Stumpfe Schnauze, ohne Schnabel. Länge bis 1,5 m.

V Atlantik, Ärmelkanal, Nord- und westliche Ostsee.

A Schweinswale sind schnelle Schwimmer mit einem ausgeprägten Wanderverhalten. Sie dringen sogar in Elbe, Weser, Rhein und Themse ein. Ihre Nahrung besteht aus Fischen, Krebsen und Tintenfischen. Die Schweinswal-„Kuh" bringt alljährlich nur ein Junges mit dem Schwanz voran zur Welt. Das Junge ist schon bei der Geburt etwa halb so lang wie die Mutter und wird noch monatelang gesäugt.

Alle Wale kommen in regelmäßigen, kurzen Abständen an die Oberfläche, um durch ihr Blasloch die verbrauchte Luft aus- und dann frische Luft einzuatmen. Die Oberhaut ist mit einer dicken Fettschicht (Blubber) unterlagert und funktioniert als Nahrungsreserve und Isolationspolster. Lebend oder tot angestrandete Wale sollten unbedingt den zuständigen Behörden, im Zweifelsfall der Polizei, gemeldet werden!

Meerjungfrau
Thalassiovirgo neritica
Säugetiere (*Mammalia*)
Fischmenschen (*Ichthyohominida*)

K Oberkörper einer Frau täuschend ähnlich; gelbblonder Haarschopf, kann die halbe Körperlänge erreichen. Unterhalb des Bauchnabels lange, tangartige Anhänge („Rock"), darunter eine schlanke, sandig granulierte oder geschuppte Schwanzflosse. Länge bis 2 m.

V An (Fels-)Küsten, Buchten und in unterseeischen Höhlen. An allen europäischen Küsten. Selten.

A Obwohl Meerjungfrauen schon im Altertum häufig beobachtet wurden, ist doch bis heute erst wenig über ihre Lebensweise bekannt. In der Tat werden sie nur noch sehr selten gesichtet, Männchen dieser Art sind überhaupt nicht belegt. Daß der Meeresgott Neptun ihr Vater sein soll, ist jedoch genauso ins Reich der Fabel zu verweisen wie die Annahme, daß sie aus dem Schaum der Wellen entspringen.

Ihrer anziehenden Schönheit sind viele Seeleute zum Opfer gefallen, als sie wie von Sinnen über Bord sprangen, um sie zu erreichen. Daß die anmutigen Geschöpfe die verwirrten Männer absichtlich in die Tiefe gezogen haben, muß nach dem heutigen Kenntnisstand der Wissenschaft stark bezweifelt werden, denn Meerjungfrauen sind sehr scheu und nähern sich selbst in ihrem gewohnten Element den Schiffen nur auf sichere Entfernung.

Schlickwatt und Sandwatt

Mit meist mehr als 10 km Breite erstreckt sich auf der Landseite der West-, Ost- und Nordfriesischen Inseln sowie zwischen den einzelnen Inselkörpern das Wattenmeer – ein einzigartiger und ungemein wertvoller Lebensraum. Das Watt zwischen dem niederländischen Texel und dem dänischen Fanø ist der größte zusammenhängende Lebensraum dieses Typs und zudem eine der letzten europäischen Naturlandschaften. Der graue oder graubraune Wattboden ist eine komplizierte Mischung aus Sand, Schluff, Tonteilchen, Muschelschill und feinster organischer Substanz in unterschiedlichen Mengenanteilen.
Dem Beobachter zeigt sich das Watt zunächst als eine gleichförmige, leblos erscheinende Fläche, die nur hier und da von Sandbänken oder Prielen unterbrochen wird, in denen sich die Gezeitenströme bewegen. Dieser Eindruck täuscht, denn im nährstoffreichen Weichboden des Wattenmeeres haben sich Lebensgemeinschaften von erstaunlicher Vielfalt und Reichhaltigkeit entwikkelt. Je nach Lage und Zusammensetzung des Wattsediments siedeln sich hochspezialisierte Artengefüge an, die vor allem den stetigen Wechsel zwischen Überflutung und Trokkenfallen hervorragend bewältigen.
Geradezu unglaublich sind aber auch die Besatzdichten: Von der kleinen Wattschnecke im Schlickwatt sind schon nahezu 100 000 Individuen je Quadratmeter gezählt worden. Die Herzmuschel ist im Mischwatt immerhin noch mit etwa 2000 Exemplaren je Quadratmeter vertreten, und viele andere Arten stehen ihr darin kaum nach.
Etwa 300 Gramm tierische Biomasse enthält der Wattboden unter einem Quadratmeter Oberfläche – das sind rund drei Tonnen pro Hektar, zehnmal soviel wie der übrige Nordseeboden beherbergt.
Die verschiedenen tierischen Bewohner verteilen sich im Wattboden auf verschiedene Stockwerke:
Auf dem Watt trifft man beispielsweise Miesmuscheln an, die sich zu größeren Bänken zusammenschließen. Die oberen zehn Zentimeter des weichen Wattbodens teilen sich Wattschnecke, Schlickkrebs, Herzmuschel, Plattmuschel oder Seeringelwurm.
Noch tiefer dringen Pfeffermuschel, Bäumchenröhrenwurm, Sandklaffmuschel oder Pierwurm vor.
Ernährt wird diese arten- und individuenreiche Gesellschaft von winzigen Algen, die entweder auf dem Sediment leben, die Lücken zwischen den Bodenteilchen besiedeln oder als Importgut mit den Gezeitenströmen aus dem Plankton des freien Wassers herangeführt werden.
Einen indirekten Hinweis auf den Organismenreichtum des Watts geben auch die großen Seevogelschwärme. Speziell angepaßt an die Nahrungssuche im weichen Wattboden sind die Watvögel oder Limikolen mit ihren langen, dünnen Schnäbeln. Austernfischer, Strandläufer, Rotschenkel oder Regenpfeifer zählen zu dieser Artengruppe. Für ihre Nahrungssuche ist der Gezeitenrhythmus bestimmender als der Tag-Nachtwechsel. Auch nachts kann man daher die Stimmen nahrungsuchender Vögel aus dem freifallenden Watt hören, während sie sich zur Flutzeit auf Rastplätzen vor oder hinter dem Deich einfinden. Für diese Vögel ist das Watt Nahrungslieferant, Fortpflanzungsgebiet, Rast- und Ruheraum und zudem auch noch Mauserplatz.
Die vom Meer unmittelbar beeinflußten Lebensgemeinschaften enden natürlich nicht an der Hochwassermarke. Vor allem zur Landseite geht der amphibische Lebensraum Watt in kennzeichnende Pflanzengemeinschaften über, die im Wattboden wurzeln. Bereits unter der Nied-

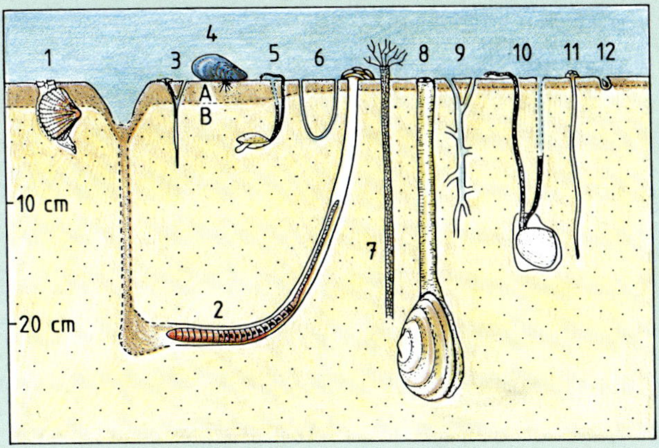

rigwasserlinie siedeln ausgedehnte Seegraswiesen, wichtige Laichgründe für zahlreiche Fischarten. Sie sind gleichzeitig die ersten Sedimentfänger, die die allmähliche Aufhöhung des Wattbodens einleiten. In der eigentlichen Wechselflutzone des Watts trifft man dagegen auf die eigenartige Quellerflur. Sie wird oberhalb der mittleren Hochwasserlinie vom Andelrasen abgelöst, eine noch vergleichsweise artenarme Gesellschaft aus salztoleranten und überflutungsfesten Gräsern. Zuletzt schließt sich die ausgesprochen farbenfrohe und blütenreiche Strandnelkenwiese an, eine Salzwiese, die bei extremen Hochwasserständen (etwa bei Sturmfluten oder Springtiden) noch vom Meerwasser erreicht wird. Entsprechend finden sich hier unter den Blütenpflanzen viele ökologische Spezialisten, die sich besonders auf den Umweltfaktor Salz eingestellt haben. Sie werden auch als Halophyten bezeichnet und zeigen vielerlei interessante Regulationsvorgänge.
Gerade die Salzwiesen sind außerordentlich blumige und farbenfrohe Pflanzengesellschaften.

Siedlungsformen im Wattenmeer

1 Herzmuschel
2 Wattwurm
3 Pygospio-Wurm
4 Miesmuschel
5 Baltische Plattmuschel
6 Schlickkrebs-Wohnröhre
7 Bäumchenröhrenwurm
8 Sandklaffmuschel
9 Wohngang des Schillernden Seeringelwurmes
10 Große Pfeffermuschel
11 Kotpillenwurm
12 Wattschnecke

A Oxidationszone (sauerstoffreich, Farbe gelblich bis braun)
B Reduktionszone (sauerstoffarm, Farbe grau bis schwarz)

Echtes Seegras
Zostera marina
Seegrasgewächse (*Zosteraceae*)

K Mehrjährige Pflanze mit schmallinealischen, grasartigen, flutenden Blättern an rundlichen, liegenden Stengeln, insgesamt etwa 30–50 (100) cm lang. Blätter 3–9 mm breit, vorne abgerundet, stets dreinervig, mit geschlossenen Blattscheiden. Blüten sehr einfach, ohne Blütenhülle, in ährigen Blütenständen, nur mit je einem Staub- und Fruchtblatt. Blütezeit VI–IX.

V Kennart der Seegraswiesen von der Niedrigwasserlinie bis in etwa 10 m Wassertiefe auf Schlick- und Schlicksandböden, dort bestandsbildend.

A Ökologisch sehr wichtige Pflanze (Laichplatz für Nutzfische). Formenreich.

Zwerg-Seegras
Zostera noltii
Seegrasgewächse (*Zosteraceae*)

K Mehrjährige, grasartige Pflanze mit sehr schmalen, nur um 1 mm breiten, flutenden Blättern, etwa 20–40 cm lang, grasgrün oder schwarzgrün. Blüten sehr einfach, zweireihig auf einer Seite einer Seitenachse, von einer Scheide umschlossen. Bestäubung durch schwimmenden Pollen. Blütezeit VI–VIII.

V Kennart der Zwergseegras-Wiesen im Flachwasserbereich bis etwa 1 m Wassertiefe in Schlick- und Schlicksandböden. In Schlickwatten der Nord- und Ostsee bestandsbildend.

A Die Pflanze wurde früher nach Trocknung als Polstermaterial verwendet. Blätter häufig auch im Angespül.

Queller
Salicornia europaea
Gänsefußgewächse (*Chenopodiaceae*)

K Einjährige, außerordentlich formenreiche Sammelart, die heute in mehrere, zum Teil aber nur schwer unterscheidbare Kleinarten gegliedert wird. Stengel entweder bodenanliegend oder aufsteigend, bei anderen Formen steif-aufrecht, durch Einschnürungen gelenkartig gegliedert und armleuchterartig verzweigt. Seitenzweige abstehend oder aufgerichtet, etwa 5–30 cm hoch. Die Blätter sind zu winzigen Schuppengebilden rückgebildet, die Pflanze besteht daher nur aus den dicklichen (salzsukkulenten) Achsen. Blüten zwittrig, aber sehr einfach, meist zu 2–3 in Vertiefungen zwischen einem winzigen Tragblatt und der Hauptachse eingesenkt. Bestäubung unter Wasser durch Schwimmpollen.
Blütezeit VIII–X.

V Charakterpflanze der Quellerflur und wichtiger Verlandungspionier im Anschluß an die Seegraswiesen. Häufig und bestandsbildend in den Wattgebieten von Nord- und Ostsee, an den übrigen Atlantikküsten und im Mittelmeergebiet. Auch an Salzstellen im Binnenland.

A Die Quellerpflanzen nehmen aus der Bodenlösung große Salzmengen auf, können den Salzgehalt ihrer Organe im Gegensatz zu anderen Salzpflanzen jedoch nicht regulieren. Im Spätsommer und Herbst färben sich die Quellerbestände intensiv rot um.

Schlickgras
Spartina townsendii
Süßgräser (*Poaceae*)

K Sehr kräftiges, mehrjähriges Gras, 30–80 (150) cm hoch, mit aufrechten, nur wenig ästigen Stengeln und graugrünen, starr abstehenden Blättern von 5–8 mm Breite. Blattnerven deutlich hervortretend. Blattspreite flach, nicht eingerollt. Blütenstand aus 3–5, einander genäherten, etwa 10–25 cm langen Ähren. Ährchen jeweils um 12 mm lang.
V Bildet rundliche, quadratmetergroße Horste im Schlickwatt. Vor allem im Bereich der holsteinischen Küste.
A Entstand um 1870 als Bastard aus der eingeschleppten, nordamerikanischen *Spartina alterniflora* und der an den Kanalküsten heimischen *Spartina maritima*.

Andel, Strand-Salzschwaden
Puccinellia maritima
Süßgräser (*Poaceae*)

K Mehrjähriges, in ausgedehnten Horsten wachsendes Gras mit aufrechtem oder mehrfach geknicktem, aufsteigendem Stengel, besonders zum Spätsommer hin mit ausläuferartig verlängerten Halmen, die an den Knotenbereichen wurzeln. Blätter leicht fleischig verdickt, graugrün. Ährchen klein, meist 5–9blütig, um 10 mm lang, zahlreich in einseitswendigen Rispen. Rispenachsen nahezu glatt. Blütezeit VI–IX.
V Kennart des Andelrasens der Salzmarschen im Übergang vom Quellerwatt zur Salzwiese. An den Küsten der Nordsee und der westlichen Ostsee weit verbreitet.
A Überflutungsfestes, sehr wichtiges Weidegras.

Gänse-Fingerkraut
Potentilla anserina
Rosengewächse (*Rosaceae*)

K Mehrjährige kleine Pflanze mit kriechendem oder nur wenig aufsteigendem Stengel und Ausläufern. Blätter in (bodenanliegenden) Rosetten, einseits oder beidseits silbrig-seidenhaarig oder auch völlig kahl, abwechselnd mit großen und kleinen Fiederblättchen, diese bis 5 cm lang und gezähnt. Blüten einzeln, radiär, langgestielt, mit 5 goldgelben, bis 1 cm breiten Kronblättern, 5zipfligem Kelch und zusätzlichem Außenkelch.
Blütezeit V–VIII.
V Die salzverträgliche Art kommt an der Küste vom Spülsaum bis zu den Strandwiesen, aber auch in Dünen nicht selten vor. Auch im Binnenland an Ruderalstellen häufig.

Gewöhnlicher Reiherschnabel
Erodium cicutarium
Storchschnabelgewächse

K Recht formenreiche, einjährige oder einjährig-überwinternde Pflanze mit meist liegendem oder aufsteigendem Stengel, 5–50 cm lang. Blätter unpaarig gefiedert, leicht rauhhaarig und zusätzlich etwas drüsig behaart. Fiederblättchen ihrerseits fiederteilig. Blüten zu 2–12 in doldigen Blütenständen mit 5 rosapurpurnen, um 10 mm langen, schmalen Kronblättern. Früchte mit langem (bis 7 cm) Schnabel, zur Reifezeit gedreht.
Blütezeit V–X.
V Im Binnenland auf Kulturböden, an der Küste mit mehreren Kleinarten in den Dünen oder an ruderal beeinflußten Säumen, meist auf der Leeseite.

Sode, Strand-Sode
Suaeda maritima
Gänsefußgewächse
(*Chenopodiaceae*)

K Einjährige, ziemlich formenreiche Art mit niederliegenden, wenig verzweigten, nur an den Enden etwas aufsteigenden Stengeln, etwa 10–40 cm lang (hoch). Blätter sitzend, schmal-linealisch, im Querschnitt fast drehrund, mit stumpfer Spitze, etwa 5–10 mm lang, frischgrün bis blaugrün, besonders zum Spätsommer hin auch kräftiger rot überlaufen. Blüten unauffällig, zu 2–3 in den Blattachseln. Windbestäuber. Blütezeit VII–IX.

V Meist in größeren Beständen auf nassen, salzreichen Schlickböden. Im Marschland der Küstenregion von der Quellerflur bis zur Salzwiese. Weltweit verbreitet.

Strand-Milchkraut
Glaux maritima
Primelgewächse
(*Primulaceae*)

K Mehrjährige, ziemlich zierliche Pflanze mit liegendem, nur wenig aufsteigendem Stengel, etwa 3 cm hoch und bis 15 cm lang, dichtblättrig, dicklich. Blätter kreuzgegenständig in vier Längszeilen, sitzend, oval, vorne spitz, oberseits glänzend dunkelgrün. Blüten ziemlich klein, sitzen in den Blattachseln. Kronblätter fehlen, dafür sind die Kelchblätter kronblattartig ausgestaltet, bilden eine weißliche oder hellrötliche Blütenhülle. Blütezeit V–VIII.

V Meist gesellig und weit verbreitet in den Salzwiesen des Marschlandes vom oberen Quellerwatt bis zum Andelrasen. Überall an atlantischen Küsten, selten auch im Binnenland.

Salz-Schuppenmiere
Spergularia salina
Nelkengewächse
(*Caryophyllaceae*)

[K] Einjährige bis ausdauernde, ziemlich kleine, nur 5 cm hohe Pflanze mit dünnem, niederliegendem oder wenig aufgerichtetem Stengel. Blätter um 7 mm lang, schmal-linealisch, stumpf, dicklich (salzsukkulent), gegenständig, meist abstehend. Blüten mit drüsig behaarten Kelchblättern und rosaroter Krone, bis 8 mm breit. Samen mit sehr schmalem Hautsaum.
Blütezeit V–IX.
[V] Verbreitet, mitunter auch bestandsbildend auf offenen, feuchten Schlick- bzw. Salztonböden.
[A] Die ähnliche Flügel-Schuppenmiere (*Spergularia media*) hat größere Blüten und umsäumte Samen.

Strand-Wegerich
Plantago maritima
Wegerichgewächse
(*Plantaginaceae*)

[K] Mehrjährige Pflanze mit dichtblättriger Grundblattrosette, etwa 5–10 cm hoch. Blätter einfach, schmallinealisch, nach vorne leicht verschmälert, häufig bogig eingekrümmt, oberseits leicht gefurcht, unterseits gekielt, dicklich (salzsukkulent), meist dunkelgrün und leicht glänzend. Blüten zwittrig, grünlichbraun, zahlreich in gedrungener, walzlicher Ähre auf etwa 10–40 cm hohem Schaft. Staubblätter goldgelb. Blütezeit VI–X.
[V] Verbreitete bis häufige Art auf Salztonböden in den Salzwiesen der Küstensäume. Selten auch an Salzstellen des Binnenlandes.
[A] Blätter schmecken salzig.

Echtes Löffelkraut
Cochlearia officinalis
Kreuzblütengewächse
(*Brassicaceae*)

K Einjährige bis ausdauernde Pflanze mit ästigem, liegendem oder aufsteigendem Stengel, etwa 10–30 cm hoch. Grundblätter gestielt, rundlich-herzförmig. Obere Stengelblätter deutlich geöhrt und herzförmig-stengelumfassend, gezähnt, ungestielt, frisch- bis dunkelgrün, etwas glänzend, mit Salzgeschmack. Blüten bis 10 mm breit, mit weißen Kronblättern, von angenehmem Duft. Blütezeit V–VI.

V Selten bis zerstreut auf Salzwiesen oder in Salzröhrichten, verschiedentlich auch im Binnenland aus Kultur verwildert.

A Vitaminreiche Pflanze, wurde früher gegen Skorbut verwendet.

Strand-Grasnelke, Kranzrusen
Armeria maritima
Bleiwurzgewächse
(*Plumbaginaceae*)

K Ausdauernde, sehr formenreiche Pflanze mit ungeteilten, ganzrandigen, grasartig linealischen Blättern, diese zugespitzt und um 1 mm breit, einnervig, am Rande leicht bewimpert, in grundständigen Rosetten oder Polstern. Blüten blaßrot bis rosarot, manchmal auch weißlich, zu mehreren in lockeren Köpfen, diese von bleichen Hüllblättern umgeben. Höhe einschließlich der Blütenstände 5–30 cm. Blütezeit V–XI.

V Zerstreut bis bestandsbildend auf Salzwiesen der Küstenregion, im Bereich der Ostsee seltener.

A Verwandte Kleinarten kommen auch im Hochgebirge oder in Schwermetallfluren vor.

Strand-Dreizack
Triglochin maritimum
Dreizackgewächse
(*Juncaginaceae*)

K Mehrjährige, meist recht stattliche Salzpflanze ohne Ausläufer, etwa 10–60 cm hoch, mitunter in rasigen Beständen, häufiger jedoch in einzelnen Horsten. Blätter schmal-linealisch, ähnlich wie beim Spitz-Wegerich, aber schlanker, bis 30 cm lang, hellgrün, oberseits rinnig. Blüten zwittrig, gestielt, zahlreich in dichten Trauben. Blütenhülle sechsteilig, grünlich. Fruchtknoten sechsteilig, zerfällt in ebenso viele Teilfrüchte. Beim Zerreiben unangenehmer Geruch nach Chlor.
Blütezeit VI–VIII.
V Salzliebende Pflanze in den Salzwiesen der Küstenregion, an Nord- und Ostsee.

Strand-Tausendgüldenkraut
Centaurium littorale (vulgare)
Enziangewächse
(*Gentianaceae*)

K Einjährige oder überwinternde, zierliche und daher oft übersehene Pflanze von 3–20 cm Höhe mit grundständiger Blattrosette und aufrechtem, ästigem, wenigblättrigem Stengel. Grundblätter bis 5 mm breit, spatelig. Stengelblätter schmal-linealisch, bis 3 mm breit. Blüten in Doldenrispen auf mehreren Etagen, keine einheitliche Scheindolde. Kronblätter rosarot bis rötlich, selten auch weißlich, öffnen sich nur bei vollem Sonnenschein.
Blütezeit VII–IX.
V Selten, aber weit verbreitet in lükkigen, feuchten, salzbeeinflußten Stellen an Nord- und Ostsee, vom Andelrasen landeinwärts.

Strand-Salzmelde
Halimione portulacoides
Gänsefußgewächse
(*Chenopodiaceae*)

K Kräftiger, mehrjähriger Halbstrauch, etwa 30–100 cm hoch mit verzweigten, bogig aufsteigenden, am Grunde stärker verholzten Stengeln. Blätter gegenständig, länglich bis verkehrt-oval, kurzgestielt, beidseits graugrün, etwas dicklich und ziemlich derb. Blüten unauffällig, grünlich, knäuelig in endständigen Trauben, jeweils etwa 10 männliche und 2–3 weibliche Blüten zusammen im Knäuel. Blütezeit VII–IX.

V Häufige und bestandsbildende Art auf salzigen Schlickböden der Strandbeifußwiese, besonders häufig an Priel- und Grabenrändern. Fehlt an der Ostsee und den Binnensalzstellen.

Salz-Aster, Strand-Aster
Aster tripolium
Korbblütengewächse
(*Asteraceae*)

K Mehrjährige, besonders zur Blütezeit recht auffällige Pflanze, etwa 20–70 cm hoch, mit aufrechtem, oberwärts ästigem Stengel. Blätter ungeteilt, ganzrandig, dicklich (salzsukkulent), sitzend, länglich-oval bis linealisch. Blütenköpfe mit blaßvioletten, 5–10 mm langen, weiblichen Zungenblüten (Randblüten) und goldgelben, zwittrigen Röhrenblüten. Köpfe rispig angeordnet. Blütezeit VII–X.

V Verbreitet bis bestandsbildend auf Salzwiesen (hier durch Beweidung oft sehr kurz und fast unkenntlich) oder an Priel- und Grabenrändern. Gelegentlich auch an den Salzstandorten des Binnenlandes.

Strand-Beifuß, Strand-Wermut
Artemisia maritima
Korbblütengewächse
(*Asteraceae*)

[K] Mehrjährige, ziemlich formenreiche Salzpflanze mit aufrechtem, stärker ästigem Stengel, etwa 30–60 cm hoch. Blätter mehrfach fiederteilig mit länglichen, stumpfen Zipfeln, von rundlichem Umriß, beidseits dicht weißfilzig, seltener auch verkahlend. Blütenköpfe grüngelb, länglich, bestehen nur aus Röhrenblüten. Blütezeit VIII–X.

[V] Salzliebende Pflanze in oft dichten Beständen, vor allem an Priel- und Grabenrändern oder auf Salzwiesen. Von Mitteleuropa bis nach Asien verbreitet (Salzsteppe).

[A] Alte Arzneipflanze, riecht beim Zerreiben stark aromatisch. In Friesland Nobbekrut genannt.

Strandflieder, Halligflieder
Limonium vulgare
Bleiwurzgewächse
(*Plumbaginaceae*)

[K] Mehrjährige Pflanze mit ästigem, aufrechtem Stengel, etwa 15–50 cm hoch. Blätter ziemlich derb, etwas lederig, verkehrt-oval, hellgrün, ganzrandig, vorne stachelspitzig, kahl. Blüten mit violetten bis blaßblauen Kronen, seltener auch weiß, zahlreich in einseitswendigen Doldenrispen. Blütezeit VII–IX.

[V] Verbreitete, stellenweise auch bestandsbildende Art in den Salzwiesen vom Andelrasen bis zur Grasnelkenwiese.

[A] Durch Pflücken gebietsweise selten geworden. Wird auch Widerstoß, Strandnelke oder (in Friesland) Bundesstave genannt. In Westeuropa weitere ähnliche Arten.

Wattdiatomeen
Klasse *Bacillariophyceae*

Die weiten, bei oberflächlicher Betrachtung ziemlich leblos erscheinenden Wattgebiete sind in Wirklichkeit hochproduktive Lebensstätten. Wie in allen Biotopen müssen auch hier pflanzliche Organismen die breite Basis der Nahrungspyramide bilden. Angeschwemmte größere Tange können den Bedarf an pflanzlicher Biomasse sicherlich kaum decken. Viel bedeutsamer sind daher pflanzliche Wattbodenbewohner, die man mit bloßem Auge erst dann erkennen kann, wenn sie tatsächlich in unglaublichen Massen auftreten:

Unentbehrliche Primärproduzenten sind die auf der Wattoberfläche oder in den obersten Sedimentschichten lebenden Mikroalgen, von denen die weitaus meisten zu den Kieselalgen (Diatomeen) gehören. Besonders während der warmen Jahreszeit können sich diese formschönen Algen stark vermehren. Beinahe eine halbe Million Zellen hält sich dann auf jedem Quadratzentimeter Wattoberfläche auf – mit bloßem Auge als schimmernder, goldbrauner Belag zu erkennen. Aber auch ohne Massenvermehrung ist die Anwesenheit von Wattdiatomeen eindeutig auszumachen: Die feine gelbliche Färbung der obersten Sedimentschichten (im Vergleich zur eher grauen Tönung der tieferen Lagen) geht auf Millionen Algenzellen zurück. Auch wenn die Pierwürmer ihre Kothäufchen auf der Wattoberfläche absetzen, sind die Farbunterschiede auffällig. Die auf oder zwischen den Sedimentteilchen lebenden Kieselalgen scheiden winzige Schleimportionen aus, die die Bodenteilchen miteinander verkleben und somit helfen, das Sediment zu stabilisieren. Wenn durch die Gezeitenströme neue Schwebfrachten herangeführt und abgesetzt werden, wandern die lichthungrigen Algen jeweils wieder auf die neue Oberfläche und verkleben auch deren Partikel zu einem Schleimteppich. Starken Belastungen und Turbulenzen, wie sie etwa bei Stürmen mit hohem Wellengang auftreten, können die Algen-Schleim-Schichten natürlich nicht standhalten.

Bei derartigen Störungen wird der gesamte Algenbelag abgetragen und verwirbelt. Er kann sich bei ruhigeren Wetterlagen rasch wieder regenerieren. Mitunter entgehen die Wattdiatomeen auch der Verdriftung dadurch, daß sie rechtzeitig in tiefere Sedimentschichten einwandern. Für mehrere Arten wurden nämlich rhythmische Wanderungen zwischen Wattoberfläche und tieferen Sedimentlagen nachgewiesen.

Die Oberflächenalgenflora des Wattbodens wird aus etlichen Dutzend Arten zusammengesetzt. Außer den Kieselalgen werden hier regional und jahreszeitlich verschieden auch noch weitere Verwandtschaftsgruppen angetroffen.

Die Bestimmung der einzelnen Arten ist nur mit mikroskopischer Hilfe möglich und angesichts des enormen Formenreichtums auch dann noch recht schwierig.

Für viele Wattbewohner sind die winzigen Algenrasen eine wichtige Nahrungsquelle. Watt- und Strandschnecken weiden die Algenschichten bei ihren Streifzügen ab. Auch für die im Sediment steckenden Muscheln ist der Algenbelag lebenswichtig – sie saugen ihn mit ihren Siphonen wie Nahrungsbrei regelrecht ab.

Gewölbte Kopfschildschnecke
Retusa obtusa
Weichtiere (*Mollusca*)
Kopfschildschnecken (*Bulloidea*)

K Gehäuse walzenförmig; Mündung lang und schlitzförmig, im unteren Bereich erweitert. Außenlippe erreicht fast die Gehäusespitze; ältere Umgänge wenig, aber deutlich hervortretend. Farbe weiß bis cremefarben. Höhe bis 1 cm.

V In Sand- und Schlickböden; von der Gezeitenzone an abwärts. Mittelmeer, Atlantik, Ärmelkanal, Nord- und westliche Ostsee.

A Kopfschildschnecken leben dicht unter der Bodenoberfläche und graben sich durchs Sediment. Sie ernähren sich von Aas, Pflanzenresten und Wattschnecken, die sie vollständig verschlingen.

Gemeine Strandschnecke
Littorina littorea
Weichtiere (*Mollusca*)
Strandschnecken (*Littorinidae*)

K Gehäuse kräftig, kegelförmig, mit 7 weniggewölbten Umgängen; Oberfläche mit feinen Spiral- und Zuwachsstreifen, bei alten Gehäusen oft vollständig abgewetzt. Außenlippe im flachen Winkel an den Gehäuserand führend. Höhe bis 4 cm. Weidegänger auf Algenrasen.

V Auf Weich- und Hartböden; in der Gezeitenzone. Mittelmeer, Atlantik, Ärmelkanal, Nord- und westliche Ostsee.

A Obwohl die Gemeine Strandschnecke Hartböden bevorzugt (siehe S. 196), siedelt sie auch auf sandigen Wattflächen, zuweilen sogar in hoher Dichte.

Gemeine Wattschnecke
Hydrobia ulvae
Weichtiere (*Mollusca*)
Wattschnecken (*Hydrobiidae*)

K Gehäuse zart und spitz, mit 7 wenig gewölbten Umgängen. Mündung oval, oben mit einer stumpfen Spitze. Farbe gelb bis dunkelbraun. Höhe bis 6 mm.

V Auf Sandböden und (viel seltener) Algen; von der Gezeitenzone an abwärts. Mittelmeer, Atlantik, Nord- und westliche Ostsee.

A Wattschnecken grasen als Weidegänger von der Sandoberfläche Diatomeen und Blaualgen ab. Außerdem heften sie sich unter der Wasseroberfläche fest und bilden ein langes Schleimband, an dem Planktonorganismen kleben bleiben. (Bis über 100 000 Tiere/m^2!)

Wattschnecken zeigen ein mit der Tide synchronisiertes Verhalten. Mit auflaufendem Wasser heften sie sich unter die Oberflächenhaut und treiben umher. Nach Einsetzen der Ebbe sinken sie auf den Grund ab und werden erst wieder aktiv, wenn sie trockenfallen. Nach einer Phase der Nahrungsaufnahme graben sie sich ins Sediment ein, bis das Wasser erneut steigt.

Wattschnecken sind ein wichtiger biologischer Bestandteil des Wattenmeeres. Durch ihre schleimigen Kriechspuren und die Bildung verkitteter Kotpillen tragen sie wesentlich zur Sedimentbildung bei.

Eßbare Miesmuschel
Mytilus edulis
Weichtiere (*Mollusca*)
Miesmuscheln (*Mytilidae*)

K Schalenklappen kräftig, mit zugespitzter Vorder- und verbreiterter, abgerundeter Hinterseite. Innenseite weiß mit bläulich dunklem Rand; Außenseite konzentrisch skulptuiert, mit kräftiger, dunkler Oberhaut; Farbe dunkelbraun bis blaugrau, junge Tiere zuweilen mit brauner Radiärzeichnung. Länge bis 10 cm.
V Auf Sand- und Hartböden (S. 208), an Molen und Buhnen; von der Gezeitenzone an abwärts. Mittelmeer, Atlantik, Ärmelkanal, Nord- und Ostsee.
A Die Miesmuschel ernährt sich von organischen Partikeln, die sie aus dem eingestrudelten Atemwasser herausfiltriert.

Sie lebt nicht wie die meisten Muscheln eingegraben oder eingebohrt im Substrat, sondern auf der Oberfläche von Sand- und Hartböden. Unverzichtbar für diese Lebensweise ist ihr kräftiger Fuß, an dessen Grund eine Byssusdrüse sitzt. Mit ihr kann die Muschel zugfeste Eiweißfäden spinnen, die mit der Fußspitze auf hartem Untergrund, z.B. auch auf den Schalen eigener Artgenossen, verankert werden. Für eine Ansiedlung reicht ihnen schon eine einzige Weichtierschale als Unterlage.
Aus den anfangs wenigen, in einer Schlange liegenden Individuen können ganze Muschelbänke ent-

stehen, auf denen bis zu 2000 Individuen/m^2 in mehreren Schichten lagern können.
In ihrer Folge bilden sich Lebensgemeinschaften aus, die gänzlich verschieden sind von denen im umliegenden Weichboden:
So siedeln sich z.B. Tange der Gattung *Fucus* an, die in ihrer lokalen Verbreitung geradezu auf solche Miesmuschelbänke beschränkt bleiben.
In den kleinen Sedimentansammlungen zwischen den einzelnen Muscheln leben Schnurwürmer, Pantoffelschnecken, Meeresborstenwürmer, Meerasseln, Einsiedlerkrebse und Strandkrabben.
Auf den Schalen lassen sich Polypenstöcke und Moostierchen nieder.
Überall auf den Schalen und Tangen weiden Strandschnecken die Diatomeenrasen ab.
Besonders profitieren auch die Seepocken von den Muschelbänken im Wattenmeer, denn sie könnten sonst in diesem Lebensraum gar nicht existieren.

Eßbare Herzmuschel
Cerastoderma edule
Weichtiere (*Mollusca*)
Herzmuscheln (*Cardiidae*)

K Schale ± rund, kräftig, mit etwa 25 teilweise beschuppten Radiärrippen; kräftiges Schloß. Außenseite mit zurückgebildeter Oberhaut, gezähnter Rand; Innenseite glatt, Radiärstruktur nur am Schalenrand, Farbe außen schmutziggelb bis braun. Länge bis 5 cm.

V In Sand- und Grobsandböden; von der Gezeitenzone an abwärts. Atlantik, Mittelmeer, Nord- und Ostsee.

A Herzmuscheln leben nicht tiefer als 1–2 cm tief im Boden. Durch ihre kurzen Siphone strudeln sie mit dem Atemwasser organische Partikel ein, die sie mit den Kiemen abfiltrieren. Da sie ständig Gefahr laufen, freigespült zu werden, müssen sie sehr beweglich sein. Sie können mit ihrem Fuß aktiv auf oder kurz unter der Oberfläche umherkriechen und sich an anderer Stelle wieder eingraben. Die junge Muschelbrut kann eine Besiedlungsdichte von 20 000 Individuen/m^2 erreichen, doch nur wenige hundert erreichen das 3. Lebensjahr, da sie eine wichtige Nahrung für viele andere Wattbewohner darstellen.
Herzmuscheln sind sehr schmackhaft und werden mit schwerem Kuttergeschirr (Kurren) gesammelt. Leider bedingt diese Fangmethode auch erhebliche Schädigungen der übrigen Wattfauna.

Europäische Auster
Ostrea edulis
Weichtiere (*Mollusca*)
Austern (*Ostreidae*)

K Schalenklappen ungleich, kräftig, in Form und Oberflächenstruktur unregelmäßig geschuppt; linke Klappe gewölbt, rechte Klappe flach, mit Schließmuskelabdruck. Farbe cremefarben bis blaugrau. Länge bis 15 cm.

V Auf Schillgründen und Hartsubstraten; von der Gezeitenzone an abwärts. Mittelmeer, Atlantik, Ärmelkanal, Nordsee.

A Austern sind eine beliebte Delikatesse und werden in Muschelfarmen gezüchtet, seitdem die natürlichen Bestände in den letzten Jahrzehnten fast erloschen sind.
Sie benötigen im Sommer eine Wassertemperatur von mehr als 15 °C und einen Salzgehalt von mindestens 19‰.
Austern sind protandrische Zwitter: Zuerst bilden sie Spermien, die ins freie Wasser abgegeben und von bereits zu Weibchen umgewandelten Tieren eingestrudelt werden, um so die in den Kiemen sitzenden Eier zu befruchten. Nach 14 Tagen schlüpfen kleine Schwimmlarven (Trochophora), die sich nach weiteren 2 Wochen auf geeignetem Untergrund niederlassen und zu jungen Muscheln umwandeln. Sie heften sich senkrecht mit Byssusfäden fest und bilden einen Kitt in der Byssusdrüse, der links von der Muschel verbracht wird.

Sandklaffmuschel
Mya arenaria
Weichtiere (*Mollusca*)
Klaffmuscheln (*Myidae*)

K Schale groß, kräftig, oval; am Hinterende spitz zulaufend und weit klaffend (Name!); linke Klappe wenig kleiner als die rechte, mit großem löffelartigem Fortsatz unterhalb des Wirbels. Innenseite mit tiefer Mantelbucht; Außenseiten konzentrisch gestreift. Farbe weiß, häufig verfärbt durch die umliegenden Sedimente. Länge bis 15 cm.

V In Sand- und Schlickböden; von der Gezeitenzone an abwärts. Atlantik, Ärmelkanal, Nord- und Ostsee.

A Sandklaffmuscheln vergraben sich bis zu 30 cm tief. Sie halten den Kontakt zur Oberfläche durch 2 miteinander verwachsene und durch eine gemeinsame derbe Hülle geschützte Siphone. Auf dem Wattboden selbst ist nur ein 1–2 cm großes Loch zu erkennen. Während die Jungtiere einen voll funktionstüchtigen Grabfuß haben, leben die erwachsenen Tiere standorttreu und können nicht wieder ins Sediment abwandern, wenn sie freigespült werden. Häufig schauen sie dann zur Hälfte als „Steckmuscheln" aus dem Sediment heraus. Schon bei schwacher Bodenerschütterung ziehen sie die Siphone zurück und spritzen das in der Mantelhöhle überschüssige Wasser in hohen Fontänen aus dem Atemloch.

Amerikanische Schwertmuschel
Ensis directus
Weichtiere (*Mollusca*)
Scheidenmuscheln (*Solenidae*)

K Relativ dünnwandige und doch kräftige Schale; schmal, langgestreckt und schwach gebogen. Außenseite mit glänzender Oberhaut. Farbe innen schmutzig-weiß, außen gelbbraun, mit ausgeprägten diagonalen Radiärstreifen. Länge/Höhe bis 16/2,8 cm.

V In Sandböden; von der Gezeitenzone an abwärts. Ostküste Nordamerikas; in Europa zunächst nur in der Nordsee.

A Diese Art wurde erst 1978 aus den USA eingeschleppt und bildet heute große Bestände im Wattenmeer. Sie ähnelt sehr unserer heimischen, doch viel selteneren Art *Ensis ensis*.

Gerippte Tellmuschel
Angulus fabula
Weichtiere (*Mollusca*)
Tellmuscheln (*Tellinidae*)

K Schalenklappen oval, zart und dünn, hinten zugespitzt und nach rechts aufgebogen. Außenseiten konzentrisch gestreift, die rechte zusätzlich sehr fein schräg gerippt. Farbe weiß mit Anflügen von Gelb und Rosa. Länge bis 2,2 cm.

V In Sand- und Schlickböden; unterhalb der MTNL. Mittelmeer, Atlantik, Ärmelkanal, Nordsee.

A Diese Muscheln leben bis zu 6 cm tief im Boden eingegraben.
Da die Gerippten Tellmuscheln in großer Dichte vorkommen, bilden sie für viele Grundfische, insbesondere Plattfische, eine wichtige Nahrungsquelle.

Platte Tellmuschel
Angulus tenuis
Weichtiere (*Mollusca*)
Tellmuscheln (*Tellinidae*)

K Schalenklappen breit oval, zart und flach, am Hinterende zugespitzt. Außenseite konzentrisch zart gerippt und gestreift. Innenseite mit tiefer Mantelbucht, in den Schalenklappen jeweils nicht gleich. Farbe sehr variabel, weiß, gelb, orange oder rot. Länge bis 2,5 cm.
V In Sand- und Grobsandböden; unterhalb der MTNL. Schwarzes Meer, Mittelmeer, Atlantik, Ärmelkanal, Nordsee.
A Die Lebensweise ähnelt der der Gerippten Tellmuschel. Die Platte Tellmuschel erreicht jedoch nicht solche Bestandsdichten wie die Gerippte Tellmuschel. Schalen daher auch weniger häufig im Angespül.

Baltische Plattmuschel
Macoma balthica
Weichtiere (*Mollusca*)
Tellmuscheln (*Tellinidae*)

K Schale kräftig, dreieckig, gewölbt; am Vorderende abgerundet, hinten zugespitzt. Farbe innen rot bis gelb; außen gelb, grün, rot oder braun mit weißen konzentrischen Streifen, die den Untergrund fast völlig überdecken. Länge bis 3 cm.
V In Sand- und Schlickböden; von der Gezeitenzone an abwärts. Atlantik, Ärmelkanal, Nord- und Ostsee.
A Diese Muschel steckt nicht senkrecht im Boden, sondern liegt in etwa 3–5 cm Tiefe auf der rechten Schalenklappe. 2 schmale Siphonen halten die Verbindung zur Oberfläche. Ihre Ernährungsweise ist sehr ähnlich wie die der Großen Pfeffermuschel.

Strahlenkörbchen
Mactra corallina cinerea
Weichtiere (*Mollusca*)
Trogmuscheln (*Mactridae*)

K Schalenklappen zerbrechlich, flach, oval; Innenseite weiß bis rot mit 2 deutlichen Schließmuskelabdrükken, große Mantelbucht. Außenseite glatt, mit feinen konzentrischen, vom Wirbel ausgehenden Streifen. Farbe braun bis graugrün, Streifen braun, rot oder weißlich. Länge 6 cm.
V In sandigen bis schlickigen Böden; von der unteren Gezeitenzone an abwärts. Atlantik, Ärmelkanal, Nordsee.
A Strahlenkörbchen leben dicht unter der Sedimentoberfläche und können sich mit ihrem spitzen Fuß aktiv ein- und ausgraben. Ihre Ernährungsweise ist ähnlich wie die der Herzmuschel.

Große Pfeffermuschel
Scrobicularia plana
Weichtiere (*Mollusca*)
Pfeffermuscheln (*Semelidae*)

K Schale zerbrechlich, oval, flach; wenig klaffend; Wirbel etwa in der Mitte. Außenseite konzentrisch gestreift. Farbe weiß bis dunkelgrau. Länge 6 cm.
V In Schlick- und Sandböden der Gezeitenzone. Mittelmeer, Atlantik, Ärmelkanal, Nord- und westliche Ostsee.
A Typischer Bewohner des Schlickwatts. Sie sitzt etwa 15 cm tief senkrecht im Boden und pipettiert mit dem langen, senkrecht stehenden Einströmsipho die umliegende Sedimentoberfläche nach organischen Partikeln ab. Die Tiere selbst liegen in einer kleinen, wassergefüllten Höhle.

Seemaus
Aphrodita aculeata
Borstenwürmer (*Polychaeta*)
(*Aphroditoidea*)

K Körper schlank-oval mit einem Borstenfilz auf dem Rücken; an den Seiten je 2 Reihen langer, gelb-, blau- und grünirisierender Borsten. Am Kopf 1 Paar Augen und 1 Paar schlanke, nach vorne gestreckte Palpen. 40 Segmente; Länge bis 20 cm.
V In Feinsand- und Schlickböden, auf Muschelbänken; unterhalb der MTNL, im Wattenmeer in den Prielen. Mittelmeer, Atlantik, Ärmelkanal, Nord- und westliche Ostsee.
A Die Seemaus gräbt dicht unter der Oberfläche nach Mollusken und Würmern. Nur ihr hochgekrümmtes Hinterteil schaut aus dem Sediment heraus. Sie selbst ist eine beliebte Nahrung für größere Grundfische.

Opalwurm
Nephthys hombergi
Borstenwürmer (*Polychaeta*)
Blindwürmer (*Nephthoidea*)

K Körper langgestreckt, im Querschnitt fast quadratisch; etwa 200 gleichgeformte Segmente mit je 1 Paar beborsteter Stummelfüße. Kopf klein, ohne Fühler, Rüssel mit Papillen besetzt; Hinterende mit 1 Schwanzfaden. Farbe rosa bis fleischfarben, perlmuttrig schimmernd. Länge bis 20 cm.
V In Sand- und Feinsandböden, auf Muschelbänken; von der Gezeitenzone an abwärts. Mittelmeer, Atlantik, Ärmelkanal, Nord- und Ostsee.
A Der Opalwurm gräbt sich in einer Tiefe von etwa 5–20 cm durch das Sediment. Er ist ein Allesfresser. In den heimischen Küstengewässern leben noch weitere *Nephthys*-Arten.

Grüner Seeringelwurm
Nereis virens
Borstenwürmer (*Polychaeta*)
Seeringelwürmer (*Nereidae*)

K Langgestreckter, im Querschnitt runder Körper, hinten abgeflacht. Kopf- und Segmentanhänge wie bei der vorigen Art; mehr als 200 Segmente. Farbe grün bis blau oder dunkelbraun bis kupfern, irisierend. Länge bis 90 cm.

V In Grob- bis Schlicksanden; von der Gezeitenzone an abwärts. Atlantik, Ärmelkanal, Nord- und westliche Ostsee.

A Der größte Meeresborstenwurm im Wattenmeer legt verzweigte Gänge im Boden an. Nachts kriecht er heraus und faßt mit seinem kräftigen Rüssel Algen und Kleintiere aller Art. Er selbst findet als Angelköder Verwendung.

Schillernder Seeringelwurm
Nereis diversicolor
Borstenwürmer (*Polychaeta*)
Seeringelwürmer (*Nereidae*)

K Körper langgestreckt mit rundem Querschnitt, hinten abgeflacht. Kopf mit 4 Augen, 2 Palpen und 8 Fühlern; Rüssel mit Papillen und 2 Kiefern bewehrt; 120 Segmente mit je 2 beborsteten Stummelfüßen; 2 Schwanzfäden. Farbe gelb, grün, rot, braun; Rückenader des Blutgefäßsystems rot durchscheinend. Bis 12 cm lang.

V In Sand- und Schlickböden; von der Gezeitenzone an abwärts. Mittelmeer, Atlantik, Ärmelkanal, Nord- und Ostsee.

A Der Wurm baut ein weitverzweigtes Gangsystem, das mehrere Ausgänge hat. Er ist ein Allesfresser und wird selbst die Beute von Fischen und Vögeln.

Gefleckter Blattwurm
Anaitides maculata
Borstenwürmer (*Polychaeta*)
Ruderwürmer (*Phyllodocidae*)

K Körper langgestreckt, Kopf klein, mit 2 Augen, 4 Paar kurzer Fühler und 4 Kopfcirren; Rüssel mit Papillenreihen besetzt; bis 250 Segmente mit je 1 Paar blattfußartig verbreiteter Stummelfüße; 2 Schwanzpalpen. Farbe gelb bis grün mit je einer braunen Punktreihe auf dem Rükken und den Blattfüßchen. Länge bis 10 cm.

V Auf Algen, Muschelbänken, Weich- und Hartböden. Atlantik, Ärmelkanal, Nord- und westliche Ostsee.

A Dieser Wurm ernährt sich räuberisch von Aas, Meeresborsten- und Schnurwürmern. Er selbst schützt sich vor seinen Feinden durch schleimige Hautabsonderungen. Im Frühjahr geben mehrere Weibchen gemeinsam einen grünen, gelatiösen Klumpen ab, den sie an festen Gegenständen oder an der Wattoberfläche befestigen. Darin befinden sich Eischnüre, aus denen nach 2–12 Tagen kleine Schwimmlarven (Trochophora) ins Wasser entweichen. Aus ihnen entstehen zunächst freischwimmende, lange Borsten tragende Larven und schließlich junge Würmer, die zum Bodenleben übergehen. Im Freiland heben sich die Würmer häufig kaum vom Untergrund ab.

Wattwurm
Arenicola marina
Borstenwürmer (*Polychaeta*)
Wattwürmer (*Arenicolidae*)

K Deutliche Dreiteilung des Wurmkörpers:
1. Abschnitt mit Kopf und 6 Segmenten, walzenförmig verbreitert.
2. Abschnitt mit 13 Segmenten, alle mit je 1 Paar roter Kiemenbüschel.
3. Abschnitt als schmaler Schwanz mit bis zu 90 Segmenten, ohne Stummelfüße.

Kopf mit ausstülpbarem Rüssel, ohne Anhänge. Farbe rotbraun bis fast schwarz, Jungtiere gelb bis rosa. Länge bis 30 cm.

V In Sand- und Schlickböden; von der Gezeitenzone an abwärts. Mittelmeer, Atlantik, Ärmelkanal, Nord- und westliche Ostsee.

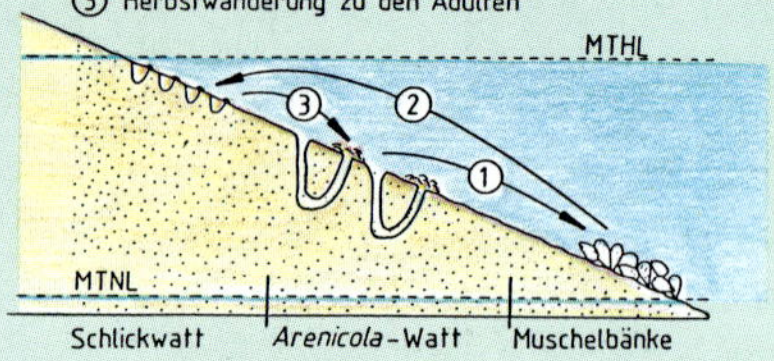

A Der Wattwurm, auch Pier-, Sand- und Köderwurm genannt, gräbt eine bis zu 25 cm tiefe, L-förmige Röhre, die auf der einen Seite durch einen Einsturztrichter, auf der anderen durch einen in viele Schlingen gelegten Kotsandhaufen an der Bodenoberfläche leicht auszumachen ist.

Er ernährt sich als Substratfresser, indem er den am Trichterende in den Gang fallenden Sand der Bodenoberfläche frißt und die organischen Bestandteile verdaut. Das ungenießbare Sediment wird durch den After wieder ausgestoßen. Dazu kriechen die Würmer mit dem Hinterende an die Sedimentoberfläche und werfen ihre „Sandwürste" zum Kotsandhaufen auf. Frisches Atemwasser wird in entgegengesetzter Richtung durch rhythmische Körperbewegungen in den Gang gepumpt.

Durch seine Lebensweise trägt der Wattwurm aktiv zur Umschichtung der Oberflächensedimente bei. Im direkten Bereich seines Wohnganges herrscht ein sauerstoffreiches Milieu, das viele Mikroorganismen anzieht. Zur Fortpflanzung geben die Männchen ihre Spermien ins Wasser ab. Diese gelangen mit dem Atemwasserstrom der Weibchen in den Wohngang und befruchten die dort abgelegten Eier, die auch weiterhin im mütterlichen Gang mit Frischwasser versorgt werden, bis die Schwimmlarven (Trochophora) schlüpfen und forttreiben. Nach einer planktonischen Phase siedeln sie sich in den Muschelbänken nahe der MTNL an und reifen nach weiteren Ortswechseln.

Kiemenringelwurm
Scoloplos armiger
Borstenwürmer (*Polychaeta*)
(*Orbiniidae*)

K Körper langgestreckt, mit spitz zulaufendem, leicht abgeflachtem Vorderteil. Kopf ohne Anhänge, doch mit einem ausstülpbaren, weichen Rüssel; vom 9. Körpersegment an bis zum Hinterende je 1 Paar Kiemenanhänge, im vorderen Bereich seitlich, im hinteren Bereich eher auf dem Rücken angelegt; über 200 Segmente. Farbe orange bis kräftig rot. Länge bis 12 cm.

V In Weichböden aller Art, aber bevorzugt in Schlickböden; von der Gezeitenzone an abwärts. Mittelmeer, Atlantik, Ärmelkanal, Nord- und Ostsee.

A Der Kiemenringelwurm gräbt in den oberen 15 cm des Bodens unbeständige Gänge, die nach kurzer Zeit wieder verlassen werden. Als „Wanderer im Boden“ ernährt er sich, indem er das Sediment über seinen Rüssel aufnimmt, die organischen Anteile verdaut und den ungenießbaren Sand durch den After wieder als kleine Kotpillen ausstößt. Im Frühling legen die Weibchen mehrere braunrote, runde bis birnenförmige Laichballen von etwa 1 cm Durchmesser ab. Aus ihnen schlüpfen bis zu 5000 vollständig entwickelte, 1 mm lange Würmer, die sich sofort ins Sediment einbuddeln. In Sandböden können mehrere 1000 Würmer dieser Art auf 1 m^2 vorkommen.

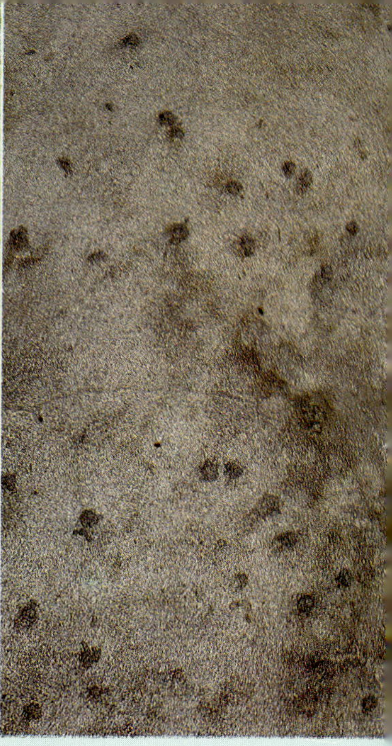

Kotpillenwurm
Heteromastus filiformis
Borstenwürmer (*Polychaeta*)
Kopfwürmer (*Capitellidae*)

K Langgestreckter, dünner Körper; Kopf nicht deutlich vom Körper abgesetzt, ohne Anhänge. 1 Schwanzcirrus; bis zu 150 Segmente. Farbe vorne rot, hinten auch gelb bis grün. Länge bis 18 cm, Durchmesser 1 mm.
V In der Reduktionszone von Sand- und Schlickböden; von der Gezeitenzone an abwärts. Schwarzes Meer, Mittelmeer, Atlantik, Ärmelkanal, Nord- und westliche Ostsee.
A Dieser Wurm legt im Boden ein reich verzweigtes und mit einer Schleimtapete ausgekleidetes Freßgangsystem an. Mit dem Hinterende sitzt er in einer senkrechten, bis zur Oberfläche reichenden Röhre, durch die er das frische Atemwasser hereinpumpt, die Kotpillen an die Oberfläche befördert und zu einem kleinen, charakteristischen Haufen aufwirft. Als Nahrung dienen ihm Kleinstlebewesen und organische Partikel, die er mit dem Sand aufnimmt (Substratfresser).
Die Weibchen heften im Frühjahr gallertige, kugelige Laichballen von etwa 8 mm Durchmesser an die Bodenoberfläche. Aus ihnen schlüpfen Schwimmlarven (Trochophora), die nach einer abrupten Gestaltsumwandlung (Metamorphose) als kleine Würmer zum Bodenleben übergehen. Die Tiere können im Schlickwatt Besiedlungsdichten von bis zu 7000 Individuen/m^2 erreichen.

Holzbohrender Polydorawurm
Polydora ligni
Borstenwürmer (*Polychaeta*)
(*Spionidae*)

K Langgestreckter Wurmkörper mit bis zu 90 Segmenten; ± tief eingeschnittener Kopflappen, 4 Augen, 2 lang ausgezogene Kopftentakel. Körpersegmente mit beborsteten Stummelfüßen, 5. Segment mit kräftig irisierenden und versenkbaren Grabborsten; Hinterende mit einem Kragen. Farbe weiß bis hellgelb. Länge bis 3 cm. In Schlick- und Sandböden, in Holzpfählen; von der Gezeitenzone an abwärts. Mittelmeer, Atlantik, Ärmelkanal, Nord- und Ostsee.

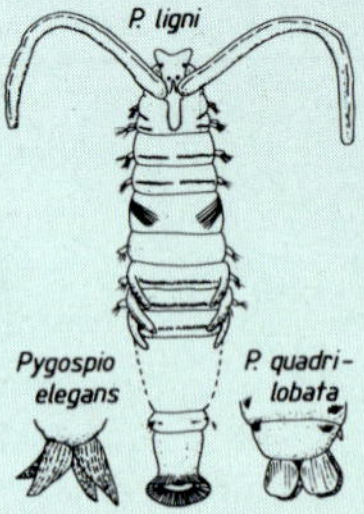

A Lebensweise ähnlich wie beim Pygospio-Wurm.
Die etwa 4 cm lange U-förmige Wohnröhre schaut als kleiner Schornstein aus dem Sand hervor.
Sehr ähnlich ist der 4lappige Polydorawurm (*P. quadrilobata*), der als Anhänge am Ende 4 stumpfe, weißirisierende Lappen trägt.

Pygospio-Wurm
Pygospio elegans
Borstenwürmer (*Polychaeta*)
(*Spionidae*)

K Wurmkörper mit bis zu 60 Segmenten; Kopf mit 2 langen Fühlern, bis zu 4 Paar Augen und 1 auf dem Rücken nach hinten verlaufenden, spitzen Lappen, der das 2. Borstensegment erreicht. Segmente mit kleinen Stummelfüßchen; Hinterende mit 4 weißirisierenden, spitzzulaufenden, zapfenähnlichen Cirren. Farbe gelblich, vorne auch grünlich. Länge bis 1,5 cm.

V In Schill-, Sand- und Schlickböden oder an Hartbodensubstrat festgeheftet; von der Gezeitenzone an abwärts. Mittelmeer, Atlantik, Ärmelkanal, Nord- und Ostsee.

A Der Pygospio-Wurm lebt in einer dünnen Wohnröhre, die bis zu 9 cm tief in den Boden reichen und im oberen Bereich verzweigt sein kann. Innen ist sie mit einer festen Schleimtapete verkleidet, während nach außen Sedimentkörnchen anhaften. Der Wurm ernährt sich, indem er mit den bewimperten Kopffühlern von der Umgebung Diatomeen und organische Partikel absammelt oder aus dem Wasser herausfängt. Bei Trockenheit schließt er die Röhre und verkriecht sich in tiefere Bereiche.
Die Würmer besitzen eine außerordentliche Regenerationsfähigkeit: Nur wenige Segmente (ca. 3) können im Zweifelsfall den gesamten Körper nachbilden.

Bäumchenröhrenwurm
Lanice conchilega
Borstenwürmer (*Polychaeta*)
(*Terebellidae*)

K Körper langgestreckt; Kopf mit vielen dünnen, langen Tentakeln; 3 Paar rote Kiemenbüschel; vorne 17 borstentragende Segmente. Hinterende lang und schmal; bis 300 Segmente. Farbe gelb, rosa, bräunlich. Länge bis 30 cm.

V In Sand- und Grobsandböden, auf Muschelbänken und in Seegraswiesen; von der Gezeitenzone an abwärts. Atlantik, Ärmelkanal, Nord- und westliche Ostsee.

A Das Auffälligste an diesem Wurm ist seine aus Schillpartikeln verklebte Wohnröhre mit der charakteristischen Bäumchenkrone. Um die filigranen Fortsätze am Röhrenrand bauen zu können, sammelt der Wurm kleine Schillpartikel von der umgebenden Bodenoberfläche, legt sie in seiner Oberlippe zu einer Reihe zusammen, verklebt sie und setzt anschließend den vollständigen Ast an den Röhrenrand.
Die Tiere ernähren sich von vorbeiströmenden Schwebepartikeln und Planktonorganismen, die sie mit ihren fadenförmigen, an den Ästchen anliegenden Tentakeln abfangen. Außerdem suchen sie die umgebende Sedimentoberfläche nach Diatomeen und Detritus ab.
Zur Fortpflanzung entlassen die Würmer ihre Spermien bzw. Eier ins freie Wasser. Daraus entsteht eine Schwimmlarve (Trochophora).

Köcherwurm
Pectinaria koreni
Borstenwürmer (*Polychaeta*)
Kammborstenwürmer (*Pectinariidae*)

K Länglicher, nach hinten schmal zulaufender Körper; Kopf mit kräftigem, nach vorne gerichtetem Borstenkamm und vielen kurzen, am Ende geschwollenen Tentakeln; 2 Paar rote Kiemen direkt unterhalb des Kopfes. Rückenborsten vom 6.–13. Segment; 15 Segmente. Farbe weißlich-rosa. Länge bis 5 cm, die Röhre noch länger.

V In Schlick- und Feinsandböden; von der Gezeitenzone an abwärts. Schwarzes Meer, Mittelmeer, Atlantik, Ärmelkanal, Nord- und westliche Ostsee.

A Dem Wattwanderer ist besonders die angespülte, beiderseitig offene und aus Sandkörnern verklebte Röhre bekannt, die in der Form einer Zigarettenspitze gleicht. Der Wurm sitzt mit ihr fast senkrecht so tief im Boden, daß die Spitze des Köchers gerade noch aus der Oberfläche herausschaut, weil durch ihre Öffnung die Versorgung mit Atemwasser sichergestellt wird. An der aus dem Sediment herausragenden Röhre kann sich, wenn der Wurm länger an einem Ort verweilt, ein kleiner Sedimentkegel bilden, der dadurch entsteht, daß das Tier den überschüssigen Abraum in Kopfnähe durch den Köcher hindurch nach hinten hinausstrudelt. Der Wurm selbst gräbt nämlich mit dem kräftigen Borstenkamm am anderen

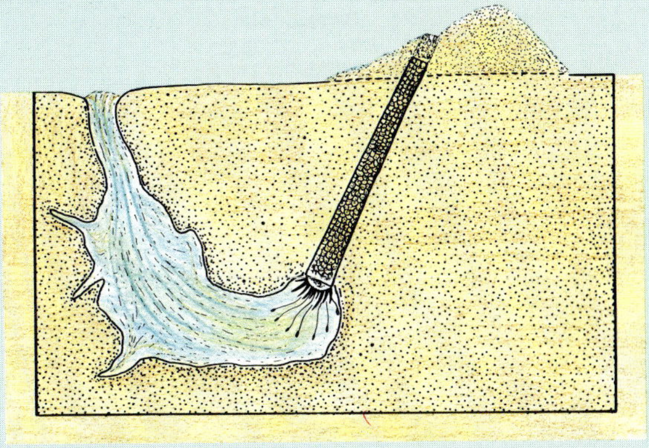

Ende im Sediment nach Kammerlingen (Foraminiferen) und anderen Mikroorganismen, die von den kurzen Tentakeln abpipettiert werden. Dabei entsteht eine kleine Höhle mit einer Verbindung zur Oberfläche, durch die das Atemwasser entweichen kann.

Strandfloh
Talitrus saltator
Krebse (*Crustacea*)
Flohkrebse (*Amphipoda*)

K Körper seitlich zusammengedrückt; Kopf klein, 1. Antennenpaar kurz, 2. Paar lang und schmal; 1. und 2. Laufbeinpaar mit kleinen Scheren; am Hinterleib 3 große, nach hinten gerichtete Sprung- und 3 Schwimmbeinpaare; Augen rund und schwarz. Farbe milchiggrau mit braunen oder blauen Streifen und Flecken. Länge 15 mm.

V An der MTHL von Sandstränden und in brackigen Feuchtgebieten. Mittelmeer, Atlantik, Ärmelkanal, Nord- und Ostsee.

A Strandflöhe bleiben tagsüber im Sand vergraben. Bei Dämmerung wandern sie auf der Strandoberfläche entlang und suchen mit ihren langen Antennen nach Nahrung, die aus tierischem und pflanzlichem Angespül besteht. Bei Gefahr können sie bis zu 30 cm weit springen, indem sie ihren gekrümmten Hinterleib blitzschnell strecken und sich abstoßen. Im Wasser schwimmen die Tiere unbeholfen. Bei Tagesanbruch ziehen sie sich in ihre Höhle zurück, die sie sorgfältig verschließen. Strandflöhe gehören zu den charakteristischen Bewohnern der Spülsaumbereiche an Weichbodenküsten. Mit ihrer besonderen Ernährungsweise tragen sie wirksam zum Umsatz der anfallenden organischen Materialien an den Flutmarken bei.

Schlickkrebse
Corophium volutator
Krebse (*Crustacea*)
Flohkrebse (*Amphipoda*)

K Körper gestreckt; schmales 1. und kräftiges 2. Antennenpaar. Laufbeine gleich, nur eines am hinteren Rumpf verlängert. Farbe blaßgrau, braune Zeichnung. Männchen 9 mm lang, Weibchen 6 mm.

V Im Feinsand und Schlick; von der Gezeitenzone an abwärts. Schwarzes Meer, Mittelmeer, Atlantik, Ärmelkanal, Nord- und Ostsee.

A Schlickkrebse leben in 4–8 cm tiefen U-förmigen und mit Schleim ausgekleideten Röhren. Sie leben von organischen Partikeln, die sie mit den Antennen von der Oberfläche absammeln. Wenn sie dabei die Röhre nicht verlassen, entstehen rund um den Eingang sternförmige Kratzspuren (siehe Foto). Außerdem können Schlickkrebse in ihrem Gang einen Wasserstrom erzeugen und die darin befindlichen organischen Partikel herausfiltrieren.
Schlickkrebse stellen für viele Jungfische und Vögel eine wichtige Nahrungsquelle dar, denn ihre Besiedlungsdichte kann bei günstigen Bedingungen bis zu 40 000 Tiere/m^2 betragen. Von Mai bis September brüten die Weibchen 3–4 Würfe aus, die sie in einer Tasche an der Brust mit sich umhertragen. Aus ihnen schlüpfen pro Wurf etwa 10 Jungtiere, die zunächst noch in der mütterlichen Röhre verbleiben und erst später eigene Wohngänge bauen.

Nordseegarnele, „Krabbe“
Crangon crangon
Krebse (*Crustacea*)
Garnelen (*Natantia*)

K Körper langgestreckt; 2 Antennenpaare, 2. Paar besonders lang; 1 schlankes Scherenpaar; 4 dünne Laufbeinpaare, segmentierter Schwanz mit endständigem Schwanzfächer. Farbe milchigweiß mit Pigmentzellen (Chromatophoren) zur variablen Farbänderung. Weibchen 8 cm lang, Männchen 4,5 cm.

V Auf Weichböden; im Flachwasser und in der Gezeitenzone. Mittelmeer, Atlantik, Ärmelkanal, Nord- und westliche Ostsee.

A Die Nordseegarnelen ernähren sich als schnelle und gewandte nachtaktive Beutegreifer. Bei Tage liegen sie an der Bodenoberfläche eingegraben im Boden und gleichen mit Hilfe ihrer Pigmentzellen ihre Körperfarbe der Umgebung an. Sie selbst werden von Strandkrabben, Grundfischen, Wat- und Seevögeln verzehrt.

Wirtschaftliche Bedeutung hat an der Nordseeküste die „Krabben“-Fischerei, die von Kuttern aus mit leichten Schleppnetzen betrieben wird. Schon an Bord werden die Garnelen nach Größe sortiert, gekocht und für die weitere Verarbeitung vorbereitet. Die kleinen Männchen werden in der Regel zu Fischmehl verarbeitet, die großen Weibchen kommen als „Granat“ in den Handel.

Gemeiner Einsiedlerkrebs
Pagurus bernhardus
Krebse (*Crustacea*)
Mittelkrebse (*Anomura*)

K Lebt in Schneckengehäusen. 2 Antennenpaare (2. sehr lang), 1 Paar ungleiche Scherenfüße, 2 Paar kräftig entwickelte Laufbeine; alle dahinterliegenden Gliedmaßen viel kleiner oder zurückgebildet. Hinterkörper weichhäutig. Farbe gelb, braun und rot gezeichnet. Länge bis 10 cm.
V Auf Weich- und Hartböden, in Prielen und Gezeitentümpeln; unterhalb der MTNL. Mittelmeer, Atlantik, Ärmelkanal, Nordsee, Ostsee.
A Einsiedlerkrebse leben in Schneckengehäusen, in die sie sich bei Gefahr zurückziehen. Als Verschluß dienen die kleinere linke Greif- und die größere, rechte Knackschere. Wegen ihres Wachstums müssen die Krebse zuweilen in ein größeres Schneckenhaus umziehen. Die größten bewohnten Gehäuse sind die der Wellhornschnecke. Auf der Oberfläche leben häufig Kolonien des Stachelpolypen (*Hydractinia echinata,* siehe Foto Seite 120 unten), die die Außenlippe des Gehäuses weiterbauen können und es so dem Krebs ermöglichen, länger in der Schale zu bleiben. Außerdem bieten sie mit ihren Nesselkapseln zusätzlichen Schutz. Die Polypen selbst werden auf dem Gehäuse umhergetragen und nicht zugeschüttet. Ein solches für beide Partner vorteilhaftes Zusammenleben nennt man Symbiose.

Gemeine Strandkrabbe
Carcinus maenas
Krebse (*Crustacea*)
Krabben (*Brachyura*)

K Typische Krabbengestalt mit untergeschlagenem Schwanz. Rükkenpanzer breit, etwa 5eckig mit gezähntem Rand. 2 kleine Antennenpaare, 1 Paar große Kneifscheren, 4 Paar Laufbeine, 4. Laufbeinpaar ohne deutliche Verbreiterung des letzten Gliedes. Farbe oben braun bis olivgrün, unten schmutzigweiß bis gelb, Jungtiere oft in leuchtenden Farben gemustert. Länge bis 6 cm, Breite bis 8 cm.

V Auf Weich- und Hartböden, auf Muschelbänken; von der Gezeitenzone an abwärts. Mittelmeer, Atlantik, Ärmelkanal, Nord- und westliche Ostsee.

A Der „Dwarslöper", wie er im heimischen Volksmund auch genannt wird, ist die häufigste Krabbe an den heimischen Küsten.
Während der Ebbe sucht sich der Krebs geschützte Orte in Höhlen und Buhnen oder vergräbt sich im Weichboden.
Kurzzeitiges Trockenfallen und erniedrigte Salzgehalte im Wasser können ihm nichts anhaben. Seine Nahrung sind Muscheln, Schnekken, Floh- und Asselkrebse, Fische, Aas und auch frischgehäutete Artgenossen. Ihre Kneifscheren können mühelos Miesmuscheln von der eigenen Körpergröße und auch ausgewachsene Strandschnecken knacken. Strandkrabben sind gefrä-

ßige Beutegreifer und konsumieren etwa 10% der gesamten Biomasseproduktion im Watt. Sie selbst werden häufig das Opfer von Möwen, Austernfischern und Großen Brachvögeln.
Die Fortpflanzung erfolgt immer nur dann, wenn sich die Weibchen gerade frisch gehäutet haben. Schon Tage zuvor greifen sich die Männchen eine häutungsbereite Partnerin. Sie erkennen diese an ihrem durch ein Häutungshormon veränderten und stimulierend wirkenden Geruch. Nach der Häutung des Weibchens kommt es zur Kopulation. Dabei klappt das Weibchen sein Hinterteil hoch und gibt die Geschlechtsöffnung für das 2teilige Begattungsorgan frei. Nachdem das Weibchen bis zu 200000 gelb-orangefarbene Eier abgelaicht hat, trägt es diese zwischen aufgeklapptem Schwanz und Unterkörper mit sich herum und belüftet sie ständig mit frischem Seewasser.
Die ausschlüpfenden Schwimmlarven durchlaufen 5 Häutungsstadien, bevor sie zu einem jungen, vollständig entwickelten Krebs auswachsen. Dazu sind für den Krebs regelmäßige Häutungen notwendig, da der chitinöse Panzer starr ist und nicht wachsen kann. Nach einer Häutung bläht sich der Krebs, indem er Wasser schluckt, auf, und weitet dadurch die neue und noch weiche Hülle. Leere Panzer, sogenannte Exuvien, werden häufig angetrieben. Sie sind ideale Sammelobjekte, da sie nicht mehr präpariert werden müssen.

Salzkäfer
Bledius arenarius
Insekten (*Insecta*)
Kurzflügelkäfer (*Staphylindae*)

K Körper glänzend schwarz. Flügeldecken kurz, durchsichtig bis rötlich. Länge bis 9 mm.

V An der MTHL von Sandstränden, z. B. den Außensänden des Wattenmeeres.

A Salzkäfer gehören zu den wenigen terrestrischen Formen, die an einen ständig vom Meer geprägten Lebensraum angepaßt sind.
Sie graben bis zu 12 cm tiefe und 5 mm weite Wohngänge. Der überfällige Abraum wird am Ausgang aufgetürmt (siehe Zeichnung). Zur Eiablage graben die Käfer kleine Kammern seitlich in den Wohnröhrengang. Die Larven verlassen nach 3 Wochen den mütterlichen Wohngang. Die Nahrung besteht aus kleinen Algen, die von der Sandoberfläche abgesammelt werden.

Nagelrochen
Raja clavata
Fische (*Pisces*)
Rochen (*Hypotremata*)

K Körper flach, flügelartig verbreitert, Schnauze stumpfwinklig. Oberseite bedornt. Farbe oben grau bis gelbbraun mit hell umrandeten Flecken, unten weiß. Weibchen bis 125 cm lang, Männchen bis 75 cm.
V Über Weich- und Hartböden; unterhalb der MTNL und in Prielen. Mittelmeer, Atlantik, Ärmelkanal, Nord- und westliche Ostsee.
A Nagelrochen ernähren sich von Garnelen, Krabben und kleinen Fischen. Gelegentlich tauchen sie in den Prielen des Wattenmeeres auf. Häufiger findet man ihre angespülten Eikapseln („Nixentaschen").

Steinpicker
Agonus cataphractus
Fische (*Pisces*)
Groppen (*Cottidae*)

K Vorderkörper breit und abgeflacht, Schwanz lang, schlank auslaufend. Rumpf und Kopf mit gekielten Knochenplatten gepanzert, um den Mund zahlreiche Tastfäden (Barteln). Farbe oberseits braun, unterseits weiß. Länge bis 20 cm, meist kleiner.
V Über Weichböden; unterhalb der MTNL, zuweilen in Gezeitentümpeln. Nördlicher Atlantik bis zum Ärmelkanal, Nord- und westliche Ostsee.
A Steinpicker ernähren sich von Kleinkrebsen, insbesondere von Garnelen (*Crangon crangon*).
Zur Laichzeit im Frühjahr wandern sie aus dem Wattenmeer hinaus vor die dicht mit Tangen besiedelten Felsgründe von Helgoland und legen dort zwischen die Wurzelkrallen der großen Algen ihre gelborangefarbenen Eiklumpen ab. Erst nach etwa 10 Monaten schlüpfen daraus kleine Fischlarven.

Dicklippige Meeräsche
Mugil chelo
Fische (*Pisces*)
Meeräschen (*Mugilidae*)

K Gestalt kräftig, Rücken breit, Mund dicklippig. 1. Rückenflosse mit 4 großen Strahlen; Oberfläche mit großen Schuppen. Farbe grau mit blauem Schimmer. Länge bis 60 cm.
V Über bewuchsreichen, felsigen und sandigen Untergründen. Mittelmeer, Atlantik, Ärmelkanal, Nordsee.
A Meeräschen ernähren sich neben kleinen Wirbellosen auch von Tangen und Diatomeen. Zur besseren Verdauung ist bei ihnen ein kräftiger Kaumagen und ein langer Darm ausgebildet.
Während sie bei uns früher eher als selten galten, werden sie zunehmend häufig im Wattenmeer und auch um Helgoland beobachtet.

Sandgrundel

Pomatoschistus minutus
Fische (*Pisces*)
Grundeln (*Gobiidae*)

K Langgestreckter Körper mit 2 bestachelten Rückenflossen und einem schwarzen Fleck am Grund der Schwanzflosse; Unterseite mit Saugnapf, der aus den Bauchflossen gebildet wird. Farbe gelb- bis grünbraun. Länge bis 11 cm.

V Auf Weich- und Hartböden. Mittelmeer, Atlantik, Ärmelkanal, Nordsee.

A Grundeln leben an der Bodenoberfläche und ernähren sich von Jungfischen, Kleinkrebsen und Meeresborstenwürmern.
Die Gelege werden an großen Algen an der oberen Dauerflutzone abgelegt und von den Männchen so lange bewacht, bis die Fischlarven geschlüpft sind.

Scholle

Pleuronectes platessa
Fische (*Pisces*)
Plattfische (*Heterosomata*)

K Abgeflachter Körper; glatte Oberfläche, zwischen den Augen und über den Kopf hinweglaufend ein Kamm mit bis zu 7 Knochenhöckern. Farbe graubraun, hell gesäumte, rote Flecken, Unterseite weiß. Bastarde zwischen Scholle und Flunder („Blendlinge") möglich. Länge bis 95 cm, meist weniger als die Hälfte.

V Auf Weichböden; unterhalb der MTNL und in Prielen. Mittelmeer, Atlantik, Ärmelkanal, Nord- und westliche Ostsee.

A Ihr Nahrungsspektrum gleicht dem der Flunder.
Im Frühling laichen sie bis zu 500 000 Eier ab, aus denen Fischlarven schlüpfen. Die Jungfische leben im Wattenmeer. Schollen sind geschätzte Speisefische.

Flunder

Platichthys flesus
Fische (*Pisces*)
Plattfische (*Heterosomata*)

K Stark abgeflachte Form; rauhe Oberfläche, dornige Hautwarzen entlang der Seitenlinie und am Grund der Rücken- und Afterflosse. Bastarde mit Schollen („Blendlinge") sind möglich. Farbe „oben" graubraun bis olivgrün, „unten" weiß. Länge bis 50 cm.

V Über Weichböden; unterhalb der MTNL, in Prielen und Flußmündungen. Schwarzes Meer, Mittelmeer, Atlantik, Ärmelkanal, Nord- und Ostsee.

A Flundern sind häufige Gäste in den Prielen des Wattenmeeres, wo sie sich dicht unter der Oberfläche eingraben, so daß nur noch die Augen herausschauen.
Ihre Nahrung besteht aus Mollusken, Krebsen und Würmern.

Gemeiner Seehund
Phoca vitulina
Säugetiere (*Mammalia*)
Hundsrobben (*Phocidae*)

K Spindelförmige Gestalt, große Augen, Nasenbart, keine Ohrmuscheln. Gließmaßen umgeformt zu Schwimmbeinen, hintere ganz ans Ende verlegt. Farbe grau bis graugelb mit dunklen, unregelmäßigen Flecken. Männchen bis 2 m lang, Weibchen kleiner. Gewicht bis 100 kg.

V In küstennahen Gewässern. Atlantik, Ärmelkanal, Nord- und westliche Ostsee.

A Seehunde sind vorzüglich an das Leben im Meer angepaßt. Unter ihrem kurzen Fell liegt eine Speckschicht, die sie vor Unterkühlung schützt; die umgestalteten Gliedmaßen ermöglichen ihnen eine enorme Wendigkeit bei der Jagd nach Fischen und Garnelen. Einige Minuten können sie dabei tauchen, bevor sie an der Oberfläche wieder nach frischer Luft schnappen müssen.

Im späten Frühling kommen die Seehunde ins Wattenmeer und lassen sich auf den steilen Hängen der Sandbänke, die sie mühsam hinaufrobben, nieder. An diesen Ruheplätzen bringen die Weibchen bis Mitte Juli ein Junges zur Welt, das mit einer sehr fettreichen Milch an Land gesäugt wird. Schon nach einem Monat haben die Jungtiere ihr Gewicht verdreifacht und sind dann 25 kg schwer. Nach der Säugezeit werden sie von der Mutter verstoßen. Am

Anfang sind sie nicht in der Lage, sich selber ausreichend zu ernähren und nehmen deshalb bis zu 40% ihres Gewichtes ab. Neben den alten Männchen und den tragenden Weibchen wandern auch alle anderen noch nicht geschlechtsreifen Tiere ins Wattenmeer, um auf den sonnigen Ruheplätzen das Haarkleid zu wechseln. Früher war dies eine gute Gelegenheit für die Jäger, den Seehunden nachzustellen. Heute stehen die Tiere unter Naturschutz, doch die ständigen Störungen durch Ausflugsdampfer, Wattwanderer und Düsenjägergetöse bewirken, daß die Jungen nicht mehr genügend Ruhe zum Säugen finden und sich die nötigen Fettreserven für die bevorstehende Selbständigkeit nicht zulegen können. Beim häufigen Umherrobben schürfen sie sich zudem den Bauchnabel zu klaffenden Wunden auf. Außerdem sind die Seehunde als Endglied der Nahrungskette durch viele Umweltgifte gefährdet. Namentlich die PCB-Verbindungen beschränken oder verhindern die Fruchtbarkeit der Weibchen. Von gelegentlich angestrandeten Jungtieren („Heuler") sollte man sich unbedingt fernhalten, um die Tiere nicht zu beunruhigen, und statt dessen die zuständigen Stellen, im Zweifelsfalle die Polizei, verständigen! Von Muttertieren alleingelassene „Heuler" werden in Seehundstationen aufgezogen und dann wieder freigelassen.

Außer dem Seehund kann man an den Stränden von Nord- und Ostsee gelegentlich auch noch die Kegelrobbe (*Halichoerus grypus*) beobachten, die an ihrem typisch kegelförmigen Kopf gut kenntlich ist. Ferner ist hier mitunter auch die verwandte Ringelrobbe (*Pusa hispida*) zu sehen.

Felswatt und Klippensäume

Fels- und Klippenküsten sind bei weitem verschiedenartiger als jeder andere küstennahe Lebensraum. Steil abfallende, oft genug wild zerklüftete Klippen wechseln mit ebenen, verschliffenen Brandungsterrassen ab. Wo sich keine unzugängliche Steilklippe entwickeln kann, sind zumindest abwechslungsreich modellierte Hänge oder blockübersäte Buchten zu erwarten. Felstürme, Brandungshöhlen, Brandungstore oder auch einfach nur Riegel, Vorsprünge und Klüfte prägen das Bild des Lebensraums. Der eindrucksvollen landschaftlichen Szenerie an der Felsküste entspricht also durchaus eine erstaunliche Vielfalt an Kleinlebensräumen oder miteinander verzahnten Lebensraumgefügen.

Von Artenvielfalt und Besiedlungsdichte ist an Weichbodenküsten mit ihren Schlick- oder Sandböden auf den ersten Blick oft nicht allzuviel zu sehen. Gänzlich anders bietet sich das Bild an einer Hartbodenküste dar. Hier können die tierischen oder auch pflanzlichen Besiedler nicht ohne weiteres von der Oberfläche in das Sediment verschwinden und zwischen den weichen Bodenteilchen Wohnung nehmen. Die Siedler der Felsküsten sind vielmehr typische Aufwuchsorganismen, die auf dem anstehenden Gestein angeheftet sind oder sich zumindest auf den Oberflächen aufhalten. Nur in Ausnahmefällen können Pflanzen wie Tiere auch das Gestein von innen bewohnen. Besonders im Bereich von Kalkgesteinen oder anderen vergleichsweise weichen Klippenzügen finden sich bohrende Formen, die ihre Wohngänge mechanisch oder chemisch sogar im Hartsubstrat anlegen. Den übrigen Arten bieten sich allenfalls in Höhlen, Vertiefungen, Klüften oder Spalten gewisse Rückzugsmöglichkeiten. So ist also immer der größere Teil der Felswattbewohner auch während der Ebbezeiten der Beobachtung unmittelbar zugänglich. Erstaunlich ist der hier vertretene Artenreichtum. Würde man alle Felswatt- und Klippenbewohner eines nahezu beliebigen Abschnitts der europäischen Atlantikküste listenmäßig erfassen, käme man leicht auf über eintausend verschiedene Arten.

Eines der sicherlich auffälligsten Kennzeichen in der Besiedlungsstruktur gezeitenbeeinflußter Felsküstensäume ist die zonenartige Anordnung der Organismen. Pflanzen und Tiere dieses Lebensraumgefüges kommen nicht ungeordnet oder beliebig vor, sondern nehmen einen ganz bestimmten Platz innerhalb eines Gürtels ein, dessen Lage und Ausdehnung im wesentlichen von zwei Faktoren bestimmt werden. Einerseits hängt die vertikale Erstrekkung natürlich von der Neigung der Klippe oder Brandungsterrasse ab. Im Extremfall, wie er modellhaft an einer Hafenmole mit ihren senkrecht abfallenden Flächen gegeben ist, sind die Besiedlungsgürtel vergleichsweise schmal und rücken entsprechend eng aufeinander. Auf sanfter geneigten Klippenzügen oder Schichtflächen sind sie dagegen wesentlich mehr in die Breite gezogen.

Der zweite Faktor, der nachhaltig in die Begrenzung der Besiedlungsgürtel eingreift, ist die Ausrichtung zur Brandung. Geschützte Abschnitte im Lee spiegeln mit ihren Besiedlungsmarken praktisch die Gezeitenstände wider, eine ausgeprägte Spritzwasserzone ist mitunter kaum auszugrenzen. An der brandungsoffenen, dem Wellenschlag ungeschützt ausgesetzten Küste kann die Spritzwasserzone dagegen die Breite der eigentlichen Gezeitenzone bei weitem übertreffen.

Für jeden Besiedlungsgürtel lassen sich besonders kennzeichnende Leitarten angeben: So fällt die Niedrigwasserlinie mit der Verbreitungsgrenze von Zuckertang oder Fingertang zusammen.

Die Bestände des Sägetangs markieren die untere, die des Blasen- und Knotentangs die mittlere, des Spiraltangs dagegen die obere Gezeitenzone.

Der Rinnentang leitet bereits zur Spritzwasserzone über.

Aber auch Tiere dienen der Festlegung der einzelnen Gürtel:

Seepocken kommen nur unterhalb der Hochwasserlinie vor. Strandschnecken findet man bis zur Obergrenze der Spritzwasserzone.

Ein Teillebensraum besonderer Prägung sind die Gezeitentümpel, die auch bei Ebbe wassergefüllt bleiben.

Rinnentang
Pelvetia canaliculata
Braunalgen
(*Fucaceae*)

K Mehrjährige, ziemlich langsamwüchsige Braunalge mit verhältnismäßig kleinem Thallus von etwa 10–15 cm Länge und 3–5 mm Breite, mehrfach gabelig verzweigt. Gabelzweige abgeflacht, auf der Oberseite von einer Längsrinne durchzogen, ohne deutliche Mittelrippe, Haargruben oder Gasblasen. Färbung feucht gelb- bis olivbraun, nach Antrocknen schwärzlich. Einhäusig. Rezeptakel 1–3 cm lang, mit warzig-höckeriger Oberfläche.

V Bestandsbildende und weit verbreitete Art auf exponierten Felsen der obersten Gezeitenzone. Von Norwegen bis Portugal.

A Dringt zur Spritzwasserzone vor.

Blasentang
Fucus vesiculosus
Braunalgen
(*Fucaceae*)

K Mehrjährige, ziemlich formenreiche Art von 20–70 cm Länge, mit 0,5–2 cm breiten, lederig-derben Thalluszweigen, die ziemlich regelmäßig in der gleichen Ebene gabelig verzweigt sind; von der Basis bis zu den Enden von einer deutlichen Mittelrippe durchzogen, an den Rändern glatt. Beidseits der Mittelrippe im typischen Fall paarige Gasblasen, die bei manchen Formen jedoch fehlen können. An den Enden im Winterhalbjahr blasig aufgetriebene Rezeptakel.

V Bestandsbildende und häufige Art in der oberen Gezeitenzone auf Felsen, Steinen, Hafenmolen etc. An allen atlantischen Küsten.

Gabeltang, Spiraltang
Fucus spiralis
Braunalgen
(*Fucaceae*)

K Mehrjährige Braunalge von gelb- bis olivbrauner Färbung, bis etwa 40 cm lang. Thallus ziemlich lederig, regelmäßig gabelig verzweigt. Gabeläste 1–3 cm breit, mit deutlicher Mittelrippe, am Rande glatt, zu den Enden hin häufig spiralig aufgewunden. Gasblasen fehlen. Einhäusig. Rezeptakel klein, rundlich-kugelig mit schmalem Saum, stark schleimig.
V Weit verbreitete und häufige Art auf Felsen, großen Steinen und Hafenbefestigungen in der oberen Gezeitenzone. Bestandsbildend. Atlantik, Nordsee, Ostsee.
A Erträgt ohne große Schäden langes Trockenfallen.

Sägetang
Fucus serratus
Braunalgen
(*Fucaceae*)

K Großer, sehr auffälliger Tang von 20–100 cm Länge, mehrfach gabelig in einer Ebene verzweigt, mit Mittelrippe, ohne Gasblasen, am Rande deutlich und scharf gesägt. Gabeläste 1–4 cm breit, zerstreut mit weißen Haargruben besetzt (besonders nach Trocknung zu erkennen). Zweihäusig. Rezeptakel flach, bis über 5 cm lang, warzig-rauh. Pflanze oft mit artenreichem Aufwuchs (Moostierchen, Röhrenwürmer, Hydrozoen).
V Bestandsbildend auf Felsen, Steinen oder Blöcken von der mittleren bis zur unteren Gezeitenzone. Atlantik, Nordsee, westliche Ostsee, südlich bis zur Biskaya.

Schotentang, Meereiche
Halidrys siliquosa
Braunalgen
(*Cystoseiraceae*)

K Mehrjährige, recht kräftige Braunalge von 40–150 cm Länge mit oliv- bis hellbraun, stark verzweigten, rundlich-abgeflachten Ästen. Seitenäste 1–4 mm breit, liegen alle in einer Ebene. Wegen der reichen Verzweigung erscheint dieser Tang besonders buschig. An den Enden mit 1–4 cm langen, gekammerten Gasblasen. Rezeptakel ähnlich, jedoch ohne Kammern. Einhäusig.
V Verbreitete, nur stellenweise bestandsbildende Art auf Felsen und großen Steinen an der Niedrigwasserlinie und darunter. Nordatlantik, Nordsee, westliche Ostsee.
A Gelegentlich im Angespül.

Gabelzweigtang
Bifurcaria bifurcata
Braunalgen
(*Cystoseiraceae*)

K Mehrjährige Braunalge mit kriechender Grundachse und feinen Haftorganen, von denen aufsteigende oder aufrechte, drehrunde, meist ziemlich regelmäßig Y-förmig verzweigte Achsen von 10–40 cm Länge ausgehen, diese gelb- bis mittelbraun, um 6 mm dick, nach dem Trocknen erheblich dünner und schwarzbraun bis schwarz. An den Thallusenden 2–5 cm lange, höckerige Rezeptakel.
V Verbreitete bis bestandsbildende Art auf Felsen im Bereich der Niedrigwasserlinie. Atlantik, Nordsee. Fehlt auf Helgoland. Besonders reich in Gezeitentümpeln und Felswannen, die nicht trockenfallen.

Riementang
Himanthalia elongata
Braunalgen
(*Himanthaliaceae*)

K Thallus anfangs knopfförmig, später pilz- oder becherförmig, etwa 3–5 cm hoch und fast ebenso breit, oberseits eingedellt, innen hohl. Aus der Vertiefung bilden sich im Frühjahr zwei sehr raschwüchsige, regelmäßig gegabelte, schmale, riemenförmige Bänder von gelbbrauner Färbung und 1–3 m Länge sowie 1–3 cm Breite. Diese langen, flutenden Bänder entsprechen den Rezeptakeln an den Enden der *Fucus*-Arten.
V In brandungsberuhigten Buchten von Felsküsten an der Niedrigwasserlinie. Atlantik bis zum Ärmelkanal.
A Im Sommer werden die Riemenbänder gelegentlich an den Stränden der Nordseeinseln angetrieben.

Flügeltang
Alaria esculenta
Braunalgen
(*Alariaceae*)

K Große Braunalge, deutlich in einen wurzelartigen Fußabschnitt, einen kurzen, runden Stiel und ein langes Blattorgan gegliedert, etwa 50–200 cm lang und 5–15 cm breit. Stielbereich und die daraus verlängerte Mittelrippe gelblichbraun, Flügelsäume des Blattorganes dunkelbraun, diese häufig vielfach eingerissen oder völlig abgeschlagen. Am Stiel mitunter fingerartige Ausstülpungen, in denen Sporen entwickelt werden.
V An brandungsexponierten Felsen in der unteren Gezeitenzone nahe der Niedrigwassermarke. Atlantische Küsten, südlich nur bis zur Bretagne.

Sackwurzeltang
Saccorhiza polyschides
Braunalgen
(*Phyllariaceae*)

[K] Sehr großer, derber Tang mit fingerförmig geteiltem, dunkelbraunem Blattorgan, das durch feine Haarbüschel (mitunter) etwas gepunktet erscheint; etwa 100–250 cm lang. Stielabschnitt bandartig verbreitert und sehr lederig, im unteren Teil meist spiralig gedreht. Anfangs mit einer rundlichen Haftscheibe an der Unterlage befestigt. Diese wird jedoch bald von einem großen, bis 30 cm breiten glocken- oder sackförmigen Wulst überwachsen, der weitere Haftkrallen ausbildet.
[V] Auf Felsen unterhalb der Gezeitenzone. Atlantik (bis Nordafrika), Mittelmeer.
[A] Oft im Angespül am Strand.

Zuckertang
Laminaria saccharina
Braunalgen
(*Laminariaceae*)

[K] Sehr große und ziemlich derbe Braunalge mit gabelig verzweigter Haftkralle, kurzem, biegsamem Stiel und langem, ungeteiltem Blatt; 100–400 (500) cm lang und 10–30 cm breit, anfangs gelbbraun, später dunkelbraun. Bei den Helgoländer Exemplaren dieser Art ist das Blattorgan völlig glatt. An den übrigen atlantischen Küsten ist der Zuckertang ornamentartig aufgeworfen und trägt faltig gewellte Randsäume.
[V] Mehrjährige, bestandsbildende Art der unteren Gezeitenzone und des oberen Sublitorals. Atlantische Küsten, Nordsee, westliche Ostsee.
[A] Wichtiger Rohstofflieferant.

Fingertang
Laminaria digitata
Braunalgen
(*Laminariaceae*)

K Große, mehrjährige Pflanze mit wurzelartiger Haftkralle, langem, abgeflachtem, biegsamem Stiel und fingerförmig in Längsrichtung geschlitztem Blattorgan von etwa 100–200 cm Länge und 30–50 cm Breite; dunkelbraun, oberseits immer etwas schleimig, sehr derb und lederig, setzt sich an seiner Basis ohne Ausrandung in den glatten Stiel fort. Die Wachstumszone liegt wie bei allen *Laminaria*-Arten an der Basis des großen Blattes.

V Bestandsbildende Art auf Felsen an der Niedrigwasserlinie und wenig unterhalb der Gezeitenzone. Atlantik, Nordsee, westliche Ostsee, südlich bis zur Bretagne.

Palmentang
Laminaria hyperborea
Braunalgen
(*Laminariaceae*)

K Mehrjähriger, ziemlich kräftiger Tang mit drehrundem, wenig biegsamem, rauhem Stiel und derbem, in Längsrichtung in mehrere bandartige Streifen aufgeschlitztem Blatt, das im Übergang zum Stiel herzförmig ausgerandet ist. Stiel 30–120 cm lang, Blattorgan 50–150 cm lang und 50–70 cm breit, dunkelbraun, glänzend und etwas schleimig, besonders bei Verletzung. Das vorhandene Blatt stellt die Zuwachsleistung eines Frühjahrs dar. Es wird jährlich erneuert.

V Bestandsbildende Art auf Felsgrund unterhalb der Gezeitenzone. Atlantische Küsten, Nordsee (Helgoland).

Bartfilzalge
Elachista fucicola
Braunalgen
(*Elachistaceae*)

K Ebenso wie auf dem Knotentang kommen auch auf den verschiedenen *Fucus*-Arten, vor allem auf dem Blasentang und dem Sägetang, kleine, bräunliche, im Umriß halbkugelige Fadenbüschel vor. Die einzelnen Fäden sind etwa 1–1,5 cm lang und ihrerseits wenig verzweigt.

V Bilden einen etwas pelzig aussehenden Aufwuchs auf den breiten Thallusbändern ihrer Wirtspflanzen. In der Gezeitenzone weit verbreitet und sehr häufig.

A Die kleinen Aufwuchsalgen, die größere Arten wahlweise oder regelmäßig als Unterlage wählen, sind keine Parasiten, sondern stofflich selbständig.

Teerkrustenbraunalge
Ralfsia verrucosa
Braunalgen
(*Ralfsiaceae*)

K Algen können zum Teil sehr eigenartige Formen annehmen, die ihre Zuordnung zunächst sehr erschweren. Fast wie eine Flechte oder ein Teerfleck sieht die Krustenbraunalge *Ralfsia* aus. Sie bildet bis handflächengroße Lager, die im feuchten Zustand oliv- bis dunkelbraun erscheinen, nach Antrocknen dagegen fast schwarz. Die Oberfläche ist warzig-rauh. Bei längerer Trockenheit löst sich die Kruste von der Unterlage und wölbt sich am Rand auf.

V Ziemlich häufig und weit verbreitet auf Seepockengehäusen an der Flutmarke bis zur unteren Gezeitenzone. Atlantik.

Brauner Gliedertang
Scytosiphon lomentaria
Braunalgen
(*Scytosiphonaceae*)

[K] Unverzweigte Braunalge mit röhrig-hohlem, rundlichem bis leicht abgeflachtem Thallus, der mehrfach gliederartig eingeschnürt ist; Glieder ungleich lang, bis etwa 5 mm dick, Gesamtlänge etwa 10–50 cm, mittel- bis gelbbraun.
[V] Auf Felsen und größeren Steinen in der mittleren und unteren Gezeitenzone, dazu auch in Felstümpeln. Verträgt bis zu einem gewissen Grade auch vorübergehende Übersandung in Rinnen oder kleinen Buchten. Ganzjährig anzutreffen, besonders häufig jedoch vom Frühjahr bis zum Frühsommer.
[A] Weltweit verbreitet und überall recht häufig.

Hauttang
Porphyra umbilicalis
Rotalgen
(*Bangiaceae*)

[K] Thallus im feuchten Zustand braunrot bis schwärzlich-oliv, sehr weich und dünnhäutig (besteht nur aus einer Zellschicht), von rundlichem bis ovalem Umriß, etwa 10–30 cm im Durchmesser, am Rande wellig-faltig, zur Mitte hin glatter und mit nabelartigem Haftorgan. Kann bei Niedrigwasser völlig austrocknen und ist dann pergamentartig gespannt. Nach Wiederbenetzung mit den ersten Spritzern des Flutwassers setzen auch die Lebensfunktionen schlagartig wieder ein.
[V] Verbreitet auf Steinen oder Felsen in der oberen Gezeitenzone.
[A] Mehrere ähnliche, zum Teil schwer bestimmbare Arten.

Knorpeltang
Chondrus crispus
Rotalgen
(*Gigartinaceae*)

K Außerordentlich formenreiche Rotalge von dunkel- bis braunroter Färbung und fester, fast knorpeliger Konsistenz; im Umriß fächerförmig, mehrfach gabelig geteilt, etwa 3–15 cm hoch. Zweigenden irisieren unter Wasser charakteristisch hell- oder stahlblau.

V Häufig und sehr weit verbreitet auf Steinen oder Fels in der unteren Gezeitenzone und wenig darunter, dort nicht selten auch bestandsbildend. Atlantik, Nordsee (Helgoland), westliche Ostsee.

A Der Knorpeltang und seine nähere Verwandtschaft liefern gelartige Inhaltsstoffe, die technisch vielfach genutzt werden.

Schnurtang
Dumontia contorta
Rotalgen
(*Dumontiaceae*)

K Thallus entweder drehrund oder leicht abgeflacht, hohl, unregelmäßig büschelig verzweigt, fühlt sich etwas gummiartig an, etwa 10–40 (50) cm lang. Einzelachsen 1–4 mm breit, tief braun- bis schwarzrot. Seitenzweige überragen die Abstammungsachse meist um ein Vielfaches. Mit einer feinen Haftscheibe an der Unterlage befestigt.

V Verbreitet bis sehr häufig (jedoch nur im Frühsommer) auf Felsen und größeren Steinen, auch an übersandeten Stellen in der mittleren Gezeitenzone. Atlantik, Nordsee (Helgoland), westliche Ostsee.

A Sehr charakteristisch und unverwechselbar.

Lappentang
Palmaria palmata
Rotalgen
(*Palmariaceae*)

K Mehrjähriger, sehr auffälliger und formenreicher Tang von braunroter bis lebhaft purpurroter Färbung; etwa 10–50 cm lang, unregelmäßig fingerförmig in einzelne, flache Lappen geteilt, die ihrerseits am Rande kleine blattähnliche Verzweigungen tragen. Am Grunde keilförmig verschmälert.

V Ziemlich häufig und stellenweise bestandsbildend, auf Felsen, großen Steinen oder auch auf anderen Tangen. Atlantik, westliche Ostsee, fehlt auf Helgoland.

A Diese Alge zeigt einen für Rotalgen sehr ungewöhnlichen Generationswechsel mit mikroskopischem weiblichem Gametophyten.

Korallenmoos
Corallina officinalis
Rotalgen
(*Corallinaceae*)

K Sehr zierliche und formschöne, durch Kalkeinlagerungen versteifte und daher ± aufrechte Rotalge mit ästigen, feingliedrigen Seitenzweigen; etwa 3–10 cm hoch, grauviolett bis weißlich. Einzelachsen drehrund oder kaum abgeflacht, um 1 mm dick, Einzelglieder etwas länger als breit. Alle Verzweigungen liegen in einer Ebene. Zweihäusig.

V Mehrjährige Pflanze auf Steinen und Felsen, besonders an brandungsgeschützten Stellen der unteren Gezeitenzone und tiefer. Sehr üppig in Gezeitentümpeln entwikkelt. Atlantische Küsten, Nordsee (Helgoland), westliche Ostsee, Mittelmeer.

Krustensteinblatt
Lithophyllum incrustans
Rotalgen
(*Corallinaceae*)

K Krustenförmig wachsende, mitunter sehr massive, große, unregelmäßig begrenzte und an den wulstigen Rändern gewellte oder gelappte Kalkrotalge, von wenigen Zentimetern bis einigen Dezimetern Durchmesser bei rund 0,5–3 cm Dicke. Färbung sehr variabel, je nach Lichteinfall und Lichtklima des Standortes graurosa, violettgrau oder graugelblich. Abgestorbene Teile reinweiß.

V Verbreitete bis häufige Kalkrotalge, die an Felsen feste Überzüge bildet oder Gezeitentümpel nahezu vollständig auskleidet. Dort auch am besten zu beobachten.

A Mehrere ähnliche Arten.

Kalkkrustenrotalge
Phymatolithon polymorphum
Rotalgen
(*Corallinaceae*)

K Ziemlich formenreiche, meist in unregelmäßig begrenzten Scheiben wachsende Kalkkrustenrotalge bis etwa Handflächengröße. Krusten dicklich, aber nicht so massiv wie bei der vorigen Art, oberseits rosagrau oder kräftig violettrot, an den Rändern stärker rötlich. Kanten reinweiß. Mitunter wachsen zwei Krusten gegeneinander und kräuseln dann ihre Ränder auf.

V Auf Felsen oder größeren Steinen im unteren Gezeitenbereich weit verbreitet, vor allem unter den Beständen des Sägetangs. Atlantik, Nordsee (Helgoland).

A Früher wegen ihres Aussehens für Korallen gehalten.

Speckkrustenrotalge
Hildenbrandia rubra
Rotalgen
(*Hildenbrandiaceae*)

K Krustenrotalge von leuchtend-karmin- oder purpurroter bis zu wein- oder braunroter Färbung, dünnhäutig, aber dennoch ziemlich derb, läßt sich kaum von der Unterlage ablösen. Alle Teile dieser Krustenalge bleiben unverkalkt. Umrisse und Größe unbestimmt, hängen weitgehend von der verfügbaren Unterlage ab. Wächst ziemlich rasch: Von Schnecken abgeweidete Teile werden in kurzer Zeit wieder ergänzt.

V Besonders gerne und sehr häufig auf Hartsubstraten, auf anstehendem Fels ebenso wie auf größeren oder kleineren Steinen in der mittleren und unteren Gezeitenzone.

Kraussterntang
Mastocarpus stellatus
Rotalgen
(*Gigartinaceae*)

K Kräftige, knorpelig-feste Rotalge von 5–20 cm Länge, alle Teile dunkel- oder braunrot gefärbt, nur an sehr stark belichteten Stellen heller rötlich oder olivbräunlich. Im Aussehen dem Knorpeltang ziemlich ähnlich, jedoch mit rinnenförmigem Stielabschnitt und warzig-rauher Oberfläche. Verzweigungen gabelförmig, mit sehr spitzem Verzweigungswinkel.

V Auf Felsen oder großen Steinen in der mittleren und unteren Gezeitenzone, stellenweise bestandsbildend, ganzjährig anzutreffen.

A Der Kraussterntang wird wie viele seiner Verwandten gesammelt und als Schleimstofflieferant genutzt.

Blutroter Seeampfer
Delesseria sanguinea
Rotalgen
(*Delesseriaceae*)

K Mehrjährige, sehr gut kenntliche Rotalge mit knorpeliger, sehr fester Grundachse, von der zahlreiche karmin- bis purpurrote, gestielte, flächige, leicht gewellte, aber meist ganzrandige Blattgebilde mit Mittelrippe und Seitennerven ausgehen. Blattkörper 10–25 cm lang, 3–10 cm breit, erinnern im Umriß anfangs an ein Rotbuchenblatt. Gegen Ende des Sommers meist stark zerfetzt und überwachsen.

V Bestandsbildende Blattbuschalge unterhalb der Gezeitenzone. Nach Stürmen in Mengen angetrieben. Atlantik, Nordsee (Helgoland), westliche Ostsee.

A Im Herbar sehr dekorativ.

Roter Hautflügeltang
Membranoptera alata
Rotalgen
(*Delesseriaceae*)

K Reich verzweigte, büschelige Rotalge von 5–20 cm Länge, kräftig rot oder weinrot bis dunkelpurpurn, mit unregelmäßig verzweigtem basalem Stiel, der sich als rundliche Mittelrippe in alle Verzweigungen fortsetzt. Verzweigungen häufig geflügelt mit Flügelsäumen von 0,2–1 cm Breite, an den Enden abgerundet, von feinen, gegenständigen Seitennerven durchzogen.

V Auf Felsen und Steinen oder größeren Algen unterhalb der Gezeitenzone, aber häufig angetrieben. Atlantik, Nordsee.

A An Atlantikküsten kommen einige weitere, zum Teil recht ähnliche Arten vor.

Kammtang
Plocamium cartilagineum
Rotalgen
(*Plocamiaceae*)

K Knorpelig-weiche, auffällig abgeflachte Rotalge von sehr eindrucksvoller karmin- bis (selten) braunroter Färbung, stark büschelig verzweigt; Verzweigungen alle in der gleichen Ebene und außerdem einseitswendig, leicht bogig gekrümmt, daher von kammartigem Aussehen. Pflanze etwa 5–15 cm lang.

V Auf Felsen, großen Steinen, Molluskenschalen oder auf anderen Großalgen (Stiele des Palmentangs) unterhalb der Niedrigwasserlinie, jedoch häufig losgerissen und im Angespül angetrieben.

A Der Kammtang gehört zu den formschönsten häufigeren Rotalgen des nördlichen Atlantik.

Roter Horntang
Ceramium rubrum
Rotalgen
(*Ceramiaceae*)

K Ziemlich feingliedrige und zarte, dabei aber stark ästige Fadenbuschalge von 5–30 cm Länge, bräunlichrot oder auch dunkelrot, gelegentlich sogar olivbräunlich. Größere Achsen regelmäßig in knotige Abschnitte gegliedert. Zu den Enden hin ziemlich regelmäßig gabelig verzweigt. Letzte Verzweigungen krümmen sich hornartig bzw. zangenförmig nach innen.

V Einjährige, im Frühjahr und Frühsommer bestandsbildende Art auf Fels oder auf anderen Tangen in der unteren Gezeitenzone oder tiefer. Atlantik, Nordsee (Helgoland), Ostsee.

A Umfangreiche Gattung.

Zarter Fadentang
Polysiphonia urceolata
Rotalgen
(*Rhodomelaceae*)

K Sehr zarte, stark büschelig verzweigte Rotalge von 10–20 cm Länge, ohne ausgeprägte Hauptachse; größere Seitenzweige zumindest am Grunde zu seilähnlichen Strängen verdreht, sehr weich und biegsam, meist kräftig hell- bis weinrot. Alle Achsen und Zweige werden jeweils von vier mit der Lupe gut sichtbaren, parallelen Zellreihen mit relativ großen Einzelzellen aufgebaut.
V Weit verbreitet auf Felsen, Molluskenschalen oder den Stielen des Palmentangs, meist unterhalb der Niedrigwassermarke, aber häufig in Mengen angespült. Atlantik, Nordsee, Ostsee.

Pinselbüschelalge
Polysiphonia lanosa
Rotalgen
(*Rhodomelaceae*)

K Kleine, etwa 4–8 cm lange Fadenbüschelalge, sehr dicht verzweigt, etwas starr oder steif, braunrot oder fast schwarzrot, mit drehrunden, leicht gegliederten Achsen.
V Diese auffällige Büschelrotalge kommt nur auf den Achsenenden des Knotentanges, viel seltener auch auf Blasen- oder Sägetang vor. An allen atlantischen Küsten Europas weit verbreitet.
A *Polysiphonia lanosa* ist ein Epiphyt. Sie trägt aber ihrerseits häufig parasitische Algen in Gestalt kleiner, weißlicher Kugeln an den Zweigenden. Diese Parasiten sind jedoch harmlos.

Krause Fächeralge
Prasiola stipitata
Grünalgen
(*Prasiolaceae*)

[K] Sehr kleine, meist nur wenige Millimeter hohe Grünalge von fächerförmigem Umriß mit gebuchteten oder glatten Thallusrändern. Im feuchten Zustand ausgebreitet und gestreckt, trocken meist zusammengekrümmt.
[V] Sehr kennzeichnende und weit verbreitete Art in der Spritzwasserzone auf Fels, größeren Blöcken, Tetrapodenwällen oder Hafenmolen. Dort bestandsbildend und in großflächigen, dunkelgrünen Rasen.
[A] Erträgt die unterschiedlichsten Umweltbedingungen, von der Verkrustung mit Meerwasser bis zur völligen Aussüßung durch Regenwasser, auch extreme Trockenheit.

Kleiner Röhrentang
Blidingia minima
Grünalgen
(*Ulvaceae*)

[K] Kleine, meist unter 3 cm hohe Grünalge, überwiegend unverzweigt oder sehr unregelmäßig wenigästig, häufig kraus und gewunden oder blasig aufgetrieben, an der Basis sehr schmal und röhrig, nach oben allmählich verbreitert und abgeflacht; hell- bis frischgrün, nach dem Ausschwärmen der Zoosporen weißlich.
[V] Weit verbreitet und bestandsbildend im Bereich der obersten Gezeitenzone. Bildet einen charakteristischen, etwas pelzig erscheinenden Gürtel zwischen Flutmarke und Spritzwasserzone. Atlantik, Nordsee (Helgoland), Ostsee. Vergesellschaftet mit weiteren Grünalgen.

Flacher Darmtang
Enteromorpha compressa
Grünalgen
(*Ulvaceae*)

K Kräftig grüne bis dunkelgrüne Alge, etwa 10–30 cm lang und 0,2–1 cm breit, unverzweigt oder verhältnismäßig spärlich verzweigt; am Grunde rundlich und röhrig hohl, nach oben leicht verbreitert und bandartig flach, nur gelegentlich ein wenig blasig aufgetrieben, röhrig aufgebaut. Beim Zerreiben von spezifischem Geruch.

V Gemeine und überall im oberen Gezeitenbereich als breiter, grüner Gürtel auftretende Art. Atlantik, Nordsee, Ostsee, Mittelmeer.

A Am gleichen Standort kommen weitere, zum Teil nur sehr schwer unterscheidbare Arten der gleichen Gattung vor.

Pinseltang
Cladophora rupestris
Grünalgen
(*Cladophoraceae*)

K Kräftig grüne bis schwarzgrüne Fadenbüschelalge, besteht nur aus einzellreihigen, aber stark ästig verzweigten Achsen; im feuchten Zustand pinselartig und verhältnismäßig steif, etwa 5–15 cm lang. Wird im Sommer häufig von Kieselalgen bewachsen und nimmt dann eine schmutzig-bräunliche Färbung an.

V Weit verbreitet und häufig auf Felsen oder Steinen, meist als Unterwuchs unter Sägetang in der unteren Gezeitenzone oder tiefer. Atlantik, Nordsee, Ostsee, Mittelmeer.

A Die übrigen *Cladophora*-Arten und verwandte Gattungen sind meist hellgrün gefärbt.

Meersalat
Ulva lactuca
Grünalgen
(*Ulvaceae*)

K Kräftig grüner, ziemlich formenreicher, frisch- bis dunkelgrüner Tang von 10–80 cm Länge und unbestimmter Breite; hautig, dabei jedoch ziemlich fest, blattartig flach oder leicht gewellt, oft auch in einzelne Buchten und Lappen aufgeteilt, am Grunde mit einer kleinen Haftscheibe befestigt, aber auch in Mengen lose umhertreibend.

V Weit verbreitete und sehr häufige Alge auf Steinen, Felsen oder anderen Tangen in der Gezeitenzone. Atlantik, Nordsee, Ostsee, Mittelmeer, Kosmopolit.

A Die Art wird neuerdings in mehrere (schwer unterscheidbare) Formen eingeteilt.

Dunkelgrüne Gabelzopfalge
Codium fragile
Grünalgen
(*Codiaceae*)

K Gestaltlich sehr hochentwickelte Grünalge, meist filzig-schwammig, dabei jedoch ziemlich fest und kompakt, nur bei stärkerem Wasserverlust schlaff, etwa 10–30 cm lang mit 3–10 mm dicken Ästen, ziemlich regelmäßig gabelig verzweigt, an den Verzweigungsstellen gelegentlich leicht verbreitert, sonst in allen Teilen drehrund, vorne mit rundlichen, stumpfen Enden, dunkelgrün.

V Meist vereinzelt, seltener auch bestandsbildend auf Fels oder größeren Steinen von der Niedrigwasserlinie bis in größere Tiefen. Ganzjährig anzutreffen.

A An den Atlantikküsten kommen mehrere sehr ähnliche Arten vor.

Schwarze Krustenflechte
Verrucaria maura
Flechten
(*Verrucariaceae*)

K Gut kenntliche Krustenflechte mit krustigem, grobrissigem oder sehr fein gefeldertem Lager, auf der Oberfläche samtig rauh, nicht glänzend oder speckig, tiefschwarz. Fruchtkörper (= Perithecien) einzeln, aufrecht, in das Lager eingesenkt und als winzige Erhebungen erkennbar. Algenpartner sind kugelige, einzellige Grünalgen.
V Sehr häufige Flechte, bildet ausgedehnte, flächige Bestände. Die obere Grenze des auffälligen *Verrucaria*-Gürtels markiert zusammen mit einigen Seepocken ungefähr das Niveau der Hochwasserlinie. Überall an den Atlantikküsten auf Fels. Fehlt auf weichem Gestein.

Goldgelbe Schönflechte
Caloplaca marina
Flechten
(*Teloschistaceae*)

K Ziemlich formenreiche Flechte mit krustenförmigem, schuppig erscheinendem Lager von kräftig gelber bis orangegelber Färbung, in den Randbereichen deutlich gelappt, aber nicht rosettenförmig aufgebaut. Fruchtkörper (Apothecien) scheibchenförmig, gleichfarbig mit dem übrigen Lager, meist sehr zahlreich vorhanden, um 2 mm breit.
V Auf Küstenfelsen im oberen und mittleren Bereich des schwarzen *Verrucaria*-Gürtels weit verbreitet und häufig. Bildet kontrastreiche Bestände auf schwarzem Hintergrund. Atlantische Küsten, Nordsee, Ostsee.

Rosetten-Schönflechte
Caloplaca thallincola
Flechten
(*Teloschistaceae*)

K Sehr auffällige und ziemlich regelmäßig aufgebaute Krustenflechte mit rundlichen, etwa münzgroßen Lagern und von orangegelber, kräftiger Färbung. Lagerrand mit langen, zur Mitte hin gewölbten, nach außen stark abgeflachten Lappen, diese meist unregelmäßig gabelig geteilt. Fruchtkörper (Apothecien) schüsselförmig, orangegelb mit deutlich hellerem Rand, nur in der Lagermitte.
V Weit verbreitete Flechte auf Küstenfelsen oberhalb der Hochwasserlinie, aber meist noch innerhalb der Spritzwasserzone, zusammen mit Verrucaria. Atlantische Küsten.

Strauchige Zwergflechte
Lichina pygmaea
Flechten
(*Lichinaceae*)

K Charakteristische blauschwarze bis schwarzgraue kleine Strauchflechte von aufrechtem, aber rasigem Wuchs, mehrfach gabelig verzweigt. Äste am Grunde rundlich, nach oben abgeflacht oder ebenfalls rundlich, mit stumpfen Enden, insgesamt etwa 1–2 cm hoch. Fruchtkörper scheibenförmig, endständig in Achsenvertiefungen eingesenkt. Algenpartner sind Blaualgen (Cyanobakterien).
V Verbreitete, oft in großen Beständen auftretende Flechte an kalkhaltigen oder kalkfreien Küstenfelsen im Bereich der Hochwasserlinie, wo sie zeitweise noch überflutet wird. Vor allem an westeuropäischen Küsten.

Filz-Zwergflechte
Lichina confinis
Flechten
(*Lichinaceae*)

K Sehr kleine, aufrecht wachsende Strauchflechte mit mehrfach verzweigten Ästchen, diese drehrund und etwa 2–3 mm hoch, samtschwarz. Fruchtkörper scheibenförmig, endständig auf den Verzweigungen. Algenpartner sind Blaualgen (Cyanobakterien).

V Verbreitete, aber leicht übersehene Flechten in kleinen, samtigen Rasen auf Küstenfelsen hoch über der Flutmarke, meist jedoch noch innerhalb der Spritzwasserzone. Besiedelt gerne Fugen und Risse des anstehenden Gesteins. Atlantische Küsten, Ostsee, Mittelmeer.

A Salzverträgliche Flechte.

Braune Blattflechte
Anaptychia fusca
Flechten
(*Physciaceae*)

K Große Blattflechte von gold- bis dunkelbrauner Färbung in rundlichen Lagern bis etwa 10 cm Durchmesser. Äste mehrfach gabelig verzweigt, liegen der Unterlage sehr dicht an, schmal, etwas eingekrümmt, zu den Enden deutlich verbreitert, randlich fein eingekerbt oder nahezu glatt. Fruchtkörper rundlich-scheibenförmig, um 3 mm groß, mit gewundenen, gekerbten Rändern.

V Verbreitete Rosettenflechte auf küstennahen Felsen wenig oberhalb der Hochwasserlinie, besonders gerne im Bereich von Vogelsitzplätzen (stickstoffliebend), ziemlich salzfest.

Grüngraue Astflechte
Ramalina siliquosa
Flechten
(*Usneaceae*)

K Ziemlich formenreiche, aber sehr kennzeichnende Strauchflechte auf meeresnahen Felsen mit meist aufrechtem oder ausgebreitetem, unregelmäßig gabelig verzweigtem Lager von grünlicher bis grüngrauer Färbung, brüchig. Äste zungenförmig, oft ein wenig warzig. Fruchtkörper scheibenförmig an den Enden der Zweige. An der Unterlage mit Haftscheibe festgewachsen.
V Bestandsbildende Flechte im sogenannten grauen Flechtengürtel oberhalb der Flutmarke, gewöhnlich auf Gestein, mitunter aber auch in küstennahem Gehölz.
A In Irland von Schafen abgeweidet.

Bleiche Krustenflechte
Ochrolechia parella
Flechten
(*Lecanoraceae*)

K Sehr große, kennzeichnende Krustenflechte mit Lagern bis über 20 cm Durchmesser; grauweiß, bleichgrau oder mitunter auch leicht rosa eingefärbt, stark warzig gefeldert und rissig, ziemlich dick und kräftig. Fruchtkörper scheibenförmig (Apothecien), rundlich-eckig, über 2 mm groß, sehr dick berandet, von gleicher Färbung wie das übrige Lager.
V Weit verbreitete und mitunter bestandsbildende Flechte auf kalkfreiem Gestein der Küstenfelsen, meist im Bereich des grauen Flechtengürtels zusammen mit der Astflechte. Atlantische Küsten, Mittelmeer. Auch im Binnenland.

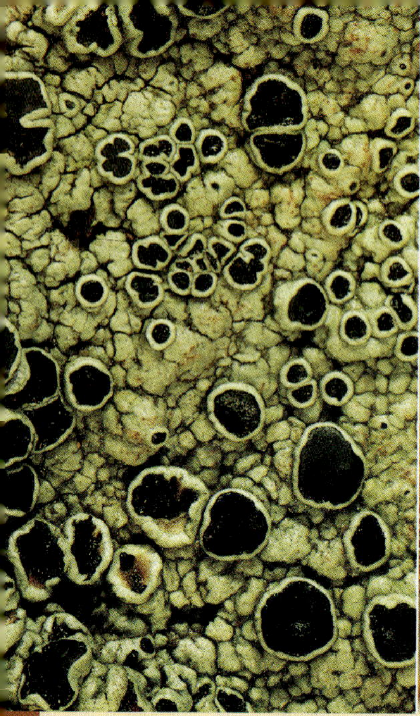 

Schwarze Kuchenflechte
Lecanora atra
Flechten
(*Lecanoraceae*)

K Große, meist recht auffällige Krustenflechte mit Lagern bis etwa 15 cm Durchmesser, hell- oder mittelgrau, oberseits glatt oder leicht warzig-gefeldert, am Rande dünn, zur Mitte hin dicker. Fruchtkörper (Apothecien) in der Lagermitte, tiefschwarz mit deutlichem, dickem, weißem Rand, innen im Anschnitt purpurbraun.
V Verbreitete Flechte auf küstennahen Felsen und Steinen, meist häufiger Vertreter in der grauen Flechtenzone oberhalb der Flutmarke. Bevorzugt Silikatgesteine.
A Diese markante Krustenflechte kommt auch auf Mauern und Gestein im Binnenland vor.

Goldgelbe Wandflechte
Xanthoria parietina
Flechten
(*Teloschistaceae*)

K Sehr auffällige und formenreiche Flechte mit großem, blättrigem bis fast strauchförmigem Lager von intensiv gelboranger Färbung. Äste runzlig, zu den Enden etwas verbreitert, am Rande etwas gekerbt, häufig aufgebogen, etwa 1–5 mm breit, unterseits weißlich, auf der Unterlage mit hellfarbenen Haftorganen (wurzelähnlich) befestigt. Fruchtkörper scheibenförmig, um 3 mm breit, in der Thallusmitte.
V Weit verbreitete und sehr häufige Flechtenart, bildet großflächige, rundliche Lager auf küstennahen Felsen oberhalb der Flutmarken. Auch auf Gehölz und im Binnenland.

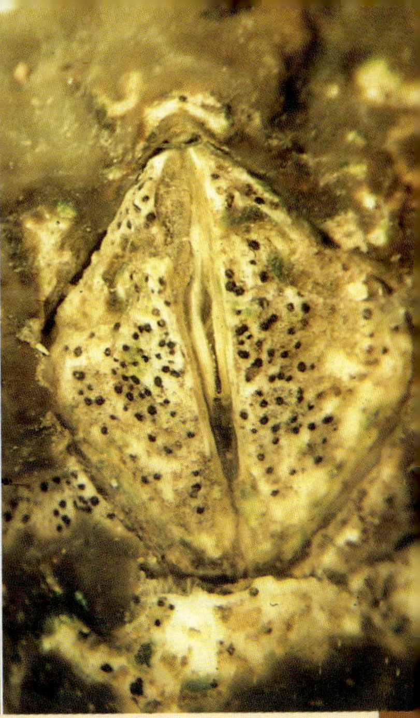

Bandstrauchflechte
Roccella fuciformis
Flechten
(*Roccellaceae*)

K Große Strauchflechte von etwa 10–15 cm Länge mit unregelmäßig gabelig verzweigten Ästen, diese meist abgeflacht, bandförmig, etwas gewunden, ziemlich starr, an den Enden lanzettlich-spitz, bläulich- bis weißgrau, an den Rändern weißlich, warzig. Lager wächst nicht aufrecht, sondern hängt von der Unterlage herunter.

V Meist nur vereinzelt vorkommende, schützenswerte Flechte auf Küstenfelsen oberhalb der Gezeitenzone, meist an geschützten und etwas trockeneren Stellen.

A Kommt oft mit der nahe verwandten, etwa 5 cm langen, eher rundlichen *Roccella phycopsis* vor.

Gehäuseflechte
Arthopyrenia halodytes
Flechten
(*Arthopyreniaceae*)

K Kleine, sehr unauffällige Flechte mit glattem, bräunlichem Lager, meist jedoch in kalkhaltigem Gestein oder in Kalkgehäusen von Meerestieren wachsend (= endolithische Flechte). Verrät sich meist nur durch die kugeligen oder birnenförmigen Fruchtkörper (Perithecien), die als schwärzliche Punkte auf oder im besiedelten Substrat erscheinen.

V Weit verbreitete und häufige, gewöhnlich jedoch übersehene Meeresflechte an den atlantischen Küsten. Meist in den Gehäusen von Seepocken nahe der Flutwassermarke oder auch in den Schalen von Napfschnecken.

Klippen-Kohl
Brassica oleracea
Kreuzblütengewächse
(*Brassicaceae*)

K Mehrjährige, sehr stattliche Pflanze mit aufrechtem, nur im Blütenstand verzweigtem Stengel, etwa 40–120 cm hoch. Blätter wechselständig, kahl, bläulich bereift, dick und fleischig, gestielt und buchtig-fiederteilig bis sitzend und ungeteilt. Blüten zahlreich in verlängerten Trauben. Kelchblätter grünlich-gelb, Kronblätter schwefelgelb. Blütezeit V–VII (IX).

V Verbreitet an stickstoffbeeinflußten Stellen der Felsküsten. Mittelmeer, Atlantik, nördlich bis Helgoland.

A Wildpflanze der seit der Antike kultivierten Gemüsekohl-Formen.

Meerfenchel
Crithmum maritimum
Doldenblütengewächse
(*Apiaceae*)

K Mehrjährige, am Grunde auch verholzte Pflanze mit niederliegenden oder aufsteigenden Stengeln, etwa 10–50 cm hoch. Blätter graugrün, fiederteilig, mit etwa fingerlangen, fleischigen Endabschnitten, duften beim Zerreiben aromatisch. Blüten zahlreich in zusammengesetzten Dolden, gelblich-grün bis hellgelb. Salzsukkulent. Blütezeit VII–X.

V Verbreitete, stellenweise auch bestandsbildende Pflanze an küstennahen Felsen, meist in Spalten und Nischen des oberen Flechtengürtels. Atlantik bis zum Ärmelkanal, Mittelmeer.

A Schmeckt deutlich salzig.

Venusnabel
Umbilicus rupestris
Dickblattgewächse
(*Crassulaceae*)

K Mehrjährige Pflanze mit knollig verdicktem Wurzelstock und kurzem, gedrungenem Stengel, etwa 5–30 cm hoch. Blätter charakteristisch schildförmig, nahezu kreisrund, ganzrandig oder wenig gekerbt, fleischig, oberseits glänzend dunkelgrün, langgestielt. Blüten zahlreich an verlängerter Ähre. Kronblätter grünlich-rötlich bis rotbraun, zu einer Röhre verbunden, 5zählig. Blütezeit V–VII.

V Verbreitete bis häufige Pflanze in küstennahen Felsen, in Mauerfugen und Nischen in unmittelbarer Meeresnähe oder wenig landeinwärts. Atlantik bis zum Ärmelkanal, Mittelmeergebiet.

Strandkresse
Lobularia maritima
Kreuzblütengewächse
(*Brassicaceae*)

K Einjährige oder ausdauernde kleine Pflanze von 10–30 cm Länge, von Grund an ästig verzweigt und leicht verholzt, mit liegenden oder aufsteigenden Stengeln. Blätter schmal-lanzettlich, an den Zweigenden gedrängt, meist dicht silbrig behaart. Blüten zahlreich in kopfigen Trauben. Kronblätter um 3 mm lang, vorne abgerundet, ohne Ausrandung, meist waagerecht abstehend. Frucht birnenförmiges Schötchen. Blütezeit V–X.

V Ursprünglich nur auf den Strandfelsen und Sandböden der Azoren und Kanaren. In Westeuropa vielfach eingebürgert.

A Häufig als Zierpflanze angebaut.

Klippen-Streifenfarn
Asplenium marinum
Streifenfarngewächse
(*Aspleniaceae*)

K Mehrjährige Farnpflanze mit büschelig angeordneten Wedeln von etwa 10–25 (40) cm Länge. Wedel länglich-lanzettlich, ziemlich derb, oberseits glänzend dunkelgrün, einfach gefiedert, mit ovalen, bis etwa 3 cm langen, gekerbten oder stumpf gezähnten Fiedern. Sporangien in länglichen Sori auf der Unterseite fruchtbarer Wedel, diese den sterilen Wedeln gleichgestaltet.
V Verbreitet bis zerstreut in Felsen oberhalb der Spritzwasserzone, immer im Einflußbereich des Meerwassers. Atlantik bis zum Ärmelkanal, Mittelmeer.
A Einziger an Meeresstandorte gebundener Farn Europas.

Zweinerviger Strandflieder
Limonium binervosum
Bleiwurzgewächse
(*Plumbaginaceae*)

K Mehrjährige Pflanze mit kurzem, gedrungenem, an der Basis verholztem Stengel, ohne Blütenstand nur 5–10 cm hoch. Blätter alle in grundständiger Rosette, um 5 cm lang und bis 2 cm breit, länglich-spatelförmig, vorne spitz oder abgerundet. Blüten zahlreich, einseitswendig auf den Zweigen lockerer Rispen, mit braunen bis rötlichen Vorblättern und bleichem Kelch. Kronblätter um 7 mm lang, kräftig blauviolett.
Blütezeit VI–X.
V Verbreitet bis zerstreut in windexponierten, vom Sprühsalz der Gischt erreichten Meeresfelsen. Nur in Westeuropa von Irland bis Portugal.
A Zahlreiche Lokalrassen.

Gemeiner Stechginster
Ulex europaeus
Schmetterlingsblütengewächse
(*Fabaceae*)

K Dicht verzweigter, stark sparriger Strauch von 60–150 cm Wuchshöhe mit aufrechten oder abstehenden Ästen und Zweigen. Blätter nadelförmig, einfach oder 3zählig gefiedert, pfriemlich und stachelspitzig. Die meisten Blätter sind in lange Blattdornen umgewandelt, die der Pflanze den Namen gegeben haben. Schmetterlingsblüten goldgelb, sehr zahlreich an den Verzweigungen. Kelchblätter und Hülsen zottig behaart.
Blütezeit V–VI.
V Besonders in Küstennähe an Klippensäumen und in Heidegebieten aspektbildend und sehr häufig. Nördlich bis Schleswig-Holstein.

Gallischer Stechginster
Ulex gallii
Schmetterlingsblütengewächse
(*Fabaceae*)

K Mehrjähriger Strauch von 10–40 cm Höhe mit langen, nur wenig verzweigten Ästen, diese niederliegend oder weit abstehend. Dem Gemeinen Stechginster sehr ähnlich, aber in allen Teilen wesentlich kleiner. Hell- oder goldgelbe Schmetterlingsblüten dicht gedrängt in den Blattachseln an den Zweigenden. Flügel gebogen. Kelch mindestens 9 mm lang.
Blütezeit VIII–X.
V Häufiger Bestandteil in den Küstenheiden Westeuropas.
A Sehr ähnlich ist der Zwerg-Stechginster (*Ulex minor*) mit geraden Flügeln und weichen Blattdornen. Blütezeit VII–IX. In Küstenheiden.

Traubenheide
Daboecia cantabrica
Heidekrautgewächse
(*Ericaceae*)

K Mehrjähriger Zwergstrauch, von Grund an ästig und reich verzweigt, mit aufrechten oder aufsteigenden Zweigen. Blätter immergrün, stark drüsenhaarig, schmal-linealisch, mit eingerolltem Blattrand, daher ein wenig nadelförmig aussehend. Blüten in lockeren, 4–10blütigen Trauben, gestielt, nickend. Krone um 10 mm lang, flaschenförmig, mit kurzen, zurückgeschlagenen Kronzipfeln, purpurrot bis karminrot. Staubblätter rostfarben, überragen die Krone nicht.

Blütezeit VIII–X.

V Auf meeresnahen Felsen und in Küstenheiden von Spanien bis Irland.

Besenheide, Echtes Heidekraut
Calluna vulgaris
Heidekrautgewächse
(*Ericaceae*)

K Zwergstrauch von 20–80 cm Höhe mit liegenden oder aufsteigenden, mitunter auch aufrechten Zweigen, an den Knoten gelegentlich bewurzelt. Blätter gegenständig, sehr klein, fast nadelförmig, um 1–2 mm lang, randlich eingerollt, in 4 Längszeilen angeordnet. Blüten in endständigen, vielblütigen Trauben. Kelch 4teilig, kräftig hellpurpurn. Krone etwas kürzer, glockig, kräftig hellrot bis purpurn. Kapselfrüchte unauffällig.

Blütezeit VII–IX.

V Häufig aspektbildender Bestandteil von Klippen- und Küstenheiden. Magerkeitszeiger. Durch Windschliff oft in halbkugeligen Büschen.

Graue Heide
Erica cinerea
Heidekrautgewächse
(*Ericaceae*)

K Zwergstrauch mit reicher Verzweigung, etwa 20–50 cm hoch, mit aufsteigenden oder aufrechten Ästen. Blätter schmal-linealisch, meist in Wirteln zu 3, wenig behaart, am Rande eingerollt, oberseits dunkler, unterseits filzig. Blüten zahlreich in endständigen, etwas gedrängten, allseitswendigen Trauben. Kelch meist violettrot, kahl. Krone kräftig purpurrot oder dunkelrot. Krugförmig, mit kurzen, wenig zurückgeschlagenen Kronzipfeln. Blütezeit VII–IX.

V Aspektbildend in küstennahen Heiden über Steilklippen. Kommt auch in Heiden und lichten Gebüschen des Binnenlandes vor.

Glocken-Heide
Erica tetralix
Heidekrautgewächse
(*Ericaceae*)

K Zwergstrauch von 10–50 cm Höhe mit aufrechten oder aufsteigenden Ästen, diese sehr rauhhaarig bis graufilzig. Blätter nadelförmig, am Rande nach unten eingerollt, steifhaarig bewimpert, vorne stumpf, meist zu 3–4 in Wirteln oder auch wechselständig. Blüten zu mehreren in endständigen, einseitswendigen, kopfigen Dolden. Krone krugförmig mit kurzen Zipfeln, weißlich oder rosa, nach dem Abblühen rostbraun. Staubblätter überragen die Krone nicht. Blütezeit VI–IX.

V Häufig bis verbreitet auf feuchteren Standorten in küstennahen Heidegesellschaften. Auch im Binnenland.

Brotkrumenschwamm
Halichondria panicea
Schwämme (*Porifera*)
Hornfaserschwämme
(*Ceractinomorpha*)

K Sehr unregelmäßige Form; große Ausströmöffnungen auf kleinen Erhebungen. Kieselnadeln lang und leicht gebogen; Farbe grau, grün, rotbraun oder gelb; kann große Flächen bedecken.

V Auf sonnengeschützten Hartböden, Algen und an deren Wurzelkrallen; von der Gezeitenzone an abwärts.

Mittelmeer, Atlantik, Ärmelkanal, Nord- und westliche Ostsee.

A Seinen Namen trägt der Brotkrumenschwamm wegen der krümeligen Konsistenz, die er bei Trockenheit annimmt. Im Lebendzustand ist er jedoch fest und zäh. Äußerst variabel ist die Wuchsform dieses Schwammes, die ganz offensichtlich mit den Gegebenheiten des Standortes zusammenhängt:

In der Gezeitenzone werden flache Krusten ausgebildet, aus denen nur die Ausströmöffnungen ein wenig hervorragen, während in größerer Tiefe und bei weniger Wasserströmung die Gestalt auch aufrecht, massig und unregelmäßig geformt sein kann.

In der Gestalt durchaus ähnlich ist *Haliclona limbata*, der nur unter dem Mikroskop anhand der geraden Kieselnadeln eindeutig unterschieden werden kann.

Gallertschwamm
Halisarca dujardini
Schwämme (*Porifera*)
Baumfaserschwämme
(*Dendroceratida*)

K Sehr flache Krusten, gelappt oder rund; Oberfläche glatt und schleimig; wenige Ausströmöffnungen. Farbe weiß, gelb oder braun. Höhe bis 5 mm; Durchmesser bis 10 cm.
V Auf Hartböden und flächigen Algen; von der Gezeitenzone an abwärts. Mittelmeer, Atlantik, Nord- und westliche Ostsee.
A Der Körper des Schwammes wird von einem Spongingerüst gebildet. Kalknadeln fehlen völlig. Die Vermehrung erfolgt ungeschlechtlich (Gemmula) oder geschlechtlich. Aus den Eiern schlüpfen Wimpernlarven (Parenchymula), die später zum Schwamm auswachsen.

Geweihschwamm
Haliclona loosanoffi
Schwämme (*Porifera*)
Hornfaserschwämme
(*Ceractinomorpha*)

K Wuchsform aufrecht, nach oben hin verzweigt in viele, im Durchmesser runde Äste. Ausströmöffnungen unregelmäßig verteilt. Konsistenz zäh und elastisch. Farbe grün, gelb oder rot. Höhe bis 30 cm.
V Auf Hartböden, Molluskenschalen, Krebspanzern und Weichböden; unterhalb der MTNL bis in 150 m Tiefe. Atlantik, Ärmelkanal, Nord- und westliche Ostsee.
A Der Geweihschwamm findet sich auch im Angespül an unseren Küsten. Namentlich solche Funde erreichen die volle Höhe, während die Tiere im Flachwasserbereich kleiner bleiben.

Traubiger Röhrenkalkschwamm
Leucosolenia botryoides
Schwämme (*Porifera*)
Kalkschwämme (*Calcarea*)

K Wenig verzweigtes, aufrechtes Röhrengeflecht mit je einer endständigen Ausströmöffnung; Basis als polstriges Geflecht. Farbe weiß. Höhe bis 2 cm.

V Auf Hartböden, Muschelschalen und Algen; von der Gezeitenzone an abwärts. Atlantik, Ärmelkanal, Nord- und westliche Ostsee.

A Sehr ähnlich ist die Varietät *L. b. complicata* oder die Zwischenform *L. b. variabilis*, deren Röhren sehr viel stärker verzweigt aus dem basalen Geflecht hochwachsen.
Die Skelette dieser Schwämme bestehen aus Calciumcarbonat (Kalk). Vorstehende Skelettnadeln verleihen ein stacheliges Aussehen.

Wimpernkalkschwamm
Scypha (= *Sycon*) *ciliata*
Schwämme (*Porifera*)
Kalkschwämme (*Calcarea*)

K Körper länglich bis gurkenförmig; Oberfläche regelmäßig, leicht zottig strukturiert; einzige, endständige Ausströmöffnung von einem Kranz feiner Stabnadeln umgeben. Stockbildung durch seitliche und basale Knospung möglich. Farbe weiß, grau oder braun. Höhe/Breite bis 3/0,5 cm.

V Auf Hartböden und Algen; von der Gezeitenzone an abwärts. Atlantik, Ärmelkanal, Nord- und westliche Ostsee.

A Schwamm vom Sycon-Typ: Von der großen zentralen Höhle zweigen nach allen Seiten regelmäßig mit Kragengeißelzellen ausgekleidete Kammern ab.

Keulenpolyp
Clava multicornis
Hohltiere (*Coelenterata*)
Hydropolypen (*Hydrozoa*)

K Polypen in Kolonien, durch kriechende Geflechte verbunden; Aufrechte Stöcke unverzweigt. Köpfchen keulenförmig, mit lang ausgezogenen Tentakeln. Geschlechtsknospen rund, als Kragen unterhalb der Tentakelregion ansitzend, Farbe weiß, rosa. Höhe bis 1 cm.

V Auf Hartböden und Algen; von der Gezeitenzone an abwärts. Atlantik, Ärmelkanal, Nord- und Ostsee.

A Keulenpolypen ernähren sich als Tentakelfänger. Aus den Geschlechtsknospen schlüpfen Wimpernlarven (Planula), die zu neuen Polypen auswachsen. Außerdem ungeschlechtliche Vermehrung durch direkte Abschnürung von Polypen.

Kolbenpolyp
Coryne pusilla
Hohltiere (*Coelenterata*)
Hydropolypen (*Hydrozoa*)

K Polypenstöcke meist reich verzweigt, mit derber geringelter Hülle. Polypenköpfchen geschwollen, mit vielen in mehreren Reihen stehenden, am Ende deutlich verdickten Tentakeln; Geschlechtskörper kugelig, zwischen den Tentakeln am Kopf ansitzend. Farbe der Köpfchen rosa bis rot. Höhe der Kolonien bis 1 cm.

V Auf Hartböden, Muschelschalen und Algen; von der Gezeitenzone an abwärts. Mittelmeer, Atlantik, Ärmelkanal, Nordsee.

A Mit den nesselnden Tentakeln fangen die Polypen Kleintiere und schlingen sie in die dehnbare Körperöffnung hinein.

Stachelpolyp
Hydractinia echinata
Hohltiere (*Coelenterata*)
Hydropolypen (*Hydrozoa*)

K Dichtstehende Polypenkolonien mit einem Wurzelgeflecht, das durch eine stachelige Kruste verdeckt bleibt. Einzelpolypen spindelförmig mit 2 endständigen Tentakelkränzen, Geschlechtskörper tragende Polypen ohne Tentakeln. Farbe weiß, rosa oder rot. Höhe der Einzelpolypen bis 1,5 cm.

V Fast ausschließlich auf Schneckengehäusen, die von Einsiedlerkrebsen bewohnt werden; unterhalb der MTNL, in Gezeitentümpeln und Prielen. Mittelmeer, Atlantik, Ärmelkanal, Nord- und westliche Ostsee.

A Innerhalb einer Kolonie existieren 4 verschiedene Polypenformen, die jeweils spezielle Aufgaben übernehmen: Geschlechtspolypen zur Fortpflanzung (**1**), Freßpolypen mit Tentakelkrone (**2**), Wehrpolypen mit einem einzigen langen, nesselnden Tentakel (**3**) und Spiralpolypen mit endständiger Nesselbatterie (**4**). Letztgenannte stehen nur am Mündungsrand des Schneckengehäuses und „bewachen“ den Spalt zwischen Krebs und Schale.

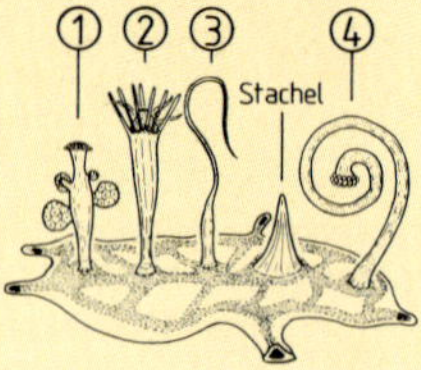

Kleines Seemoos
Dynamena pumila
Hohltiere (*Coelenterata*)
Hydropolypen (*Hydrozoa*)

K Aufrechte Kolonien ohne Hauptstamm; kriechende Verbindungen zwischen den einzelnen nur wenig verzweigten Stämmchen; 2 Einzelpolypen einander gegenüberstehend, jeder mit eigener Kammer, in die er sich vollständig zurückziehen kann; Geschlechtsknospen (Gonophoren) von eiförmiger Kapsel (Gonothek) umschlossen. Farbe gelb bis braun, zuweilen rötlich. Koloniehöhe bis 5 cm.

V Weit verbreitet und recht häufig auf geschützten Hartböden und flächigen Algen; in der Gezeitenzone, zuweilen auch in der Dauerflutzone. Atlantik, Ärmelkanal, Nord- und westliche Ostsee.

A Diese Art bleibt fast ausschließlich auf die Gezeitenzone beschränkt.
Die oftmals rote Färbung wird durch die Rotalge *Audouinella membranacea* hervorgerufen, die sich als feines Geflecht an die Innenwände der Polypenkammer (Hydrothek) heftet. Im Entwicklungszyklus dieses Hydropolypen ist das Medusen-Stadium völlig ausgeschaltet. Aus der Geschlechtsknospe schlüpfen kleine Wimpernlarven (Planula), aus denen sich sofort wieder Polypenstöcke bilden.

Glockenpolyp
Laomedea flexuosa
Hohltiere (*Coelenterata*)
Hydropolypen (*Hydrozoa*)

K Kolonien ohne festen Hauptstamm; einzelne aufrechte Ästchen durch Kriechwurzeln (Stolone) miteinander verbunden; jeder einzelne Polyp mit einem ringelig gestielten, glattrandigen Kelch, wechselständig angeordnet; Geschlechtsknospen gestielt und zu beiden Enden hin leicht verjüngt.

V Auf geschützt gelegenen Hartböden, Muschelschalen und flächigen Algen; von der Gezeitenzone an abwärts. Mittelmeer, Atlantik, Ärmelkanal, Nord- und westliche Ostsee.

A Auch diese Polypenkolonien bilden in ihrer Entwicklung keine Medusen.

Stielqualle
Craterolophus convolvulus (syn. *C. tethys*)
Hohltiere (*Coelenterata*)
Quallen (*Scyphozoa*)

K Kurzgestielte Glockenform mit 8 Büscheln dünner, am Ende verdickter Tentakel. Saugnapf vom Untergrund ablösbar; zwischen den Tentakelbüscheln zuweilen Sinnesknospen (nicht abgebildet). Farbe gelb, grün, braun. Höhe bis 3 cm.
V Auf Algen; von der Gezeitenzone an abwärts. Atlantik, Ärmelkanal, Nord- und westliche Ostsee.
A Stielquallen gleichen in der Glokke einer Qualle, während der Stiel deutliche Polypenmerkmale aufweist. Wahrscheinlich sind sie in ihrer Entstehung einmal aus Polypen hervorgegangen, die die endständige Meduse nicht mehr abschnürten. Aus den ins freie Wasser abgegebenen und auch dort befruchteten Eiern entstehen Kriechlarven, die sich direkt zu jungen Stielquallen entwickeln. An den Tentakelbüscheln sitzen am knotigen Kopfbereich Nesselzellen-„Batterien". Einmal gegriffene Beutetiere, z.B. Kleinkrebse oder Fischlarven, stopfen sie sofort ins Körperinnere und ziehen die Fangarme nach innen in Ruhestellung.
An unseren Küsten kommen noch 2 weitere Arten vor: Bei *Lucernaria quadricornis* stehen die 8 Fangarme zu je 4 Paaren zusammen.
Haliclystus octoradiatus trägt auf einem langen Stiel einen vergleichsweise flachen Schirm.

Pferdeaktinie
Actinia equina
Hohltiere (*Coelenterata*)
Blumentiere (*Anthozoa*)

K Zylindrische Form mit bis zu 200 schlanken, vollständig zurückziehbaren, in 6 Reihen um die Mundscheibe stehenden Tentakeln; Kragen mit 24 meist blauen und verdeckten Randsäckchen; Außenseite glatt. Farbe rot, grün oder braun, zuweilen mit hellen Punkten. Höhe bis 6 cm, meist kleiner.

V Auf geschützten Hartböden; von der Gezeitenzone an abwärts. Mittelmeer, Atlantik, Ärmelkanal, Nordsee.

A Diese Art erträgt mühelos längeres Trockenfallen und zieht dabei die Tentakel vollständig ein (Foto rechts). Sobald sie wieder überflutet wird, streckt sie die Tentakelkrone hervor und fängt damit Kleintiere, wie z.B. Kleinkrebse, Kleinfische und auch Würmer.
Die befruchteten Eier entwickeln sich im Körperinneren zu vollentwikkelten Jungtieren, die nach außen entlassen werden und sich häufig direkt in unmittelbarer Nähe zum Muttertier festsetzen.
Stehen 2 Pferdeaktinien zu dicht beieinander, so stülpen sie ihre kleinen, blauen Randsäckchen aus und nesseln damit ihren Nachbarn so lange, bis dieser auf seiner Bodenscheibe ein kleines Stück zur Seite rückt oder sich völlig ablöst und forttreiben läßt.

Wachsrose
Anemonia viridis
Hohltiere (*Coelenterata*)
Blumentiere (*Anthozoa*)

K Zylindrischer, gedrungener Körper mit bis zu 200 langen und schmal ausgezogenen Tentakeln. Farbe grün, grau oder bräunlich. Tentakelspitzen blaßviolett, Mundfeld zuweilen mit 1 oder 2 hellen Radiärstreifen. Höhe bis 7 cm, Tentakel bis 18 cm.

V An sonnigen Stellen im wellengeschützten Flachwasser, in der Gezeitenzone nur in tiefer gelegenen Felstümpeln. Mittelmeer, Atlantik, Ärmelkanal, Nordsee (Helgoland).

A Die Wachsrose fängt mit ihren Tentakeln aus ihrer nächsten Umgebung marine Wirbellose und vorbeischwimmende Fische. Daneben lagert sie in ihrem Verdauungsgewebe einzellige Algen (Zooxanthellen) ein, mit denen sie einen eng verzahnten Stoffaustausch eingeht. Bei dieser Endosymbiose profitieren beide Partner voneinander, wobei der eine im Inneren des anderen wohnt. Während die Wachsrose die eingelagerten Algen mit ihren Stoffwechselendprodukten (Stickstoffverbindungen, Kohlendioxid) düngt, bauen diese daraus im Gegenzug mit Hilfe der Lichtenergie Kohlenhydrate und Fette auf und geben diese Stoffe in erheblichem Umfang an die Wachsrose weiter. Diese Abkürzung der Stoffwege ist auch von den Riffkorallen bekannt.

Seenelke
Metridium senile
Hohltiere (*Coelenterata*)
Blumentiere (*Anthozoa*)

K Zylindrischer, in der Höhe sehr variabler Körper mit bis zu 1000 feingefächerten, vollständig rückziehbaren Tentakeln. Mundscheibe bei den erwachsenen Tieren gelappt und von einem deutlichen Kragen umgeben; Außenseite glatt, innere Scheidewände durchscheinend. Farbe weiß, grau, braun, blaßrot. Höhe bis 30 cm.

V Auf Hartböden, Muschelschalen und Molen; von der Gezeitenzone an abwärts. Mittelmeer, Atlantik, Ärmelkanal, Nordsee.

A Die kleine, nur wenige cm hohe Varietät *M.s. pallidus* (Foto, links) trägt lange, schlanke Tentakel, mit denen sie vorbeischwimmende Kleintiere ergreift. Ausgewachsene Seenelken der Dauerflutzone (Varietät *M.s. dianthus*) filtrieren mit ihrer fein gefiederten Tentakelkrone (Foto, rechts) auch Plankton aus dem Wasser heraus.
Seenelken können an der Fußscheibe kleinere Teilstücke abtrennen, aus denen neue Individuen heranwachsen. Durch eine solche ungeschlechtliche Vermehrung kann es kommen, daß die Tiere in auffälligen kleinen Gruppen zusammenstehen. Wenn der Standort sich auf Dauer als ungünstig erweist, können sie auf ihrer Fußscheibe entweder fortkriechen oder sich gänzlich forttreiben lassen.

Tangrose
Sagartia elegans
Hohltiere (*Coelenterata*)
Blumentiere (*Anthozoa*)

K Zylindrischer Körper mit bis zu 200 Tentakeln; Außenseite mit Saugwarzen; Haftscheibe etwas schmaler als die Mundscheibe. Farbe rot bis braun mit sehr variabler Musterung und Färbung, daher in verschiedene Varietäten unterschieden. Höhe bis 6 cm, Tentakel bis 1,5 cm.

V Auf Hartböden und zwischen den Wurzelkrallen von Algen; unterhalb der MTNL und in Gezeitentümpeln. Mittelmeer, Atlantik, Ärmelkanal und Nordsee.

A Schon bei leichter Störung stoßen die Tiere nesselnde Wehrfäden aus. Sie vermehren sich häufig ungeschlechtlich.

Witwenrose
Sagartiogeton undatus
Hohltiere (*Coelenterata*)
Blumentiere (*Anthozoa*)

K Schlanker, zylindrischer Körper mit bis zu 200 langen, schmalen Tentakeln. Farbe außen blaßrosa bis fleischfarben, mit vielen weißen Längsstreifen, Mundscheibe mit charakteristischer Zeichnung um die inneren Tentakelbasen, jeder Tentakel mit schmalen schwarzen Längsstreifen („Witwe"). Höhe bis 12 cm.

V In sedimentgefüllten Ritzen von Hartböden; unterhalb der MTNL und in Gezeitentümpeln. Mittelmeer, Atlantik, Ärmelkanal, Nord- und westliche Ostsee.

A Vom ganzen Körper sieht man meist nur die Tentakelkrone, da sich die Tiere im Sand verbergen.

Dickhörnige Seerose
Urticina felina
Hohltiere (*Coelenterata*)
Blumentiere (*Anthozoa*)

K Zylindrische Form mit bis zu 160 sehr kräftigen, vollständig zurückziehbaren Tentakeln um die Mundscheibe; Seitenwände häufig mit Schillpartikeln behaftet. Farbe sehr variabel, mit bunter Bänderung auf der Mundscheibe und zarter Ringelung der Tentakel. Höhe bis 15 cm.

V Auf geschützten Hartböden; von der Gezeitenzone an abwärts, häufig in Gezeitentümpeln. Atlantik, Ärmelkanal, Nord- und westliche Ostsee.

A Durch die Tarnung ist die Dickhörnige Seerose nur schwer auszumachen, wenn sie trockengefallen ist (Foto oben). Sobald sie überflutet wird, streckt sie die heftig nesselnden Tentakel wieder ins Wasser und fängt damit Würmer, Mollusken, Garnelen, Flohkrebse und kleine Fische (Foto rechts).
Die im Innenraum befruchteten Eier können entweder abgegeben oder im Körperinnern so lange zurückgehalten werden, bis sich aus ihnen vollständige Jungtiere entwickelt haben.
Sehr ähnlich ist *Urticina eques* mit mehr als 200 Tentakeln. Der Körper ist glattwandig und niemals mit Fremdpartikeln behaftet. Die im Flach- und Tiefwasser vorkommende Form lebt an den europäischen Atlantikküsten, jedoch nicht im Ärmelkanal.

Zottige Seerinde
Electra pilosa
Kranzfühler (*Tentaculata*)
Moostierchen (*Bryozoa*)

K Krustenbildende Varietät der auch aufrecht wachsenden Art (siehe Seite 50). Membranöse Platte auf der Oberseite, umstanden von kleinen Dornen; Kalkgehäuse mit vielen kleinen Poren; Farbe beige bis reinweiß (bei abgestorbenen Kolonien). Durchmesser der Kolonien mehrere cm.

V Auf Hartböden, Muschelschalen sowie fädigen und flächigen Algen; von der Gezeitenzone an abwärts. Mittelmeer, Atlantik, Ärmelkanal, Nord- und Ostsee.

A Im Gegensatz zu vielen anderen, stellt dieses Moostierchen keine speziellen Ansprüche an den besiedelten Untergrund. Flächige Algen können von ihr zuweilen vollständig überwachsen werden, so daß man den Eindruck gewinnt, die Kolonie wüchse ohne jegliche Unterlage. Andere Moostierchenkolonien kann sie überwachsen. Sie selbst erleidet dieses Schicksal jedoch genauso!

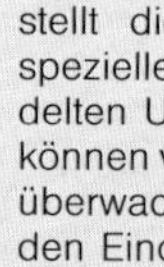

Electra pilosa

Flaches Krusten-Moostierchen
Cryptosula pallasiana
Kranzfühler (*Tentaculata*)
Moostierchen (*Bryozoa*)

K Kolonien flach inkrustierend; Einzelindividuen in der Form oval bis rhombisch, Zooide völlig verkalkt, an der Oberseite mit großen, durch Vorhöfe versenkten Poren. Farbe rötlich bis gelb, absterbende Kolonien auch weiß. Durchmesser der Kolonien mehrere cm.

V Überwiegend auf Hartböden und Muschelschalen, zuweilen auf Wurzelkrallen großer Tange; von der Gezeitenzone an abwärts. Mittelmeer, Atlantik, Ärmelkanal und Nordsee.

A Die Zooide strecken nach der Überflutung ihre Tentakelkrone hervor und strudeln kleine Schwebepartikel ein. Das kräftige Gehäuse schützt bei Ebbe vor Austrocknung.

Aufrechtes Gallert-Moostierchen
Alcyonidium diaphanum
Kranzfühler (*Tentaculata*)
Moostierchen (*Bryozoa*)

K Aufrecht stehende, gelatinöse, lappig verzweigte Kolonie, in der Jugend keulenförmig. Einzelindividuen in der Masse eingebettet. Farbe braun, grau, gelb und grün. Höhe bis 30 cm, meist kleiner.

V Angeheftet an Hartböden, Muschelschalen und Schill; unterhalb der MTNL. Atlantik, Ärmelkanal, Nord- und westliche Ostsee.

A Flach inkrustierend sind das Flache Gallert-Moostierchen (*A. gelatinosum*) und das oberflächlich von kleinen Höckern bedeckte Rauhhaarige Gallert-Moostierchen (*A. hirsutum*). Das Schmarotzende Moostierchen (*A. parasiticum*) kann ganze Polypenstöcke überwuchern.

Rotdorniges Moostierchen
Flustrellidra hispida
Kranzfühler (*Tentaculata*)
Moostierchen (*Bryozoa*)

K Durchscheinende, gelatinöse Kolonien; Öffnungen der Zooide mit bis zu 8 rotbraunen Dornen umstanden. Zooide oval bis hexagonal; Wuchsform der Kolonien unregelmäßig und flach. Farbe schmutziggrau bis braun. Maximale Ausdehnung der Kolonien mehrere cm, Einzeltiere bis 0,5 mm.

V Auf flächigen Algen, besonders auf *Fucus serratus;* untere Gezeiten- und obere Dauerflutzone. Atlantik, Ärmelkanal, Nord-und Ostsee.

A Die Art ist als Aufwuchs auf den Algen, auf denen sie siedelt, leicht zu entdecken. Werden die freigefallenen Kolonien ins Wasser getaucht, entfalten sich schnell die Tentakelkronen der Einzelindividuen, mit denen sie kleine freischwimmende organische Partikel und Plankton herbeistrudeln und abfiltrieren.
Die helleren Zonen am Rand der Kolonien zeigen den Bereich, in dem durch ungeschlechtliche Vermehrung (Sprossung) neue Einzeltiere gebildet werden, denen die rotbraunen Dornen zunächst noch fehlen.

Bandplanarie
Prostheceraeus vittatus
Plattwürmer (*Plathelminthes*)
Strudelwürmer (*Turbellaria*)

K Gestalt länglich-oval, sehr flach. Am Vorderrand je ein Paar kleiner Augenfelder und zipfelförmiger Fortsätze; Körperrand gewellt; Farbe weiß bis cremefarben, oberseits dunkelbraune Längsstreifen. Länge bis 3 cm, selten auch größer.

V Auf Hart- und Sandböden, unter Steinen und zwischen Algen; von der Gezeitenzone an abwärts. Mittelmeer, Atlantik, Ärmelkanal, Nordsee.

A Dieser große und auffällig gefärbte Strudelwurm gleitet mit seiner von einem dichten Wimpernkleid überzogenen Haut über den Boden hinweg und jagt mit seinem vorstülpbaren Rüssel nach kleinen Würmern, Krebsen und Mollusken. Außerdem bohrt er den Mantel von Seescheiden (Ascidien) an und frißt sie teilweise aus. Besonders bemerkenswert ist das hohe Regenerationsvermögen. Schon kleine abgeschnittene Teile des Wurmes können zu einem neuen Individuum auswachsen. Es ist deshalb auch nicht verwunderlich, daß sich die Tiere regelmäßig durch Querteilung ungeschlechtlich vermehren.
Bei der geschlechtlichen Fortpflanzung legen sich die zwittrigen Partner zusammen und tauschen ihre Spermien aus. Die Eier werden portionsweise in Kokons abgelegt und an Algen befestigt. Die Entwicklung erfolgt direkt ohne Larve.

Rote Nemertine
Lineus ruber
Schnurwürmer (*Nemertini*)
(*Anopla*)

K Langgestreckte, unsegmentierte, im Durchmesser runde Wurmgestalt, nur am Kopf breiter und abgeflacht. Seitlich am Kopf je eine tiefe Spalte, oberseits 2 Augenfelder mit je 3–4 Augen. Farbe rotbraun, auf der Bauchseite etwas heller. Länge bis 10 cm.

V Unter Steinen, in den Wurzelkrallen großer Tange, auf Muschelbänken; von der Gezeitenzone an abwärts. Mittelmeer, Atlantik, Ärmelkanal, Nord- und Ostsee.

A Elastisch wie ein Gummiband verjüngt und streckt sich dieser Wurm. Bei einer Störung zieht er sich schnell zusammen und verdickt sich dabei. Beim Kriechen strecken und verdicken sich die Körperpartien abwechselnd rhythmisch, oder sie gleiten auf ihrem Wimpernkleid hinweg. Die dichtstehenden Cilien geben der Oberfläche ein samtiges Aussehen.
Schnurwürmer leben räuberisch von anderen Wirbellosen, die sie mit ihrem Rüssel angreifen und verschlingen. Vor allem im Frühjahr kann man ihre schlauchförmigen Gelege, in das die Weibchen viele mit Eiern gefüllte Kokons gelegt haben, unter Steinen beobachten.
Das Foto auf S. 185 zeigt *Tubulanus annulatus*, der vornehmlich zwischen Rotalgen lebt.

Rändel-Käferschnecke
Lepidochitona cinerea
Weichtiere (*Mollusca*)
(*Ischnochitonidae*)

K Flache, ovale Gestalt mit 8 feingeschuppten Rückenschildern und einem rundherum verlaufenden, fleischigen Mantel. Kopflappen klein, ohne Anhänge; Unterseite mit kräftiger Haft- und Kriechsohle. Farbe der Rückenschilder variabel, Muster aschfarben, braun, grün und rötlich; Mantel abwechselnd hell und dunkel pigmentiert. Länge bis 2,5 cm, meist kleiner.

V Auf Hartböden, Muschelbänken, Buhnen und in Gezeitentümpeln; von der Gezeitenzone an abwärts. Westliches Mittelmeer, Atlantik, Ärmelkanal, Nord- und westliche Ostsee.

A Dies ist die häufigste Käferschnecke unserer Breiten und zugleich die einzige, die regelmäßig in die Gezeitenzone vordringt. Sie ernährt sich überwiegend von krustenbildenden Rotalgen, die sie mit ihrer Raspelzunge (Radula) abweidet. Bei Ebbe ziehen sich die Käferschnecken in die Gezeitentümpel zurück oder suchen geschützte Stellen auf. Sobald sie trockenfallen, heften sie den feingekerbten Mantelsaum fest an den Boden und saugen sich mit dem Fuß fest, um die Ebbe zu überdauern, ohne zuviel Flüssigkeit zu verlieren. Vom Untergrund sind sie nur schwer zu lösen, ohne daß man sie verletzt. Tiere deshalb an ihrem Platz lassen!

Gelegentlich werden leere Molluskenschalen angespült, auf denen die unscheinbare Art *Leptochiton asellus* (Foto oben) sitzt. Sie wird bis zu 1,5 cm lang.

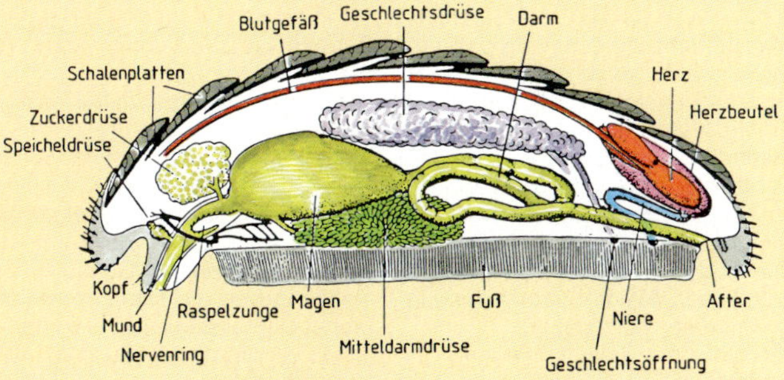

Gemeine Napfschnecke
Patella vulgata
Weichtiere (*Mollusca*)
Napfschnecken (*Patellaceae*)

K Gehäuse kegel- bis kappenförmig, mit konzentrischen Rippen und leicht nach vorne verschobener Spitze. Unterseite oval, Fuß groß und kräftig, Mantelrand von kurzen Tentakeln gesäumt; Kopf klein, mit 2 Fühlern. Schalenlänge bis 7 cm.

V Auf hartem Untergrund an exponierten Felsküsten; in der Spritzwasser- und Gezeitenzone. Westliches Mittelmeer, Atlantik, Ärmelkanal, in der Nordsee sehr selten.

A Napfschnecken sind in ihrer Lebensweise sehr speziell an die Gezeitenzone angepaßt.
Während der Überflutung kriechen sie langsam umher, weiden mit ihrer Raspelzunge Diatomeen vom Untergrund ab und fressen an großen Tangen wie z.B. *Ascophyllum* und *Fucus*.
Mit der Ebbe kehren sie auf ihrer eigenen Freßspur an ihren angestammten Platz zurück und vertreiben sogar Artgenossen, die diesen zwischenzeitlich besetzt hielten. Die Verteidigung dieser Stelle ist deshalb sinnvoll, weil der Gehäuserand paßgenau an die einmal gewählte Ruhestätte angeglichen ist und so einen vollständigen Abschluß nach außen bildet.
Die Schnecken können sich mit ihrem Fuß so kräftig festsaugen, daß sie von den Wellen nicht abgelöst werden.

Jungfräuliche Napfschnecke
Acmaea virginea
Weichtiere (*Mollusca*)
Napfschnecken (*Patellaceae*)

K Kräftiges, napf- bis kappenförmiges Gehäuse, in der Aufsicht oval. Außenseite glatt, konzentrisch gestreift; Mantelrand ohne Tentakel. Farbe weiß bis gelblich, mit rosafarbenem Anflug, bei angespülten Gehäusen oft verblichen. Länge bis 1 cm.
V Auf Hartböden, Muschelschalen und in Gezeitentümpeln; von der Gezeitenzone an abwärts. Mittelmeer, Atlantik, Ärmelkanal, Nordsee, Kattegat.
A Diese kleine Napfschnecke weidet in ihrer Umgebung krustenbildende Rotalgen ab. Zusätzlich filtriert sie aus dem Atemstrom organische Partikel.

Durchsichtige Napfschnecke
Patina pellucida
Weichtiere (*Mollusca*)
Napfschnecken (*Patellaceae*)

K Sehr dünnwandiges, in der Form napf- bis kappenartiges Gehäuse, durchscheinend und mit deutlichen konzentrischen Wachstumsringen, Spitze stark nach vorne verschoben; Innenseite irisierend. Farbe horngelb mit türkisblauen Radiärstreifen. Länge bis 2 cm.
V Auf Laminarien, von der unteren Gezeitenzone an abwärts. Mittelmeer, Atlantik, Ärmelkanal, Nordsee.
A Diese zartschalige Form weidet an und auf den großen Algen, die sie besiedelt. Neben der oben beschriebenen Varietät *P. p. pellucida* lebt an den Wurzelkrallen der gleichen Tange die dunklere und dickhäusigere Form *P. p. laevis*.

Aschgraue Kreiselschnecke, Friesenknopf
Gibbula cineraria
Weichtiere (*Mollusca*)
Kreiselschnecken (*Trochacea*)

K Kräftiges, kegelförmiges Gehäuse mit bis zu 6 wenig gewölbten Umgängen. Außenseite flach spiralig gerippt; Innenseite glatt und perlmuttrig-irisierend; Nabel wenig von der Innenlippe der Mündung verengt; Deckel rund und hornig. Farbe grau mit rot- bis violettbrauner, enger Streifung. Höhe bis 1,6 cm.

V Auf Hartböden und großen Tangen; von der Gezeitenzone an abwärts.

A Die auch als „Friesenknopf" bezeichneten Schnecken weiden an der Oberfläche ihres Standortes Diatomeen und organische Partikel ab.
Bei Niedrigwasser verkriechen sie sich in Gezeitentümpeln und unter Algen.
Zur Fortpflanzung entlassen die Weibchen nach der Befruchtung die Eier ins freie Wasser. Aus ihnen schlüpfen kleine Schwimmlarven (Veliger), die schon bald zum Bodenleben übergehen und sich zu Jungschnecken umwandeln.
Leere Gehäuse findet man häufig oberflächlich abgeschliffen im Angespül. Die darunterliegende Perlmuttschicht tritt dann deutlich hervor.
Sehr ähnlich ist die im Ärmelkanal und weiter südlich vorkommende Purpur-Kreiselschnecke (*Gibbula umbilicalis*).

Gestrichelte Buckelschnecke
Monodonta lineata
Weichtiere (*Mollusca*)
Kreiselschnecken (*Trochacea*)

K Kräftiges, kegelförmiges Gehäuse mit bis zu 6 wenig gewölbten Umgängen. Außenseite dunkelgrau und tief violett gemustert; Nabel fast völlig verdeckt; Innenlippe der Mündung mit stumpfem Vorsprung („Zahn“); Innenseite perlmuttrig-irisierend. Höhe bis 3 cm.

V Auf geschützt gelegenen Hartböden; in der mittleren und unteren Gezeitenzone. Atlantik, Ärmelkanal, in der Nordsee sehr selten.

A Diese Art ist auf den ersten Blick leicht mit *Littorina littorea* (S. 196) zu verwechseln. Als schlechter Kletterer lebt sie an flach abfallenden Küsten und weidet Diatomeen vom Boden ab.

Bunte Kreiselschnecke
Calliostoma ziziphinum
Weichtiere (*Mollusca*)
Kreiselschnecken (*Trochacea*)

K Gehäuse spitz kegelförmig, bis zu 13 spiralig gerippte Umgänge. Mündung viereckig. Farbe gelbbraun mit roten Tupfen und Streifen. Höhe bis 3 cm.

V Auf Algen sowie geschützten Fels- und Sandböden, unterhalb der MTNL und in Gezeitentümpeln. Mittelmeer, Atlantik, Ärmelkanal, Nordsee (Helgoland).

A Neben Diatomeen, die sie vom Untergrund abweiden, fressen diese Schnecken auch Nesseltiere. Im Gegensatz zu den vorangestellten Kreiselschnecken siedeln sie im Flachwasserbereich. Aus den langen Laichschnüren schlüpfen kleine, fertig ausgebildete Jungschnecken.

Dünnschalige Rissoa
Rissoa membranacea
Weichtiere (*Mollusca*)
„Kleinschnecken" (*Rissoacea*)

K Gehäuse zart, spitzkegelig, bis zu 12 gewölbte, zuweilen gerippte Umgänge. Mündung ei- bis ohrförmig mit leicht nach außen umgeschlagenem Rand. Farbe blaßgelblich bis braun, häufig mit dunklen Axialstreifen; Gestalt und Färbung insgesamt sehr variabel. Höhe bis 1 cm.
V Auf Seegraswiesen und schlanken Algen; unterhalb der MTNL. Atlantik, Ärmelkanal, Nord- und Ostsee.
A Durch das Seegrassterben der 30er Jahre wurden auch die Populationen dieser ehemals häufigen Schnecke arg dezimiert. Zu ihrer Ernährung beweidet sie die Oberfläche der bewohnten Pflanzen.

Kleine Zeltschnecke
Skeneopsis planorbis
Weichtiere (*Mollusca*)
„Kleinschnecken" (*Rissoacea*)

K Schale sehr klein und zart, Gewinde sehr flach, Nabel weit. Umgänge glatt; Mündung ± rund, Farbe mittel- bis tiefbraun. Höhe bis 1,5 mm.
V Auf fädigen und feingefächerten Algen, besonders auf *Cladophora rupestris* und in Gezeitentümpeln; von der Gezeitenzone an abwärts. Mittelmeer, Atlantik, Ärmelkanal, Nordsee.
A Diese winzige und leicht zu übersehende Schnecke grast die Oberfläche der bewohnten Algen nach Detritus und Diatomeen ab.
Aus den auf den besiedelten Algen abgelegten Eikapseln schlüpfen Jungschnecken.
Die Art ist einjährig.

Flache Grübchenschnecke
Lacuna pallidula
Weichtiere (*Mollusca*)
Strandschnecken (*Littorinacea*)

K Zartes, kugeliges Gehäuse mit bis zu 4 flachen Umgängen, letzter Umgang sehr groß. Mündung weit und ohrförmig; Nabel sehr groß und deutlich; Verschlußdeckel ± transparent; Farbe olivgrün bis braun, Nabel weiß. Höhe der Weibchen bis 1,4 cm, der Männchen bis 0,7 cm.

V Auf flächigen Algen, besonders auf *Fucus serratus*, an geschützt gelegenen Küsten; von der Gezeitenzone an abwärts. Atlantik, Ärmelkanal, Nord- und westliche Ostsee.

A Besonders auffällig an dieser kugeligen, kleinen Schnecke ist der deutliche Größenunterschied der Geschlechter.

Im Frühjahr legen sie auf die von ihnen bewohnten Algen rund bis oval geformte und etwas erhabene Gelege mit zitronengelb durchscheinenden Eiern. Aus ihnen schlüpfen voll entwickelte Jungschnecken, die innerhalb eines Jahres auswachsen, sich einmal fortpflanzen und anschließend absterben. Erwachsene Exemplare kann man deshalb am besten in den Winter- und frühen Frühlingsmonaten beobachten.
Sie ernähren sich von den besiedelten Algen und den darauf siedelnden Diatomeenrasen, indem sie diese mit der Raspelzunge (Radula) anfressen bzw. abweiden.

Gebänderte Grübchenschnecke
Lacuna divaricata (= *L. vincta*)
Weichtiere (*Mollusca*)
Strandschnecken (*Littorinacea*)

K Zartes, kegelförmiges Gehäuse mit bis zu 5 wenig gewölbten Umgängen, letzter Umgang sehr groß. Mündung weit, eiförmig, etwa 1/2 so hoch wie das Gehäuse; Nabel etwas enger als bei der vorangestellten Art. Farbe gelb mit roter Spiralbänderung oder einfarbig rotbraun, Nabel weiß. Höhe bis 1 cm.

V Auf flächigen Algen, besonders auf Laminarien, an geschützt gelegenen Küsten; von der unteren Gezeitenzone an abwärts. Atlantik, Ärmelkanal, Nord- und westliche Ostsee.

A Bei *L. divaricata* sind beide Geschlechter etwa gleich groß. Besonders auffällig erscheinen im Frühjahr die weißgelb bis rosa gefärbten, ringförmigen Eigelege, die die Schnecken auf flächigen Algen absetzen. Besonders angespülte Tange aus der Dauerflutzone sind häufig dicht besetzt mit den Laichringen. Aus den Eiern schlüpfen kleine Schwimmlarven (Veliger), die zunächst 2–3 Monate im Meer umhertreiben, bevor sie zum Bodenleben übergehen und sich zu kleinen Schnecken entwickeln.
Beide *Lacuna*-Arten sind an algenreichen Küsten recht häufig.

Gemeine Strandschnecke
Littorina littorea
Weichtiere (*Mollusca*)
Strandschnecken (*Littorinacea*)

K Dickwandiges, kegelförmiges Gehäuse mit bis zu 7 wenig gewölbten Umgängen, letzter deutlich größer als die anderen. Oberfläche mit feinen Spiral-und Zuwachsstreifen, alte Gehäuse oberflächlich abgewetzt; äußere Mündungslippe im flachen Winkel an den Gehäuserand führend. Höhe bis 4 cm.

V Auf Weich- und Hartböden in der Gezeitenzone geschützter Küstenabschnitte. Mittelmeer, Atlantik, Ärmelkanal, Nord- und westliche Ostsee.

A Als häufiger Bewohner des Wattenmeeres (S. 90) siedelt *Littorina littorea* bevorzugt auf harten Untergründen. Sie lebt als Weidegänger und grast mit ihrer Raspelzunge vom Untergrund und den Großalgen Diatomeen und organische Partikel ab. Da sie das Substrat wenig selektiv beweidet, frißt sie auch junge Keimlinge der großen Tange und Seepockenlarven weg und beeinflußt so maßgeblich die Besiedlungsmuster in ihrer direkten Umgebung. An das periodische Trockenfallen ist die Schnecke angepaßt. Sie kann problemlos einige Tage ohne Wasser überleben. Bei der Fortpflanzung entläßt das Weibchen seine Eier ins offene Meer. Die ausschlüpfenden Schwimmlarven gehen nach einiger Zeit zum Bodenleben über.

Flache Strandschnecke
Littorina obtusata (syn. *L. littoralis*) und *Littorina mariae*
Weichtiere (*Mollusca*)
Strandschnecken (*Littorinacea*)

K Dickwandiges, kugeliges Gehäuse, bis zu 5 sehr flache Umgänge. Mündung oval, dicklippig; ohne Nabel. Farbe variabel, braun, rötlich, olivgrün, orange oder gelb, häufig fein gemustert oder gebändert. Höhe bis 1,4 cm.

V An flächigen Algen, besonders auf *Fucus* spp. und *Ascophyllum nodosum;* in der mittleren und unteren Gezeitenzone, gelegentlich auch tiefer. Mittelmeer, Atlantik, Ärmelkanal.

A Erst seit etwa 20 Jahren ist bekannt, daß es sich bei der Flachen Strandschnecke um 2 Arten handelt – *L. obtusata* und *L. mariae* –, die sich in ihrer Gestalt und ihren ökologischen Ansprüchen nur sehr gering unterscheiden. Sie sind deshalb im Freiland auch kaum auseinanderzuhalten. In der Tendenz siedelt *L. mariae* tiefer als *L. obtusata.* In ihrer Verbreitung innerhalb der Gezeitenzone sind beide Arten offensichtlich maßgeblich an die Großalgen, auf denen sie leben und von denen sie sich auch ernähren, gebunden.
Beide Formen setzen auf den von ihnen besiedelten Tangen ovale bis nierenförmige Gebilde mit vielen gelb durchscheinenden Eiern ab. Aus ihnen schlüpfen fertige Jungschnecken, die sofort geschütztere Standorte aufsuchen.

Rauhe Strandschnecke
Littorina saxatilis
Weichtiere (*Mollusca*)
Strandschnecken (*Littorinacea*)

K Spitzes, dickwandiges Gehäuse mit bis zu 5 gewölbten Umgängen. Mündung oval und dicklippig; äußere Mündungslippe ± im rechten Winkel an das Gehäuse führend, Farbe variabel brauntönig. Höhe 1,6 cm.

V An Felsen und Hafenmolen, in Ritzen und Höhlen der Spritzwasser- und oberen Gezeitenzone. Mittelmeer, Atlantik, Ärmelkanal, Nord- und westliche Ostsee.

A Rauhe Strandschnecken bleiben in ihrer Verbreitung auf harte Untergründe mit Ritzen, Spalten und Nischen begrenzt.
Im Gegensatz zu den anderen Strandschnecken gibt diese Art auch ihre Eier nicht nach außen ab, sondern behält sie so lange in der Mantelhöhle, bis daraus vollentwikkelte Jungtiere schlüpfen. Als Nahrung werden Diatomeen, Blaualgen und Flechten abgeweidet.
An den heimischen Küsten kommen 2 Varietäten vor: *L. s. rudis* (Foto) mit deutlichen Spiralrippen und die zarthäusigere, kleinere *L. s. saxatilis.* Während die kleine Form noch bis 2 m über der MTNL im Spritzwasserbereich vorkommt, besiedelt die größere Form *L. s. rudis* überwiegend die obere Gezeitenzone.
Sehr ähnlich ist die am Ärmelkanal vorkommende Schwarzgebänderte Strandschnecke (*L. nigrolineata*).

Spitze Strandschnecke
Littorina neritoides
Weichtiere (*Mollusca*)
Strandschnecken (*Littorinacea*)

K Dickwandiges, spitzkegeliges Gehäuse mit bis zu 6 schwach gewölbten Umgängen; letzterer sehr groß. Oberfläche blaugrau mit vielen Zuwachsstreifen; Mündung oval, äußere Mündungslippe mit flachem Winkel an den Gehäuserand führend. Höhe bis 9 mm.

V Auf harten, nischen- und höhlenreichen Untergründen, in der Spritzwasserzone bis 6 m oberhalb der MTHL. Mittelmeer, Atlantik, Ärmelkanal, an der Nordsee selten.

A Von allen Strandschnecken siedelt diese Art im Gezeitenbereich am höchsten. Wenig Spritzwasser oder sehr hohe Luftfeuchtigkeit genügen ihr zum Überleben. Die stark durchblutete Mantelhöhlenwand hat die Funktion einer Lunge übernommen. Bei zu hohem Flüssigkeitsverlust (Wärme) verschließen die Schnecken mit dem Deckel das Gehäuse. Während der ausgedehnten Ruhephasen kommt ihr Stoffwechsel fast zum Erliegen, und sie verkriechen sich in Ritzen, Höhlen und leeren Seepockengehäusen. Sobald sie wieder aktiv werden, weiden sie Blaualgen und Flechten in der Umgebung ab.
Zur Fortpflanzung geben die Weibchen ihre Eier in direkter Synchronisation mit den Springtiden ins freie Wasser. Hochsiedelnde Tiere kriechen dazu kurzzeitig tiefer hinab.

Nordische Purpurschnecke
Nucella lapillus
Weichtiere (*Mollusca*)
Stachelschnecken (*Muricidae*)

K Dickwandiges Gehäuse mit bis zu 6 schwachgewölbten Umgängen, letzterer sehr groß. Oberfläche mit kräftigen Spiral- und axialen Zuwachsstreifen; Mündung relativ klein, mit dicker, gezähnelter Außenlippe und kurzer Siphonalrinne. Farbe weißlich, gelb, aschgrau oder grünlich, zuweilen dunkel gebändert. Höhe bis 4 cm.

V An geschützten Felsküsten, Hafenmolen und auf Miesmuschelbänken; in der Gezeitenzone, gelegentlich tiefer. Atlantik, Ärmelkanal, an der Nordsee und lokal anzutreffen (Helgoland).

A Ihren Namen verdanken die Purpurschnecken einer Drüse am Mantelhöhlendach, die ein Sekret ausscheidet, das in der Sonne von Gelb über Grün und Blau nach Purpur und Violett umschlägt. Der intensive Farbstoff war im Mittelalter so begehrt, daß die Schnecken in großen Mengen gesammelt und wirtschaftlich genutzt wurden.
Die Nordische Purpurschnecke ernährt sich räuberisch. Mit ihrer Raspelzunge bohrt sie Muscheln und Seepocken an und frißt sie vollständig aus.
Nur wenige der vielen in den Eikapseln enthaltenen Eier sind befruchtet, der Rest dient den sich im Kokon entwickelnden Jungschnecken als Nahrung.

Hermaea dendritica
Weichtiere (*Mollusca*)
Schlundsackschnecken
(*Saccoglossa*)

K Schlanker Körper mit vielen Rükkenanhängen und 2 gerollten Kopffühlern. Farbe weiß mit vielen grünen, unter der Haut liegenden und daher durchschimmernden Verästelungen der Mitteldarmdrüse. Länge bis 11 mm.

V Auf siphonalen Grünalgen; unterhalb der MTNL und in Gezeitentümpeln. Mittelmeer, Atlantik, Nordsee, selten.

A *Hermaea dendritica* ernährt sich von den Algen, auf denen sie lebt, indem sie sie anbohrt und vollständig aussaugt. Die Pigmentorganellen (Chloroplasten) werden unverdaut in den Ästen der Mitteldarmdrüsen funktionstüchtig eingelagert.

Elysia viridis
Weichtiere (*Mollusca*)
Schlundsackschnecken
(*Saccoglossa*)

K Körper gestreckt; je 2 deutlich eingerollte Kopffühler, ein Paar dunkle, in einem helleren Feld abgesetzte Augen. Rücken beiderseits mit kurzflügeligen Lappen. Farbe grün, braun bis fast schwarz, hell leuchtende blaue, grüne und rote Sprenkel. Länge bis 4,5 cm, meist kleiner.

V Auf Algen und Seegras; von der Gezeitenzone an abwärts. Mittelmeer, Atlantik, Ärmelkanal und Nordsee.

A Die Ernährung erfolgt wie bei *Hermaea dendritica* über symbiontische Pigmentorganellen, die aus Algenzellen gesaugt werden.

Bäumchenschnecke
Dendronotus frondosus
Weichtiere (*Mollusca*)
Nacktkiemer (*Nudibranchia*)

K Körper gestreckt mit bis zu 9 Paar baumartig verästelter Rückenanhänge. Kopffühler mit lamellierter, keulenförmiger Spitze, sonst wie die Rückenanhänge. Farbe milchigweiß bis grau, Zeichnung und Sprenkelung variabel braun, rot und weiß. Länge bis 10 cm.

V An Polypenstöcken; unterhalb der MTNL und in Gezeitentümpeln. Atlantik, Ärmelkanal, Nordsee.

A Diese bizarren Nacktschnecken ernähren sich von Hydroidstöcken, die sie systematisch abweiden. Die filigranen Anhänge lösen die Körperkontur auf und bieten so eine ausgezeichnete Tarnung.

Gestreifte Hörnchenschnecke
Polycera quadrilineata
Weichtiere (*Mollusca*)
Nacktkiemer (*Nudibranchia*)

K Schlanker Körper mit 4spitzigem Stirnsegel und 2 keulenförmigen, am Ende lamellierten Kopffühlern. Rückenseite mit gefiedertem Kiemenkranz, seitlich davon 2 spitze Anhänge. Farbe weiß mit orangegelben Flecken, Linien und Anhangsspitzen. Länge bis 3,8 cm.

V Auf Algen und Hartböden; unterhalb der MTNL und in Gezeitentümpeln. Mittelmeer, Atlantik, Ärmelkanal, Nordsee und westliche Ostsee.

A Diese Nacktschnecke ernährt sich von Moostierchen, insbesondere von *Electra pilosa*. Zur eigenen Feindabwehr produziert sie saure Sekrete in ihrer Haut.

Braungefleckte Warzenschnecke
Onchidoris bilamellata
Weichtiere (*Mollusca*)
Nacktkiemer (*Nudibranchia*)

K Plumper, ovaler Körper mit 2 lamellierten Kopffühlern und bis zu 30 in einem Kranz stehenden Federkiemen. Oberfläche mit vielen kugeligen bis keulenförmigen Papillen. Farbe blaß mit großen braunen Flekken. Papillen überwiegend blaß bis rosa. Länge bis 4 cm.
V Auf Hartböden und Muschelbänken; von der Gezeitenzone an abwärts. Atlantik, Ärmelkanal, Nordsee.
A Diese durch ihre Färbung hervorragend getarnte Art ernährt sich von Seepocken, die sie anbohrt und ausfrißt. Junge Schnecken bevorzugen dagegen inkrustierende Moostierchen, z. B. *Cryptosula pallasiana*.

Weichwarzige Sternschnecke
Acanthodoris pilosa
Weichtiere (*Mollusca*)
Nacktkiemer (*Nudibranchia*)

K Körper plump oval mit 2 einziehbaren, lamellierten, von flachen, spitz gezähnten Kragen umsäumten Kopffühlern. Rücken bedeckt mit vielen spitzen Papillen; After umstanden von einem zurückziehbaren Kiemenkranz. Farbe weiß, grau oder dunkelbraun. Länge bis 5 cm.
V Auf Hartböden, Molluskenschalen und Algen, von der Gezeitenzone an abwärts. Mittelmeer, Atlantik, Ärmelkanal, Nord- und westliche Ostsee.
A Die Tiere fressen nur an Moostierchen der Gattungen *Flustrellidra* und *Alcyonidium*, sind also ebenfalls Nahrungsspezialisten.

Meerzitrone
Archidoris pseudoargus
Weichtiere (*Mollusca*)
Nacktkiemer (*Nudibranchia*)

K Plumper, ovaler Körper mit 2 lamellierten Kopffühlern und vollständig zurückziehbarem Kiemenkranz am hinteren Rücken. Oberfläche des Mantels mit vielen kugeligen Papillen. Farbe variabel, meist gelb mit unregelmäßig braunen, roten und grünblauen Flecken; Kiemenkranz einfarbig gelb, rot, blau oder grau. Länge bis 12 cm.

V Auf Hartböden, unter Steinen und an Hafenmolen; von der Gezeitenzone an abwärts. Mittelmeer, Atlantik, Ärmelkanal und Nordsee.

A Durch ihre unregelmäßige Färbung und warzige Oberfläche ist die Meerzitrone in ihrem Lebensraum hervorragend getarnt. Wird sie als mögliche Beute gegriffen und verschluckt, drückt sie aus der Haut ein saures Sekret (pH 1–3) und wird deshalb schnell wieder ausgespien. Ihre Nahrung besteht aus Schwämmen, insbesondere dem Brotkrumenschwamm (*Halichondria panicea*). Zur Befruchtung legen sich die zwittrigen Partner mit ihren Geschlechtsöffnungen aneinander und tauschen ihre Samen aus. Die im Frühling auf harten Untergründen oder Algen abgelegten Laichbänder sind spiralig gewunden und enthalten bis zu 300 000 Eier. Aus ihnen schlüpfen freischwimmende Schwimmlarven, aus denen die neue Generation hervorgeht.

Violette Fadenschnecke
Coryphella pedata
Weichtiere (*Mollusca*)
Nacktkiemer (*Nudibranchia*)

K Schlanker Körper mit vielen in paarigen Wirteln angeordneten Rückenanhängen und je 2 an der Oberfläche leicht runzligen Kopffühlern und Mundtentakeln. Fuß am Vorderrand in 2 spitzen Mundlappen auslaufend. Farbe rotviolett, Rückenanhänge und Fühler an der Spitze weiß. Länge bis 4 cm.

V Auf Polypenstöcken und Algen; unterhalb der MTNL und in Gezeitentümpeln. Mittelmeer, Atlantik, Ärmelkanal, Nordsee (Helgoland).

A Diese farbintensive Nacktschnecke ernährt sich sehr speziell von nur wenigen koloniebildenden Hydropolypen, deren Stöcke sie systematisch abweidet.

Milchige Fadenschnecke
Coryphella pellucida
Weichtiere (*Mollusca*)
Nacktkiemer (*Nudibranchia*)

K Schlanker Körper mit sehr langen Rückenanhängen und je 1 Paar glatten Kopffühlern und Mundtentakeln. Fuß am Vorderrand in 2 Spitzen auslaufend. Farbe milchig durchscheinend mit karmesinroten Ausläufern der Mitteldarmdrüse in den Rückenanhängen, an allen Körperspitzen kräftig weiß. Länge bis 4 cm.

V Auf Hydroidpolypen und Algen; von der unteren Gezeitenzone an abwärts; Atlantik, Ärmelkanal, Nordsee (Helgoland).

A Diese Art ernährt sich ebenfalls von stockbildenden Hydroidpolypen.

Sehr ähnlich ist *Facelina coronata* mit lamellierten Kopffühlern.

Breitwarzige Fadenschnecke
Aeolidia papillosa
Weichtiere (*Mollusca*)
Nacktkiemer (*Nudibranchia*)

K Körper schlank; bis zu 200 Rückenanhängen; mittlerer und vorderer Rücken frei. Kopffühler oberflächlich glatt und kürzer als die spitzen Mundtentakel. Farbe grau bis rotbraun, Rückenanhänge häufig noch dunkler. Länge bis 12 cm.

V Auf Felsen, an Hafenbauten und Algen; von der Gezeitenzone an abwärts. Atlantik, Ärmelkanal, Nord- und westliche Ostsee.

A Diese große Fadenschnecke ernährt sich von Blumentieren, die sie zielstrebig aufsucht und anfrißt. Wie bei fast allen Fadenschnecken ist auch hier ein Abwehrmechanismus entwickelt, der in unmittelbarem Zusammenhang mit der Nahrung entstanden ist. Ihre Beutetiere enthalten alle Nesselkapseln, die unversehrt aufgenommen, in die Spitzen der Rückenanhänge transportiert und dort im Gewebe gespeichert werden. Wird die Schnecke selbst als Opfer gegriffen, platzen die Spitzen auf, und die Nesselkapseln werden nach außen entleert, explodieren in der Mundhöhle des Angreifers und rufen heftige Reizungen hervor, die Schnecke wird wieder ausgespien. Die Fortpflanzung der Fadenschnecken erfolgt wie bei *Archidoris pseudoargus* (S. 205). Das Gelege besteht aus einem spiralig aufgewundenen, langen Laichband (siehe Foto rechts).

Sattelmuschel
Anomia ephippium
Weichtiere (*Mollusca*)
Zwiebelmuscheln (*Anomiidae*)

K Schalenklappen ± rund und ungleich. Rechte (untere) Klappe flach, mit rundem Ausschnitt, linke (obere) Klappe gewölbt, oberflächlich mit blättriger, konzentrischer Skulptur, häufig von Hydroidstöcken, Wurmröhren und Moostierchen bedeckt. Länge 5 cm.

V Auf Hartböden und Muschelschalen; von der Gezeitenzone an abwärts. Atlantik, Ärmelkanal, Nordsee.

A Die Tiere heften sich mit verkalkten und durch das Loch der linken Klappe führenden Byssusfäden fest und passen die Schalenränder dem Untergrund an. Sie leben von organischen Partikeln und Plankton.

Eßbare Miesmuschel
Mytilus edulis
Weichtiere (*Mollusca*)
Miesmuscheln (*Mytilidae*)

K Kräftige, vorne zugespitzte, hinten verbreiterte, gerundete Schalenklappen. Innenseite weiß mit dunklem Rand; Außenseite mit dunkler Oberhaut und konzentrischer Skulptur. Farbe dunkelbraun bis blaugrau. Länge bis 10 cm.

V Auf Sand- und Hartböden, an Seetonnen und Buhnen; von der Gezeitenzone an abwärts. Mittelmeer, Atlantik, Ärmelkanal, Nord- und Ostsee.

A Näheres siehe Seite 92/93.
Sehr ähnlich ist die bis zu 14 cm lange Pferdemuschel (*Modiolus modiolus*), die in der Nordsee bei Helgoland regelmäßig vorkommt (siehe Seite 209).

Pferdemuschel
Modiolus modiolus
Weichtiere (*Mollusca*)
Miesmuscheln (*Mytilidae*)

K In der Form ähnlich der Miesmuschel, doch nach vorne nicht so stark zugespitzt. Wirbel etwas stärker zur Mitte verschoben. Schloß ohne Zähne. Außenseite mit tiefbrauner bis schwarzer Oberhaut. Innenseite schmutzigweiß. Länge bis 13 cm.

V Auf Schill-, Grobsand- und Hartböden; unterhalb der MTNL. Mittelmeer, Atlantik, Ärmelkanal, Nord- und westliche Ostsee.

A Während die Pferdemuscheln an unserer heimischen Küste nur verstreut vorkommen, bilden sie bei Großbritannien große Muschelbänke. In ihrer Mantelhöhle lebt häufig der Muschelwächter (*Pinnotheres pisum*, S. 230).

Gemeiner Felsenbohrer
Hiatella rugosa
Weichtiere (*Mollusca*)
Felsenbohrer (*Hiatellidae*)

K Schalenklappen unregelmäßig; Mantellinie undeutlich. Farbe schmutzigweiß. Länge bis 5 cm.

V In weichen Gesteinen wie Muschelkalk, Kreide und Buntsandstein; von der Gezeitenzone an abwärts. Mittelmeer, Atlantik, Ärmelkanal, Nordsee (Helgoland).

A Die Muscheln bohren sich mit den Schalenklappen ins Gestein ein. Zur Unterstützung dienen Säure-produzierende Drüsen zum Anlösen der Sedimente.

Nahe verwandt ist der Nordische Felsenbohrer (*H. arctica*), der sich nicht ins Gestein einbohrt, sondern sich mit Byssusfäden in Gesteinsritzen festheftet.

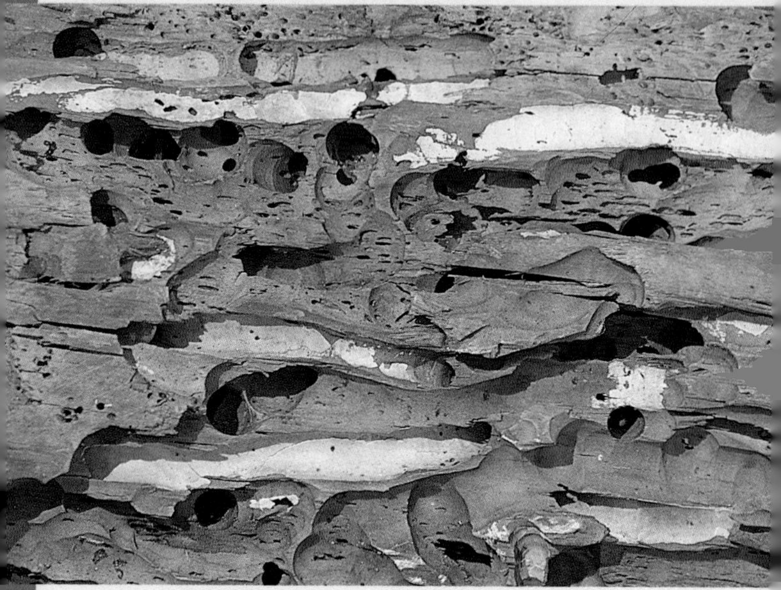

Gemeiner Schiffsbohr-„Wurm“
Teredo navalis
Weichtiere (*Mollusca*)
Schiffsbohr-„Würmer“ (*Teredinidae*)

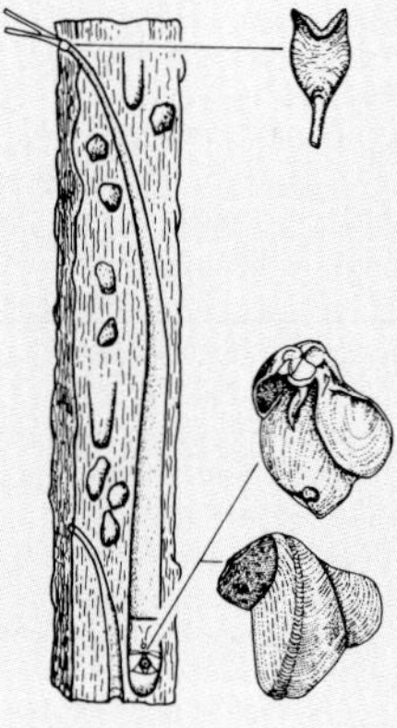

K Schalenklappen stark reduziert und als Bohrwerkzeug umfunktioniert. Weichkörper wurmförmig, hinten 2 Klappen zur Abdichtung der mit einer Kalktapete ausgekleideten Wohnröhre. Länge bis 30 cm, Schalenklappen bis 1 cm.

V In Holzmolen, Buhnen, treibenden Planken und Schiffsrümpfen; von der Gezeitenzone an abwärts; weltweit verbreitet.

A Diese völlig umgestaltete Muschel bohrt in dem befallenen Holz und ernährt sich auch davon. Als eine der wenigen Tierarten kann sie die pflanzlichen Zellwände ohne Hilfe symbiontischer Darmbakterien chemisch spalten und verdauen.

Gemeiner Schuppenwurm
Harmothoe imbricata
Borstenwürmer (*Polychaeta*)
Schuppenwürmer (*Polynoidea*)

K Flacher, gestreckter Körper mit bis zu 15 Paar Rückenschuppen. Kopf- und Schwanzanhänge wie beim Flachen Schuppenwurm. Vorderes Augenpaar auf der Unterseite des Kopfes. Farbe variabel, häufig mit breitem Rückenstreifen. Länge bis 6,5 cm.

V Auf Sand- und Hartböden, Muschelbänken und Algen; von der Gezeitenzone an abwärts. Atlantik, Ärmelkanal, Nord- und Ostsee.

A Sehr ähnlich ist der bis zu 3 cm lange Fransige Schuppenwurm (*H. impar*), dessen 1. Augenpaar seitlich am Kopf liegt. Schuppenwürmer ernähren sich räuberisch von kleinen Wirbellosen.

Flacher Schuppenwurm
Lepidonotus squamatus
Borstenwürmer (*Polychaeta*)
Schuppenwürmer (*Polynoidea*)

K Flacher, gestreckter Körper mit 12 Paar Rückenschuppen, 2 langen Schwanzcirren, 2 spitzen, langen Palpen und (7 × 2 + 1) schlanken Tentakelcirren; Kopfrücken mit 4 im Trapez angeordneten Augen. Länge bis 2,5 cm, meist kleiner.

V Auf Sand- und Hartböden, Muschelbänken und Algen; von der Gezeitenzone an abwärts. Atlantik, Ärmelkanal, Nord- und westliche Ostsee.

A Die Rückenschuppen bieten den Tieren einen gewissen Tarnschutz, wenn sie sich flach an den Untergrund drücken. Bei heftiger Reizung können sie ihre Schuppen auch abwerfen.

Grüner Blattwurm
Eulalia viridis
Borstenwürmer (*Polychaeta*)
Ruderwürmer (*Phyllodocidae*)

K Langgestreckter Körper mit bis zu 200 Segmenten, fast jedes mit 1 Paar blattartig erweiterter Stummelfüße. Kopf mit 2 dunklen Augen, 5 (2×2 + 1) kurzen Antennen und 4 Paar Tentakelcirren; am Hinterende 2 lanzettförmige Anhänge. Farbe hell- bis tiefgrün. Länge 15 cm.

V An Algen, auf Muschelbänken, Hart- und Sandböden; von der Gezeitenzone an abwärts. Mittelmeer, Atlantik, Ärmelkanal, Nord- und westliche Ostsee.

A Die Würmer leben räuberisch von Mollusken, Würmern und Krebsen. Vor der Eiablage im Frühjahr sind die Weibchen intensiver grün gefärbt als die Männchen.

Schwimmender Seeringelwurm
Nereis pelagica
Borstenwürmer (*Polychaeta*)
Seeringelwürmer (*Nereidae*)

K Langgestreckter Körper mit bis zu 100 Segmenten, jedes mit 1 Paar Stummelfüßen. Kopf mit 2 gewölbten Palpen, 2 kurzen Kopfantennen, 4 Paar Tentakelcirren und 4 Augen. Stummelfüße mit weit überstehendem Rückencirrus; Hinterende mit 2 langen Cirren. Farbe grün, gelb, braun, rot bis violett. Länge bis 15 cm.

V Auf Hart- und Sandböden, Muschelbänken und in den Wurzelkrallen großer Algen; von der Gezeitenzone an abwärts. Mittelmeer, Atlantik, Ärmelkanal, Nord- und westliche Ostsee.

A Ernährt sich überwiegend von marinen Wirbellosen, die er mit seinem kieferbewehrten Rüssel greift.

Gewöhnlicher Polydora-Wurm
Polydora ciliata
Borstenwürmer (*Polychaeta*)
(*Spionidae*)

K Langgestreckter Körper mit bis zu 180 Segmenten, schwach eingeschnittenem Kopflappen und 4 im Trapez angeordneten Augen. Jedes Segment mit kleinen beborsteten Stummelfüßen, 5. Segment mit kräftigen, nach innen versenkbaren Grabborsten. Farbe gelb bis braun. Länge 3 cm. Vgl. Seite 110.

V In Hartböden, Molluskenschalen, Holz und Röhrenpolstern, zwischen den Wurzelkrallen großer Algen; von der Gezeitenzone an abwärts. Mittelmeer, Atlantik, Ärmelkanal, Nord- und westliche Ostsee.

A Dieser Wurm gräbt U-förmige und durch ein Sekret verklebte Wohnröhren in harte Untergründe.

Posthörnchenwurm
Spirorbis spirorbis
Borstenwürmer (*Polychaeta*)
Kalkröhrenwürmer (*Serpulidae*)

K Körper asymmetrisch, Kopf mit gestieltem Verschlußdeckel und verzweigter Tentakelkrone. Bildet runde, glattwandige Kalkröhren, von der Aufsicht her rechtsgewunden. Durchmesser der Röhre bis 3,5 mm.

V Auf Algen, besonders *Fucus*, selten auf Hartböden; von der Gezeitenzone an abwärts. Mittelmeer, Atlantik, Ärmelkanal, Nord- und Ostsee.

A Der im Vorkommen auf bestimmte Algen spezialisierte Wurm filtriert seine Nahrung aus dem Wasser. Die Röhre bietet zwar mechanischen Schutz, doch verhindert sie nicht Überwachsungen durch Moostierchen.

 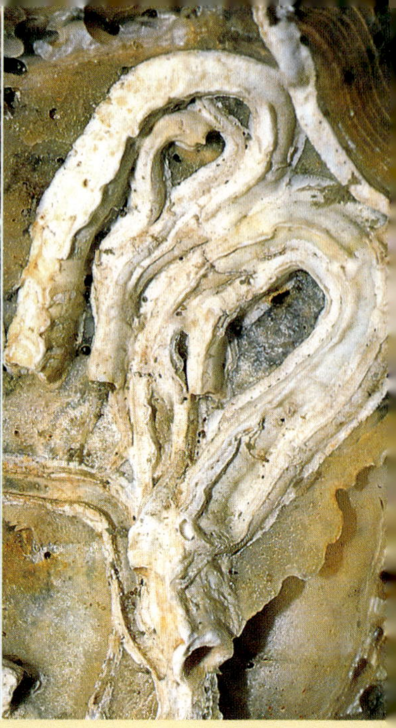

Dreikantröhrenwurm
Pomatoceros triqueter
Borstenwürmer (*Polychaeta*)
Kalkröhrenwürmer (*Serpulidae*)

K Asymmetrischer Körper mit zweigeteilter, gefiederter Tentakelkrone und gestieltem Verschlußdeckel am Kopf. Kalkröhren mit aufsitzendem Längskiel, nach hinten verjüngt. Außenseite glatt, mit schwachen Wachstumsstreifen. Tentakelkrone variabel weiß, blau, gelb, rosa, orange, rot oder braun quergestreift. Länge bis 2,5 cm, Röhren länger.

V Auf Hartböden und Muschelschalen; von der Gezeitenzone an abwärts. Mittelmeer, Atlantik, Ärmelkanal, Nord- und Ostsee.

A Dreikantröhrenwürmer gehören zum häufigen Bewuchs von Schiffen, Bojen, Hafenmolen und Förderplattformen. An überhängenden, wenig sedimentierten Felshängen können die Röhren dichte Polster („Riffe") bilden, in denen sich wiederum reichhaltige Tiergemeinschaften ansiedeln, die sehr artenreich auf engstem Raum zusammenleben.
Zu ihrer Ernährung filtrieren die Würmer mit Hilfe ihrer feingefiederten Tentakelkrone Plankton und organische Partikel aus dem Wasser heraus. Bei Gefahr ziehen sie sich blitzschnell in ihre Röhre zurück und verschließen diese mit ihrem gestielten Deckelverschluß. Dieses Verhalten macht sie für Freßfeinde nahezu unangreifbar.

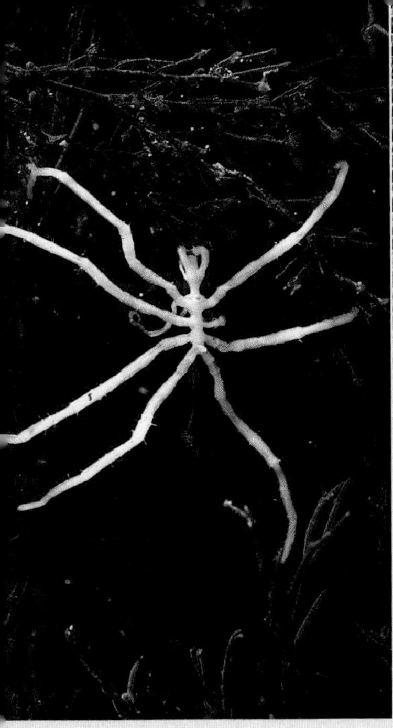

Zierliche Asselspinne
Nymphon rubrum
Spinnentiere (*Chelicerata*)
Asselspinnen (*Pantopoda*)

K Reduzierter Rumpf mit 4 sehr langen, in Krallen endenden Beinpaaren. Vorderende mit Rüssel, sowie je 1 Paar Scherenfüße und Fühler; Unterseite der Männchen mit zwei Eiträgern. Farbe durchscheinend weiß bis kräftig grün und rot. Länge bis 1 cm, Beine bis 2,5 cm.
V Auf Algen, Polypenstöcken und Moostierchen; von der Gezeitenzone an abwärts. Mittelmeer, Atlantik, Ärmelkanal, Nordsee.
A Mit langsamen, behäbigen Schritten bewegen sich Asselspinnen fort und fressen mit ihrem Rüssel an Hydropolypen und Moostierchen. Die etwa 16 heimischen Arten sind nur schwer zu bestimmen.

Knotige Asselspinne
Pycnogonum littorale
Spinnentiere (*Chelicerata*)
Asselspinnen (*Pantopoda*)

K In der Körpergestalt ähnlich der nebenstehenden Art; Rumpf, Beine und Rüssel jedoch viel kräftiger. Scherenfüße und Fühler fehlen; Rücken mit knotigen Auswüchsen. Farbe hellgelb bis braun. Körperlänge bis zu 2 cm.
V Auf Algen, Polypenstöcken, Blumentieren und Moostierchen, auch auf Hartböden, von der Gezeitenzone an abwärts. Atlantik, Ärmelkanal, Nordsee.
A Saugt mit ihrem Rüssel besonders Blumentiere und Moostierchen an. Bei allen Asselspinnen sind große Anteile des Verdauungstraktes und der Hoden bzw. der Eierstöcke in die Beine verlegt.

Gemeine Seepocke
Semibalanus balanoides
Krebse (*Crustacea*)
Rankenfüßer (*Cirripedia*)

K Flache, konische Form aus 6 unregelmäßig gekerbten Kalkplatten und 2 Paar Verschlußklappen. Öffnung rhombisch; Grundplatte membranös; Wuchsform variabel. Farbe schmutzigweiß. Durchmesser bis 1,5 cm.

V Auf Hartböden aller Art, Molluskenschalen, Schiffsrümpfen, Krebspanzern und Algen; von der unteren Spritzwasserzone bis in die obere Dauerflutzone. Atlantik, Ärmelkanal, Nord- und westliche Ostsee.

A Diese stark abgewandelten Krebse sind an unseren Küsten fast überall anzutreffen. Sobald sie unter Wasser getaucht werden, strecken sie ihre gefiederten Fangarme heraus und filtrieren mit rhythmischen Bewegungen kleine Schwebepartikel aus dem Wasser. Wenn sie aber trockenfallen, verschließen sie ihr Gehäuse fest und können so tagelang ohne Wasser ausharren. Extreme Temperatur- und Salzgehaltschwankungen ertragen sie schadlos. Ihre flächendeckende Besiedlungsdichte an wellenexponierten Standorten führt zu den charakteristischen Seepockenbändern nahe der MTHL.
Aus den Eiern der zwittrigen Seepocken schlüpfen Nauplius-Larven. Diese wandeln sich zur Cypris-Larve um und setzen sich mit einer Zementdrüse am Untergrund fest.

Gekerbte Seepocke
Balanus crenatus
Krebse (*Crustacea*)
Rankenfüßer (*Cirripedia*)

K In der Form ähnlich der voran beschriebenen Art; zwischen den Kalkplatten deutliche Kerben. Oberfläche ± glatt; Grundplatte kalkig; Verschlußklappen mit feinen Parallelrippen, innen purpur und gelb gefärbt; Öffnung rhombisch; Farbe (schmutzig-) weiß. Durchmesser bis 2 cm.

V Auf Felsen, Muschelschalen, Molen und Schiffsrümpfen; von der unteren Gezeitenzone an abwärts. Atlantik, Ärmelkanal, Nord-und westliche Ostsee.

A Sehr ähnlich ist die an der Ostsee häufige Brackwasser-Seepocke (*B. improvisus*). Ihre Verschlußklappen sind innen weiß und purpur gestreift.

Große Seepocke
Balanus balanus
Krebse (*Crustacea*)
Rankenfüßer (*Cirripedia*)

K Hohe, spitz zulaufende Form mit 6 kräftig geriefelten Kalkplatten. Öffnung eng, fast dreieckig. Grundplatte verkalkt, am Rand spitz gebuchtet. Farbe schmutzigweiß. Durchmesser bis 5 cm.

V Auf Muschelschalen, Krebspanzern und Hartböden; unterhalb der MTNL. Nördlicher Atlantik, Ärmelkanal, Nord- und westliche Ostsee.

A Die größte heimische Seepocke bleibt in ihrer Verbreitung auf die Dauerflutzone beschränkt. Bevorzugter Standort sind die Schalen von großen Mollusken.
Auf ihrer Oberfläche setzen sich wiederum andere Organismen (z. B. Kalkröhrenwürmer) fest.

Australische Seepocke
Elminius modestus
Krebse (*Crustacea*)
Rankenfüßer (*Cirripedia*)

K Flache, konische Form mit 4 ± glatten Kalkplatten, am Rand leicht geschwungen. Öffnung rhombisch mit 4 Verschlußklappen; Grundplatte membranös. Farbe (schmutzigweiß). Durchmesser bis 1 cm.
V Auf Hartböden aller Art, Molluskenschalen, Algen und Schiffsrümpfen; von der oberen Gezeitenzone an abwärts. Atlantik, Ärmelkanal, Nordsee.
A Vermutlich während des 2. Weltkrieges von Australien an Schiffsrümpfen angeheftet nach Europa verschleppt, breitet sich seitdem rasch aus. An der Nordseeküste werden die Bestände jedoch immer wieder durch harte Eiswinter dezimiert.

Meerwarze
Verruca stroemia
Krebse (*Crustacea*)
Rankenfüßer (*Cirripedia*)

K Flache, konische Form mit 4 sehr kräftigen, unregelmäßig gerippten Kalkplatten. Öffnung unregelmäßig, etwa oval, 2 Verschlußklappen; Grundplatte membranös. Farbe weiß, grau oder bräunlich. Durchmesser bis 1 cm, meist kleiner.
V Auf geschützt gelegenen Hartböden und Muschelschalen; von der Gezeitenzone an abwärts. Mittelmeer, Atlantik, Ärmelkanal, Nordsee.
A Die Meerwarze ist eng verwandt mit den „Entenmuscheln", die als gestielte Rankenfüßer an Treibholz, Schiffen und Bojen festhaften. In direkte Küstennähe kommen diese Formen nur durch angespülte Planken.

Parasitischer Wurzelkrebs
Sacculina carcini
Krebse (*Crustacea*)
Rankenfüßer (*Cirripedia*)

K Lebt als Parasit in Krabben. Körper als weit verzweigtes, nach außen hin unsichtbares Geflecht. Weibchen mit äußerem Brutsack zwischen Unterkörper und Schwanz des befallenen Krebses (siehe Foto links). Oberfläche glatt. Farbe gelb. Durchmesser bis 2 cm, meist aber kleiner.

V Nur an bzw. in Krabben, besonders bei *Carcinus maenas* und *Liocarcinus holsatus.*

A Wurzelkrebse haben durch ihre parasitische Lebensweise einen vollkommenen Gestaltswechsel erfahren. Daß sie in die Gruppe der Rankenfüßer gehören, ist nur noch anhand ihrer Larvalentwicklung festzustellen, währenddessen die erwachsenen Tiere sich völlig umgebildet haben.

Um von der Krabbe bei deren regelmäßiger Häutung nicht in Mitleidenschaft gezogen zu werden, hindern sie diese – indem sie im fortgeschrittenen Stadium ihren Hormonhaushalt manipulieren – an der Ausbildung eines neuen Panzers und damit auch am weiteren Wachstum. Infolgedessen kann der Panzer von vielen festsitzenden Organismen auch als Siedlungsfläche genutzt werden.

Die Fotos zeigen beide die gleiche befallene Schwimmkrabbe (*Liocarcinus holsatus*, siehe auch S. 232).

Flohkrebs
Gammarus spp.
Krebse (*Crustacea*)
Flohkrebse (*Amphipoda*)

K Körper seitlich zusammengedrückt, leicht gekrümmt; 2 lange Antennenpaare, das 1. länger und mit kleinem Seitenast. Hinterleib mit 3 rückwärts gerichteten Sprung- und Schwimmbeinen; Augen nierenförmig. Farbe sehr variabel, zuweilen mit Streifen und Flecken. Länge bis 2,7 cm, Weibchen kleiner.
V Auf Sand- und Hartböden, Muschelbänken und an Algen; von der Gezeitenzone an abwärts. Überall an Europas Küsten.
A Die Gattung *Gammarus* ist sehr schwer zu bestimmen. An den heimischen Küsten existieren mindestens 8 Arten. Sie alle fressen Diatomeen, Detritus und an Algen.

Sichel-Strandfloh
Jassa falcata
Krebse (*Crustacea*)
Flohkrebse (*Amphipoda*)

K Körper abgeflacht, hinten deutlich gekrümmt; 2 kräftige, lange Antennenpaare, 1. nur etwa $^2/_3$ so lang wie das 2. Paar. Männchen mit großen Scheren am Ende des 2. Laufbeinpaares; Augen rund. Farbe blaßgelb mit rotbrauner Fleckung. Länge bis 11 mm, Weibchen kleiner.
V An Algen, auch im Bewuchs von Bojen, Schiffsrümpfen und Molen; von der Gezeitenzone an abwärts. Atlantik, Ärmelkanal, Nordsee.
A Die Tiere bauen feine Sekretröhren mit eingelagertem Detritus, in denen sie sich verbergen.
Zu ihrer Ernährung filtrieren sie mit ihren fein beborsteten Antennen organische Partikel aus dem Wasser.

Gespensterkrebs
Caprella linearis
Krebse (*Crustacea*)
Flohkrebse (*Amphipoda*)

K Körperform unverkennbar, fast stabförmig. Kopf mit 2 beborsteten Antennen; am Vorderende 2 Beinpaare mit Scheren; am mittleren Rumpf 2 Paar weiße Atemsäcke, Weibchen mit ovalem Brutsack; Hinterende mit 3 Paar klauenförmigen Klammerbeinen. Länge bis 2 cm.
V Auf Hydroidstöcken und Algen; unterhalb der MTNL und in Gezeitentümpeln. Atlantik, Ärmelkanal, Nord- und westliche Ostsee.
A Gespensterkrebse sind vollständig an das Leben auf Algen und Hydroidstöcken angepaßt. Sie sitzen still und aufrecht, bis ein Beutetier vorbeikommt, das sie blitzschnell mit ihren Scheren fassen.

Flache Meerassel
Jaera albifrons
Krebse (*Crustacea*)
Asseln (*Isopoda*)

K Körper ± oval, flach. Kopf klein, mit 2 Paar Antennen, 1. sehr klein; Hinterleibsschild hinten eingebuchtet, wie alle Rückenschilder am Außenrand beborstet. Farbe hell- bis tiefbraun, zuweilen mit Flecken, Streifen und Mustern. Bis 5 mm lang.
V In Ritzen und Höhlen von Hartböden, Muschelbänken und Uferbefestigungen, auch an Algen; von der Gezeitenzone an abwärts. Mittelmeer, Atlantik, Ärmelkanal, Nord- und westliche Ostsee.
A Die Nahrung dieser Asseln sind absterbende Algen und Diatomeen. Sie fressen aber auch die eigene abgeworfene Körperhülle und frischgehäutete Artgenossen.

Körnige Meerassel
Idotea granulosa
Krebse (*Crustacea*)
Asseln (*Isopoda*)

K Körper abgeflacht, nach hinten verjüngt. Kopf mit 2 Paar Antennen, 1. sehr klein; Hinterende in einer Spitze auslaufend; 7 Laufbeinpaare; Kiemenbeine am Hinterleib durch 2 Klappen geschützt. Farbe grasgrün bis tiefbraun. Bis 2 cm.

V Auf Algen; von der Gezeitenzone an abwärts. Atlantik, Ärmelkanal, Nord- und Ostsee.

A Meerasseln ernähren sich vornehmlich von Algen, auf denen sie leben. Daneben werden aber auch Kleintiere gefressen.
Mit den in einer Klaue endenden Laufbeinen können sie sich so festhalten, daß sie auch bei starker Brandung nicht fortgespült werden.

Meeres-Klippenassel
Ligia oceanica
Krebse (*Crustacea*)
Asseln (*Isopoda*)

K Körper flach und plump; Kopf klein, mit 2 seitlich gelegenen Augen und 1 großen Antennenpaar. 7 Rumpfbeinpaare, nach hinten zunehmend länger; Hinterende mit 2 weit hinausragenden Spaltbeinen. Farbe braun oder grünlich. Länge bis 3 cm.

V An nischen- und höhlenreichen Felsküsten und Hafenanlagen; in der Spritzwasser- und oberen Gezeitenzone. Atlantik, Ärmelkanal, Nord- und Ostsee.

A Lichtscheue, nachtaktive Tiere. Sie erbeuten Kleinkrebse und fressen an flächigen Tangen. Sie selbst schützen sich durch aktive Farbanpassung an den Untergrund.

Holzbohrassel
Limnoria lignorum
Krebse (*Crustacea*)
Asselkrebse (*Isopoda*)

K Breiter, flacher Körper; Kopf klein mit 2 kurzen Antennenpaaren, seitlich 2 Augen. Rumpf mit 7 ± gleichförmigen Laufbeinpaaren, Hinterende mit breiter Hinterleibsplatte. Farbe weißlich bis mittelbraun. Länge bis 5 mm.

V An Holzpfählen, -buhnen, Hafenmolen und treibenden Planken; von der Gezeitenzone an abwärts. Atlantik, Ärmelkanal, Nordsee, in der Ostsee bis zur Kieler Bucht.

A Die Holzbohrasseln sind auf untergetauchtes Holz angewiesen. Mit ihren Mundwerkzeugen bohren sie kreisrunde, 1 mm weite, verzweigte Gänge in die Hölzer, von denen sie sich auch ernähren. Sie sind in der Lage, pflanzliche Zellwände ohne Darmbakterien und nur mit eigenen Enzymen zu spalten. Zusätzlich fressen sie angesiedelte Pilze und Bakterien, die ihnen Kohlehydrate liefern. Nachdem sich die Bohraktivität anfangs nur auf die peripheren Weichholzanteile beschränkt, greift sie im fortgeschrittenen Stadium auch auf Kernholzbereiche über. Nach längeren Bohrstrecken werden dann Gänge zur Oberfläche gebaut, um die Frischwasserzufuhr zu sichern. Um die Bohraktivität zu hemmen, fuhren die Schiffe früher regelmäßig Süßwasserhäfen an, weil die Asseln bei geringen Salzgehalten absterben.

Gemeiner Einsiedlerkrebs
Pagurus bernhardus (syn. *Eupagurus b.*)
Krebse (*Crustacea*)
Mittelkrebse (*Anomura*)

K Lebt in Schneckengehäusen. 2 Antennenpaare, 1 Paar ungleiche Scherenfüße, 2 Paar kräftig entwikkelte Laufbeine; alle dahinterliegenden Gliedmaßen viel kleiner oder zurückgebildet. Hinterkörper weichhäutig. Farbe gelb, braun und rot gezeichnet. Länge bis 10 cm.

V Auf Weich- und Hartböden, in Prielen und Gezeitentümpeln; unterhalb der MTNL. Mittelmeer, Atlantik, Ärmelkanal, Nord- und westliche Ostsee (siehe Seite 119–121).

A Einsiedlerkrebse leben als Filtrierer, Aasfresser und Beutegreifer. Jungtiere besiedeln wegen des vermehrten Angebotes an kleinen Schneckengehäusen besonders die obere Dauerflutzone. Ältere Tiere wandern tiefer, da dort die große Wellhornschnecke lebt (vergl. S. 56/57). Ohne Behausung würden die Tiere ein schnelles Opfer von Fischen, Taschenkrebsen und Artgenossen. Neben dem Stachelpolypen sind sie häufig vergesellschaftet mit Blumentieren, die ihnen durch ihre Nesselkapseln Schutz bieten, während sie selbst an der Mahlzeit des Krebses teilhaben können. Die Nesseltiere werden beim Umzug in ein neues Gehäuse regelrecht verpflanzt. Diese Kooperation wird auch als Symbiose bezeichnet.

Porzellankrebs
Pisidia (= *Porcellana*) *longicornis*
Krebse (*Crustacea*)
Mittelkrebse (*Anomura*)

K Körper fast rund, einer Krabbe ähnlich, oberflächlich glatt. 2 Paar Antennen, 1. sehr kurz; 5 Laufbeinpaare, 1. zu ungleich großen Scheren umgebildet, 5. Paar zu Putzbeinen abgewandelt und dicht am Rückenpanzer angelegt. Farbe grau, rot, braun. Durchmesser des Rückenpanzers bis 1 cm.

V Auf Hart- und Sandböden unter Muschelschalen und Steinen, in Ritzen, Höhlen und Schwämmen; unterhalb der MTNL und in Gezeitentümpeln. Mittelmeer, Atlantik, Ärmelkanal, Nordsee und Kattegat.

A Dieser kleine, unscheinbare Krebs hat eine interessante Ernährungsweise: Ein Paar seiner Kieferfüße ist mit vielen langen, feinen und dicht stehenden Borsten besetzt. In rhythmischen Bewegungen werden sie abwechselnd durchs Wasser geschwungen und fangen so Plankton und Schwebepartikel heraus, die am Mund abgestreift werden.
Der Artname „*longicornis*" bezieht sich auf 2 Schwimmlarvenstadien (Zoëa), die beide mit einem sehr langen Stirnfortsatz ausgestattet sind. Dieser kann die doppelte Körperlänge (= 6 mm) erreichen. Die Funktion solcher Auswüchse bei Plankton-Organismen ist nicht endgültig geklärt. Man deutet sie als Schwebefortsätze.

Kleiner Furchenkrebs
Galathea intermedia
Krebse (*Crustacea*)
Mittelkrebse (*Anomura*)

K Körper flach, mit spitzem, am Rand durch 4 Paar Kerben gezähntem Stirnfortsatz; Hinterleib umgeschlagen. Laufbeine wie bei *Pisidia,* Scheren des 1. Paares langgestreckt. Farbe rötlich, mit blauirisierenden Streifen und Flecken. Körperlänge bis 1 cm.

V Auf Hart- und Schillböden, in Ritzen, Nischen und unter Steinen; unterhalb der MTNL und in Gezeitentümpeln. Mittelmeer, Atlantik, Ärmelkanal, Nordsee.

A Furchenkrebse sind sehr wendig. Durch blitzschnelles Schlagen des Hinterleibes flüchten sie nach dem Rückstoßprinzip mit dem Hinterende voran in geschützte Ritzen.

Schuppiger Furchenkrebs
Galathea squamifera
Krebse (*Crustacea*)
Mittelkrebse (*Anomura*)

K In der Form ähnlich dem Kleinen Furchenkrebs. Stirnfortsatz spitz, jederseits mit 4 am Rand ansetzenden, an der Spitze rotgefärbten Dornen; 3. Kiemenfuß mit gelbbraunen Streifen; Scherenpaar sehr langgestreckt, an der Oberfläche schuppig und runzlig. Farbe tiefbraun bis olivgrün, schmale Querstreifen auf dem Rücken. Körperlänge bis 3 cm.

V Auf nischenreichen Felsböden; von der Gezeitenzone an abwärts. Mittelmeer, Atlantik, Ärmelkanal, Nordsee, Kattegat.

A Furchenkrebse ernähren sich sowohl filtrierend als auch räuberisch. Mit ihren Scheren greifen sie z.B. kleine Wirbellose und Jungfische.

Gestreifter Furchenkrebs
Galathea strigosa
Krebse (*Crustacea*)
Mittelkrebse (*Anomura*)

K Körper ähnlich den vorigen Arten; Rostrum spitz dreieckig mit 3 Paar kleinen Seitenzähnen, Panzer, Scherenfüße und Laufbeine kräftig bestachelt, 4. Laufbeinpaar umgewandelt zu Putzbeinen. Farbe leuchtend rotbraun, Rückenstreifen und Augenpartie indigoblau. Körperlänge bis 6 cm.

V Auf Hart- und Grobsandböden, unter Steinen und an Wurzelkrallen von Laminarien; unterhalb der MTNL. Atlantik, Ärmelkanal, Nordsee.

A Nachtaktiver Beutefänger. Bei Gefahr flüchtet er, indem er rhythmisch den Hinterleib unterschlägt, rückwärts in sichere Verstecke.

Gespensterkrabbe
Macropodia rostrata
Krebse (*Crustacea*)
Krabben (*Brachyura*)

K Unverkennbar an dem birnenförmigen Körper, dem spitzen, gegabelten Stirnfortsatz und den 5 sehr langen, dünnen Laufbeinpaaren, 1. als Scherenfüße. Farbe gelb, braun, grün. Körperlänge bis 18 mm.

V An Algenbeständen; unterhalb der MTNL und in Gezeitentümpeln. Mittelmeer, Atlantik, Ärmelkanal, Nord- und westliche Ostsee.

A Gespensterkrabben maskieren sich in ihrer natürlichen Umgebung, indem sie Algenstückchen abreißen und auf den Dornen am Rücken aufspießen. In südlicheren Gefilden leben sie häufig zusammen mit der Wachsrose, die sie mit ihren Tentakeln schützt.

Kleine Seespinne
Hyas araneus
Krebse (*Crustacea*)
Krabben (*Brachyura*)

K Birnenförmiger, an der Oberfläche warziger Rückenpanzer mit 3eckigem, gespaltenem Stirnfortsatz; hinter den Augen je 1 flügelartig erweiterte Ausstülpung. Laufbeine lang, das 1. Paar zu schlanken Scheren umgewandelt. Farbe tiefgrau, braun bis beige, auch mit rötlichem oder grünem Anflug. Körperlänge bis 10 cm.

V Auf Sand- und Felsböden, auch an Algen; unterhalb der MTNL und in Gezeitentümpeln. Nordatlantik, Nordsee, Ostsee.

A Auch die Seespinnen maskieren sich mit abgepflückten Schwämmen, Hydroidpolypen und Algen. Mit Hilfe der kräftigen Scherenbeine werden passende Portionen zurechtgeschnitten und auf die Beborstung des flachgewölbten Rückenpanzers gespießt. Auf diese Weise wird eine nahezu perfekte Tarnung erreicht, die die Tiere mit ihrem jeweiligen Aufenthaltsort optisch verschmelzen läßt.
Wenn sich die Umgebung ändert, reißen sie die alte Tarnung ab und ersetzen sie durch eine passendere neue.
Ältere Seespinnen maskieren sich nicht mehr allzu eifrig. Sie erreichen ihre Tarnung durch verschiedene Aufwuchsorganismen.

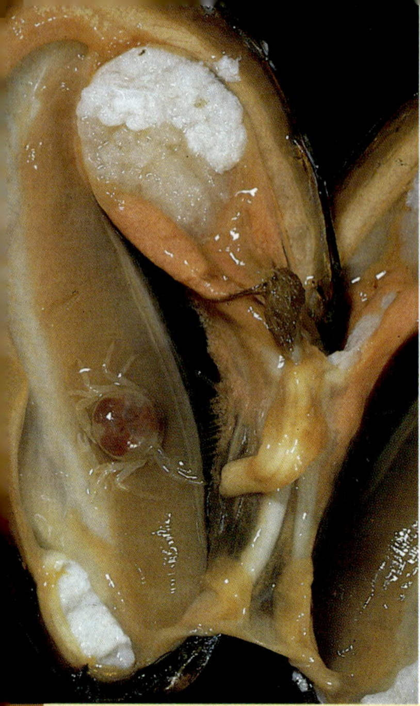

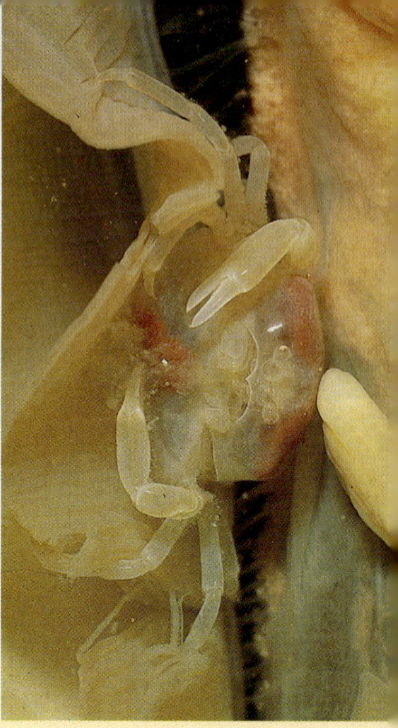

Muschelwächter
Pinnotheres pisum
Krebse (*Crustacea*)
Krabben (*Brachyura*)

K Rückenpanzer rundlich, beim Weibchen nur schwach verkalkt. 5 relativ dünne, zarte Laufbeinpaare, das 1. zu wenig ausgeprägten Scherenfüßen umgewandelt. Farbe hellgrau bis gelbbraun, Eierstöcke rot durchschimmernd. Durchmesser des Körpers bis 13 mm; Männchen kleiner, mit deutlichem Stirnrand.

V In Muscheln (*Modiolus, Mytilus, Cardium*). Mittelmeer, Atlantik, Ärmelkanal, Nord- und westliche Ostsee.

A Muschelwächter, auch Erbsenkrabben genannt, leben als Parasiten zwischen den Kiemen großer Muscheln. Mit ihren feinen Scherenfüßen fegen sie von den Kiemenblättern ihres Wirtes den Schleim ab, in dem die Muschel die zuvor aus dem Wasserstrom abfiltrierten organischen Bestandteile konzentriert hat, und ernähren sich davon. Während die Männchen ständig von Wirt zu Wirt umherwandern und auch häufig direkt am Mantelrand der geöffneten Muschel sitzen (daher der Name), verlassen die Weibchen ihren Wirt, wenn sie einmal ausgewachsen sind, nur noch sehr selten und bilden auch nur noch einen abgerundeten, dünnwandigen und oberflächlich glatten Panzer aus, um das Innere der Muschel nicht zu verletzen. (Die Abbildung rechts oben zeigt ein Weibchen.)

Taschenkrebs, Knieper
Cancer pagurus
Krebse (*Crustacea*)
Krabben (*Brachyura*)

K Rückenpanzer fast doppelt so breit wie lang, oberflächlich fein gekörnt, am Rand beiderseits zu 9 Lappen gekerbt. 1. Laufbeinpaar zu mächtigen Scherenfüßen umgewandelt; Antennen sehr klein. Farbe oberseits braun bis ziegelrot, unterseits schmutzigweiß bis gelb, Scherenspitzen schwarz. Körperbreite bis 30 cm.

A Auf höhlen- und nischenreichen Felsböden, an Uferbefestigungsanlagen und Schiffstrümmern; unterhalb der MTNL und in Gezeitentümpeln. Mittelmeer, Atlantik, Ärmelkanal, Nordsee, Kattegat.

A Diese großen Krabben ernähren sich räuberisch von anderen Krebsen sowie Muscheln, Stachelhäutern und auch Fischen, die sie mit ihren dicken Scheren mühelos greifen und zermalmen können. Sie selbst werden in Stellnetzen, Körben und Reusen gefangen, da das Fleisch der Scherenfüße (helgoländisch: „Knieper“) bei Feinschmeckern als Delikatesse gilt.
Die Fortpflanzung ist sehr ähnlich wie bei den Strandkrabben.
Erwachsene Tiere häuten sich nur noch alle 2 bis 3 Jahre. Die Samenzellen einer Begattung werden über Jahre hinweg gespeichert und reichen den Weibchen für wenigstens 2 Laichperioden, innerhalb derer sie mehrere Millionen Eier produzieren.

Gemeine Schwimmkrabbe
Liocarcinus holsatus
Krebse (*Crustacea*)
Krabben (*Brachyura*)

K Körper etwa 5eckig; Vorderrand beiderseits mit 5 Zähnen, zwischen den Augen 3 ± gleich hohe Höcker. 1. Laufbeinpaar zu kräftigen, spitzen Scherenfüßen umgewandelt; letztes (5.) Beinpaar mit stark abgeflachtem und verbreitertem Endglied (Ruderfuß). Farbe blaugrau, braun oder grünlich, zuweilen mit rotem Anflug. Körperlänge bis 4 cm.

V Auf Sand-, Schill- und Felsböden; von der Gezeitenzone an abwärts. Mittelmeer, Atlantik, Ärmelkanal, Nordsee, Kattegat.

A Die Ruderbeine ermöglichen ein aktives Schwimmen, auch ein Aufsteigen in der Wassersäule.
Sie leben von kleinen Mollusken, Würmern, Stachelhäutern, Fischen und Garnelen, die sie mit den scharfen, feingezähnten, gekreuzten Scheren greifen und zerteilen.
Die Krabben selbst sind eine wichtige Nahrung für Dorsche, Knurrhähne und Nagelrochen.
In ihrer Entwicklung durchlaufen sie 5 freischwimmende Larvalstadien (Zoea I–V) und eine zum Bodenleben übergehende Stufe (Megalopa), bis sie sich endgültig zum Jungkrebs häuten.
Außer der vorgestellten Form kommen in den heimischen Gewässern noch 5 weitere Arten vor, z. B. *Liocarcinus arcuatus* (siehe Foto rechts unten).

Borstenkrabbe
Pilumnus hirtellus
Krebse (*Crustacea*)
Krabben (*Brachyura*)

K Körper breiter als lang; große massige Scherenfüße, links größer; starke Beborstung an Rücken und Laufbeinen. Farbe oberseits braun bis rötlich, unterseits schmutzigweiß, Scherenspitzen schwarz. Körperbreite bis 2,5 cm.

V Auf Fels- und Weichböden, in Nischen, Ritzen und Wurzelkrallen großer Algen, unter Steinen, von der Gezeitenzone an abwärts. Mittelmeer, Atlantik, Ärmelkanal, Nordsee (Helgoland).

A Diese kleine Krabbe findet in unseren Gewässern ihre nördliche Verbreitungsgrenze. Eine weitere borstentragende Form ist die Chinesische Wollhandkrabbe (*Eriocheir sinensis,* links) mit „bepelzten" Scheren. Sie wurde aus China eingeschleppt und ist in Deutschland in den Flußsystemen von Weser, Elbe und Ems seit 1912 bekannt. Zur Fortpflanzung wandert sie in die Mündungen und ins Wattenmeer. Breite des Rückenpanzers bis 7,5 cm.

Eriocheir sinensis

Strandkrabbe
Carcinus maenas
Krebse (*Crustacea*)
Krabben (*Brachyura*)

[K] und [V] Siehe Seite 122/123.
[A] Häufiger noch als im Wattenmeer sind Strandkrabben an Felsküsten anzutreffen. Sie überdauern die Ebbe meist im Schutz der Algen oder in Ritzen und Höhlen des Gesteins. Werden sie überrascht, strekken besonders die Männchen dem Angreifer ihre Scherenfüße entgegen und schlagen sie kräftig zusammen.
Die Weibchen, die leicht an dem breiteren Hinterleib zu unterscheiden sind, ziehen ihre Beine reflexartig unter den Bauch, sobald man sie aufnimmt, um so (vielleicht?) ihre am Hinterleib festsitzenden Eipakete zu schützen. Die Männchen dagegen spreizen ihre Beine verkrampft ab.
Strandkrabben sind hervorragende Studienobjekte. Gleich einem gepanzerten Ritter wandern sie behäbig umher und werden – wenn ihnen Gefahr droht – plötzlich sehr flink. Dann verkriechen sie sich schnell unter Algen und Steinen oder graben sich in den Weichboden ein. Ihre verwundbarste Stelle ist der Rückenpanzer, den sie nicht aktiv mit ihren Scheren schützen können. Festgehaltene Beine brechen ihnen an einer „Sollbruchstelle“ ab und werden nach und nach mit den nächsten Häutungen nachgebildet.

Felsenspringer
Petrobius brevistylis
Insekten (*Insecta*)
Borstenschwänze (*Thysanura*)

K Körper gegliedert, gestreckt, mit 3 Laufbeinpaaren. Vorderende mit je 1 Paar körperlanger Antennen und deutlich kürzerer Kieferfühler; Hinterende mit 3 langen, fadenförmigen Anhängen. Farbe graubraun. Körperlänge bis 1,2 cm.

V An Felsküsten, unter Steinen, in Höhlen und Ritzen; von der oberen Gezeitenzone landeinwärts. Nordatlantik, Nordsee.

A Zum Mai hin werden die in Winterstarre überdauernden Felsenspringer aktiv und klettern gewandt im Schutz der Dunkelheit in der Gezeitenzone umher, um an fädigen Algen zu fressen.
Ähnlich *P. maritima* (Ärmelkanal).

Felskriecher
Anurida maritima
Insekten (*Insecta*)
Springschwänze (*Collembola*)

K Körper gedrungen; 2 kurze Antennen, 3 Laufbeinpaare. Hinterleib nach hinten etwas verbreitert, ohne Anhänge. Farbe blaugrau. Länge bis 3 mm.

V Auf der Wasseroberfläche von Gezeitentümpeln und Pfützen, zwischen den Algen und auf Felsböden; Spritzwasser- und obere Gezeitenzone. Mittelmeer, Atlantik, Ärmelkanal, Nordsee.

A Trotz ihrer geringen Größe kann man die Felskriecher leicht ausmachen, denn sie sammeln sich in größeren Trupps auf der Oberfläche. Sie leben von Aas und absterbenden Pflanzenresten, die auf der Wasseroberfläche treiben.

Mondsüchtige Gezeitenmücke
Clunio marinus
Insekten (*Insecta*)
Zuckmücken (*Chironomidae*)

K Larve schlank, mit 12 Rumpfsegmenten; Kopf wenig abgesetzt; Hinterende mit 2 Stummelfüßen. Farbe blaßgelb bis hellbraun, Kopf dunkler. Länge bis 3 mm. Imago bei den Männchen geflügelt, mit großem, zangentragendem Kopulationsorgan; Weibchen ohne Flügel, Augen und Beine stark verkleinert.

V Im Geflecht fädiger Algen und in den Wurzelkrallen großer Tange, auch in Schwämmen; in der Gezeitenzone. Mittelmeer, Atlantik, Ärmelkanal, Nord- und westliche Ostsee.

A Die Fortpflanzungsrhythmik dieser Mücken ist an die Mondphasen und Gezeiten gekoppelt:
Im Sommer schlüpfen aus den verpuppten Larven alle Mücken (Imago) gleichzeitig etwa 2 Tage nach Voll- oder Neumond in den abendlichen Stunden des Springniedrigwassers. Die beweglichen Männchen fliegen die trägen Weibchen an, umschwärmen und begatten sie und sterben danach. Die Weibchen legen vor ihrem schnellen Tod ein röhrenförmiges Gelege mit bis zu 120 Eiern ab. Die daraus schlüpfenden Larven fressen an dem umgebenden Algengeflecht.
Ein solches synchronisiertes Massenschlüpfen erhöht für die Mücken die Wahrscheinlichkeit, einen Geschlechtspartner zu finden.

Kleiner Strandigel
Psammechinus miliaris
Stachelhäuter (*Echinodermata*)
Seeigel (*Echinoidea*)

K Schale rund und flach gewölbt; Stacheln kräftig und kurz; 5 Doppelreihen einziehbarer Saugnapffüßchen. Farbe grün, Stacheln mit rosabis violettfarbenen Spitzen. Leere angespülte Schalen mit großer, runder Öffnung am abgeflachten Boden und zentraler, kleiner Öffnung an der Spitze; Oberfläche mit runden und spitzen Höckern, auf denen im Lebenszustand die Stacheln sitzen. Durchmesser bis 4,5 cm.

V Auf Felsböden, unter Steinen und Algen, an Molen, Buhnen und in Seegraswiesen; die zerbrechlichen, leeren Schalen findet man am ehesten an geschützt gelegenen Sandstränden; von der unteren Gezeitenzone an abwärts. Atlantik, Ärmelkanal, Nord- und westliche Ostsee. Ziemlich häufig.

A Strandigel laufen mit ihren Saugnapffüßchen behende über den Boden hinweg und grasen dabei mit ihrem komplizierten, 5strahlig symmetrischen Kauapparat („Laterne des Aristoteles") festsitzende Tiere und Algen vom Untergrund ab. Auf ihrer Oberfläche tragen sie kleine, pinzettenähnliche Greifapparate (Pedicellarien), mit denen sie ständig den Körper äußerlich säubern.

Eßbarer Seeigel
Echinus esculentus
Stachelhäuter (*Echinodermata*)
Seeigel (*Echinoidea*)

K Schale rund und hochgewölbt; Mundfeld flach; Stacheln kurz und kräftig. Farbe rotviolett. Durchmesser bis 16 cm, meist deutlich kleiner.
V Auf Felsböden und an Hafenmolen; unterhalb der MTNL. Atlantik, Ärmelkanal, Nordsee (Helgoland).
A Im Gegensatz zu den Strandigeln ist der Eßbare Seeigel ein ausschließlicher Bewohner der Dauertauchzone, der sich nur gelegentlich in die Gezeitenzone verirrt. Auch die leeren Gehäuse werden nur selten unversehrt an den Strand gespült. Seine Nahrung besteht aus Algen und festsitzenden Tieren, wie z.B. Seepocken und Moostierchen.

Schuppiger Schlangenstern
Amphipholis squamata
Stachelhäuter (*Echinodermata*)
Schlangensterne (*Ophiuroidea*)

K Zentralscheibe oberseits fein geschuppt, am Ansatz der Arme je 1 Paar größerer ovaler Platten. Arme schlank und beweglich, seitlich bestachelt, unterseits mit vielen Füßchen. Farbe grau bis braun. Durchmesser der Scheibe bis 5 mm, Armlänge bis 2 cm, meist kleiner.
V Auf Felsböden, in Ritzen, Nischen, unter Steinen und Algen; von der Gezeitenzone an abwärts. Mittelmeer, Atlantik, Ärmelkanal, Nord- und westliche Ostsee.
A Die einzige heimische Schlangensternart, die regelmäßig in der Gezeitenzone angetroffen werden kann.

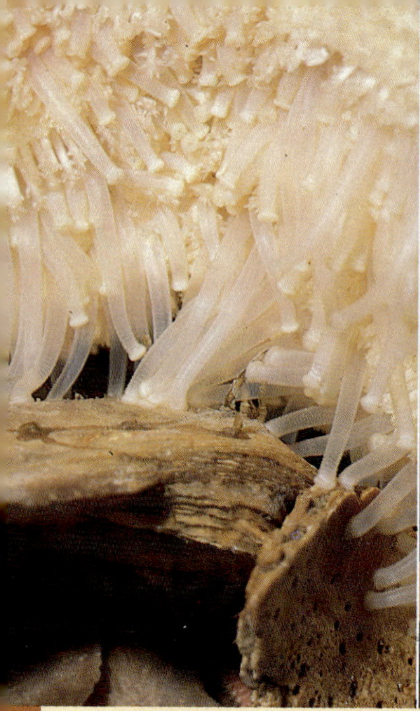

Gemeiner Seestern
Asterias rubens
Stachelhäuter (*Echinodermata*)
Seesterne (*Asteroidea*)

K Körperscheibe relativ klein und durch die breiten Armansätze verdeckt. Oberfläche unregelmäßig und kurz bestachelt; Armspitzen mit blutroten Augenflecken. Farbe rotbraun bis schwarzviolett. Gesamtdurchmesser bis 30 cm.

V Auf Weich- und Hartböden aller Art. Jungtiere auch an Algen; von der Gezeitenzone an abwärts. Mittelmeer, Atlantik, Ärmelkanal, Nord- und Ostsee.

A Der Gemeine Seestern ist der bei weitem häufigste Stachelhäuter an unseren Küsten. Als gefräßiger Beutegreifer fällt er vor allem Muscheln an: Mit seinen kräftigen Armen verdeckt er ihre Atemöffnungen, so daß ihnen die Atemluft abgeschnitten wird. Gleichzeitig heftet er sich mit seinen Saugfüßchen fest an die Schalenklappen und zieht die Muschel langsam, oft stundenlang, auseinander. Hat er sie erfolgreich geöffnet, stülpt er seinen Magen ins Innere der Muschel, um die Weichteile zu verdauen. Außerdem können Seesterne ihren Magen flach auf der Bodenoberfläche ausbreiten und so organische Partikel und Diatomeen aufnehmen.
Die Entwicklung erfolgt über eine bizarr gestaltete Schwimmlarve (Bipinnaria), die sich über ein Zwischenstadium (Brachiolaria) in einen jungen Seestern verwandelt.

Keulen-Seescheide
Clavelina lepadiformis
Manteltiere (*Tunicata*)
Seescheiden (*Ascidiae*)

K Einzelkörper keulenförmig; weiße Zeichnung am Rumpf und rund um Ein- und Ausströmöffnung; Mantel völlig transparent, daher Kiemendarm, Verdauungstrakt und Geschlechtsorgane durchscheinend; Einzeltiere durch Ausläufer (Stolonen) miteinander verbunden. Höhe der Einzeltiere bis 2 cm.

V Auf Felsböden, an Korallen, Muschelschalen, Bojen und Hafenmolen; von der unteren Gezeitenzone an abwärts. Mittelmeer, Atlantik, Ärmelkanal, Nordsee.

A Mit dem Kiemendarm filtrieren die Seescheiden ihre Nahrung wie Plankton und Detritus aus dem Wasser heraus.

Büschel-Seescheide
Sidnyum turbinatum
Manteltiere (*Tunicata*)
Seescheiden (*Ascidiae*)

K Einzelkörper schlank, aufrecht, immer jedoch in sehr engen Bündeln und in einem gemeinsamen, durchsichtigen Mantel mit gemeinsamer Ausströmöffnung stehend. Einströmöffnungen mit 8 kleinen Randlappen; einzelne Kolonien häufig miteinander durch Ausläufer (Stolone) verbunden. Farbe orange. Koloniehöhe bis 1,5 cm.

V Auf geschützt gelegenen Felsböden, Muschelschalen und an Algen; von der unteren Gezeitenzone an abwärts. Mittelmeer, Atlantik, Ärmelkanal, Nordsee.

A Zu diesem Formenkreis gehören noch weitere Arten, die jedoch nur schwer zu unterscheiden sind.

Krusten-Seescheide
Didemnum maculosum
Manteltiere (*Tunicata*)
Seescheiden (*Ascidiae*)

K Lederne, flach inkrustierende Kolonien, Einzeltiere nicht erkennbar; Konsistenz durch winzige, an „Morgensterne" erinnernde Kalkspikel verfestigt. Farbe purpur, blau, gelb, grau oder weiß. Durchmesser der Kolonie bis zu 10 cm. Höhe bis 3 mm.
V Auf geschützt gelegenen felsigen Untergründen, an Algen und deren Wurzelkrallen; von der unteren Gezeitenzone an abwärts.
Mittelmeer, Atlantik, Ärmelkanal, Nordsee.
A Auf den ersten Blick erinnern die Krusten an einen flachen Schwamm.
Ihre genaue Bestimmung ist sehr schwierig.

Stern-Ascidie
Botryllus schlosseri
Manteltiere (*Tunicata*)
Seescheiden (*Ascidiae*)

K Kolonien flach; Einzeltiere in gemeinsamem Mantel sternförmig um die Ausströmöffnung angeordnet. Farbe gelb, rot, braun, grün, blau, violett mit grau-weißen Radiärstreifen. Durchmesser eines „Sterns" bis zu 10 cm.
V Auf Felsen und Algen; von der Gezeitenzone an abwärts. Mittelmeer, Atlantik, Ärmelkanal, Nordsee.
A Ähnlich ist die Mäander-Ascidie (*Botrylloides leachi*), bei der die Einzeltiere in kurvigen Doppelreihen stehen. Die Stern-Ascidien mit ihren aparten Mustern gehören zu den formschönsten Vertretern dieser Tiergruppe.

Schlauch-Ascidie
Ciona intestinalis
Manteltiere (*Tunicata*)
Seescheiden (*Ascidiae*)

K Aufrechte, schlanke, einzelstehende Tiere mit jeweils einer großen, am Rand gelappten, gelb eingefaßten Ein-/Ausströmöffnung. Mantel ± milchig durchscheinend, oberflächlich glatt und nur selten von anderen Tieren überwachsen. Farbe blaßgelblich oder grünlich. Höhe bis 20 cm, meist deutlich kleiner.

V Auf Felsböden, Algen, Muschelschalen und an Hafenmolen; unterhalb der MTNL. Mittelmeer, Atlantik, Ärmelkanal, Nord- und westliche Ostsee. Weltweit verbreitet, dringt in mehr als 400 m Tiefe vor.

A Sie ernährt sich als Strudler und filtriert mit dem Kiemendarm Schwebepartikel und Plankton ab.

Spritz-Ascidie
Ascidiella aspersa
Manteltiere (*Tunicata*)
Seescheiden (*Ascidiae*)

K Aufrechte, plumpe, einzeln stehende Individuen; Ausströmöffnung deutlich niedriger angesetzt als Einströmöffnung. Mantel derb, an der Oberfläche runzlig. Farbe grau oder bräunlich. Höhe bis 10 cm.

V Auf Felsgründen und Muschelschalen, an Algen und Hafenmolen, unterhalb der MTNL. Mittelmeer, Atlantik, Ärmelkanal, Nord- und westliche Ostsee.

A Diese Art ist regelmäßig überwachsen von anderen Tieren, wie z. B. *Botryllus*, Hydroidstöcken, Moostierchen und sogar von Seepocken. Die schrumpelige Oberfläche begünstigt das Aufwuchern von anderen Formen.

Zitronen-Seescheide
Molgula citrina
Manteltiere (*Tunicata*)
Seescheiden (*Ascidiae*)

K Körperform oval, plump, mit je 1 schornsteinförmig erhobenen und durch 4 bzw. 6 Randlappen gekennzeichneten Ein-/Ausströmöffnung. Mantel glatt, zuweilen mit anhaftendem Sand oder Schill. Farbe blaßgelb, grünlich oder braun. Höhe bis 1 cm.

V Auf Felsböden, Muschelschalen und Algen; von der Gezeitenzone an abwärts. Atlantik, Ärmelkanal, Nordsee.

A Sehr ähnlich ist die bis in die Ostsee vordringende *M. manhattensis*. Sie ist dunkler blau bis grün gefärbt und in ihrer Gestalt fast kugelig rund. Beide Arten sitzen meist in Gruppen zusammen.

Tangbeere
Dendrodoa glossularia
Manteltiere (*Tunicata*)
Seescheiden (*Ascidiae*)

K Körperform von flach-oval über kugelig-rund bis hin zu zylindrisch aufrechtstehend. Aus-/Einströmöffnung als kleine Schornsteine hervortretend, im eingezogenen Zustand mit kreuzförmigen Öffnungsschlitzen; Mantel fest, an der Oberfläche ein wenig runzlig. Farbe rot bis braun. Höhe bis 2 cm.

V Auf Felsböden, Muschelschalen und an flächigen (Rot-)Algen; unterhalb der MTNL. Atlantik, Ärmelkanal, Nord- und westliche Ostsee.

A Tangbeeren stehen dicht zusammen in kleinen Gruppen. Besonders häufig sind sie auf dem Rotalgenbewuchs an der Ostseeküste anzutreffen.

Butterfisch
Pholis gunnellus
Fische (*Pisces*)
Butterfische (*Pholididae*)

K Körper sehr schlank und langgestreckt. Kopf klein. Außer Schwanz- und paarigen Brustflossen ein vom Bauch bzw. Kopf nach hinten führender Flossensaum. Farbe grau oder braun mit 9–13 schwarzen, von einem weißen Rand gesäumten, runden Flecken an der Basis des Rückenflossensaumes. Länge bis 40 cm.

V Auf Sand- und algenreichen Felsböden, von der Gezeitenzone an abwärts. Nordatlantik, Ärmelkanal, Nord- und westliche Ostsee.

A Ernähren sich von bodenlebenden Wirbellosen. Im Winter laichen sie ihre Gelege ab und bewachen sie bis zum Schlüpfen.

Seestichling
Spinachia spinachia
Fische (*Pisces*)
Stichlinge (*Gasterosteidae*)

K Unverwechselbar an der schlanken Körperform und den 14–17 freistehenden Stachelstrahlen vor der 3-eckigen Rückenflosse zu erkennen. Farbe oberseits je nach Umgebung grün bis braun, unterseits heller, meist blaßgelb. Länge bis 16 cm.

V Zwischen Algen- und Seegrasbeständen; im Seichtwasser und in Gezeitentümpeln. Atlantik, Ärmelkanal, Nord- und Ostsee.

A Seestichlinge sind typische Bewohner vegetationsreicher Küstengewässer. Im Frühjahr bauen die Männchen aus Algen ein dichtes Nest. Es wird nach der Eiablage vom Weibchen verteidigt.

Fünfbärtelige Seequappe
Ciliata mustela
Fische (*Pisces*)
Dorschfische (*Galidae*)

K Körper schlank gestreckt; 4 Barteln auf dem Ober- und eine am Unterkiefer. 1. Rückenflosse sehr flach, nur der 1. Strahl deutlich länger; 2. Rückenflosse langgestreckt bis fast an die Schwanzflosse, Afterflosse ebenso. Farbe dunkelbraun, unterseits heller. Länge bis 30 cm, meist kleiner.

V Über bewuchsreichen Sand- und Felsböden, von der unteren Gezeitenzone an abwärts. Atlantik, Ärmelkanal, Nordsee, Kattegat.

A Die Seequappen sind typische Grundfische. Neben der abgebildeten häufigeren Form leben an den heimischen Küsten noch zwei weitere, seltenere Arten: Die bis zu 50 cm messende Dreibärtelige Seequappe (*Gaidropsaurus mediterraneus*) mit 2 Bartfäden auf der Schnauze und einem am Unterkiefer, sowie die deutlich kleinere 4-Bärtelige Seequappe (*Rhinonemus cimbrius*) mit 3 Barteln auf der Schnauze und einem am Unterkiefer.
Ihre Eier geben die Seequappen ins freie Wasser, und auch die geschlüpften Larven verdriften noch eine lange Zeit mit dem Wasser.
Seequappen ernähren sich von kleinen Krebsen, Mollusken und Würmern. Beim Auffinden der Nahrung helfen ihnen die tastempfindlichen Barteln.

Aalmutter
Zoarces viviparus
Fische (*Pisces*)
(*Zoarcidae*)

K Körper langgestreckt, nach hinten verjüngt. Brustflossen rundlich, übrige Flossen als verschmolzener Saum von Kopf und After bis hin zur Schwanzflosse; Haut schleimig, keine Schuppen. Farbe oberseits bräunlich bis grünlich, gefleckt, Bauch heller. Länge bis 50 cm.

V Über bewuchsreichen Fels- und Sandböden, unterhalb der MTNL, in Gezeitentümpeln. Nordatlantik, Ärmelkanal, Nord- und Ostsee.

A Wie schon der Name verrät, legen die Aalmuttern keine Gelege ab oder entlassen ihre Eier ins freie Wasser, sondern gebären bis zu 400 dicht im Bauch gedrängt liegende und fertig ausgebildete Jungfische. Nach ihrer Geburt schwimmen sie sofort davon und führen ein eigenständiges Dasein.
Aalmuttern leben als Grundfische von Würmern, Schnecken, Flohkrebsen und Asseln. Sie selbst werden in Reusen gefangen und dienen vornehmlich als Köder. Da sie giftgrüne Gräten besitzen, die für viele Feinschmecker als unappetitlich gelten, werden sie als Speisefische kaum genutzt und haben deshalb auch keine wirtschaftliche Bedeutung. Heutzutage werden sie allenfalls zur Fischmehlerzeugung verwertet.

Seeskorpion
Myoxocephalus scorpius
Fische (*Pisces*)
Groppenfische (*Cottidae*)

K Körper abgeflacht, Maul breit und groß; am Kopf viele Dornen auf ungeschuppter Haut. Flossen mit kräftigen Strahlen. Farbe oberseits dunkelbraun, an den Flanken helle Flekken, Unterseite viel heller; Männchen im Brutkleid mit rotem, weißgepunktetem Bauch, Flossen gefleckt. Länge bis 30 cm, selten bis 60 cm.

V Über bewuchsreichen Sand- und Felsgründen. Atlantik, Ärmelkanal, Nord- und Ostsee.

A Seeskorpione sind gefräßige Raubfische und erbeuten Würmer, kleine Krebse, Jungfische und Fischlaich. Bei den Fischern stehen sie deshalb in schlechtem Ruf.

Ihre Fortpflanzung erfolgt durch eine innere Befruchtung. Nach der Begattung legen die Weibchen ein großes Eipaket am Boden ab. Damit es nicht von Artgenossen und anderen Feinden zerstört und aufgefressen wird, bewachen die Männchen das Gelege, bis nach etwa 4–6 Wochen, je nach Wassertemperatur, die kleinen Larven schlüpfen.

Sehr ähnlich ist der Seebull (*Taurulus bubalis*), der namentlich bei Helgoland recht häufig vorkommt. Er wird nur etwa 18 cm lang und trägt auf dem Vorderkiemendeckel einen lang ausgezogenen Stachel. Seitenlinie mit Platten besetzt.

Seehase
Cyclopterus lumpus
Fische (*Pisces*)
Lumpfische (*Cyclopteridae*)

K Körper massig, hoch aufragender Rückenkamm. Bauchflossen umgewandelt zum Saugnapf; Haut schuppenlos, schleimig, mit Dornenreihen besetzt. Farbe blau, grau oder braun, Männchen im Brutkleid unterseits leuchtend rotorange. Länge der Männchen bis 30 cm, Weibchen bis 50 cm.

V Über Felsgründen; im Seichtwasser und tiefer. Atlantik, Ärmelkanal, Nord- und Ostsee.

A Im Frühjahr kommen die Seehasen aus tieferen Regionen ins Seichtwasser und paaren sich. Die Weibchen legen einen riesigen Eiklumpen mit bis zu 200 000 Eiern am Boden unter Felsvorsprüngen ab, der in der Form an 2 große, dicht nebeneinanderstehende Ringe erinnert. Die Gelege werden von den Männchen heftig verteidigt und mit herangefächeltem Frischwasser versorgt. Während der Bewachung nehmen die Männchen keine Nahrung zu sich, und nachdem die kaulquappenähnlichen Jungfische geschlüpft sind, sterben sie ab und werden dann häufig aus dem Flachwasser an Land gespült.
Während das Fleisch der Seehasen nicht besonders schmackhaft ist, wird der schwarzgefärbte Rogen als „Deutscher Kaviar“ verkauft.

Vögel an der
Küste

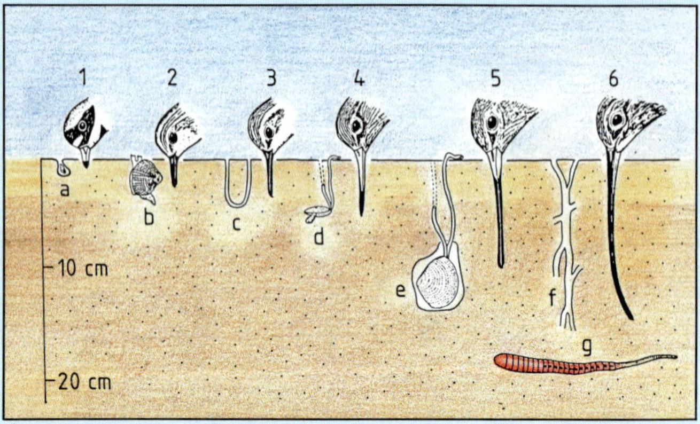

Überall an der See, ob nun am Strand, im Watt oder auf den trokkengefallenen Felsen, kann man Vögel beobachten. Eine Küstenlandschaft ohne sie ist eigentlich gar nicht vorstellbar. Vögel nutzen diesen Lebensraum als Brutgebiet, Mauser- und Rastplatz auf dem Durchzug und natürlich auch, um hier Beute zu machen. Sie bilden deshalb auch einen festen Bestandteil der küstennahen Lebensgemeinschaften und beeinflussen nachhaltig ihr Gefüge.

Jede Vogelart bejagt ihr begrenztes Nahrungsspektrum und hat dafür spezielle Anpassungsmechanismen entwickelt, um ihre Beute zu fangen. Möwen greifen als gewandte Flieger Fische von der Wasseroberfläche oder sammeln vom trokkengefallenen Sediment oder Fels wirbellose Tiere auf. Außerdem sind sie gefürchtete Nesträuber. Seeschwalben und Baßtölpel erjagen ihre Beute als Stoßtaucher. Alken und Kormorane wiederum stellen ihrer Beute als Paddel- bzw. Flugtaucher nach. Auf diese Weise leben die einzelnen Arten nicht in direkter Nahrungskonkurrenz zueinander, denn jede Art lebt schwerpunktmäßig von einem anderen Beutespektrum innerhalb des Ökosystems.

Besonders eindrucksvoll läßt sich das an den Watvögeln zeigen, die durch ihre besondere Ausbildung des Schnabels und den an der Spitze gelegenen Sinneszellen verschiedene Beuteorganismen aus dem Boden sammeln und einer direkten Nahrungskonkurrenz so aus dem Wege gehen können.

Besonders zur Zugzeit im Frühling und Herbst kann im Wattenmeer der Nahrungsbedarf der einfallenden Vogelschwärme so groß sein, daß sie die Dichte der Organismen im Boden nachhaltig ausdünnen, denn alljährlich ziehen Millionen von Wat-, Gänse- und Entenvögeln dorthin, um zu rasten und genügende Energiereserven anzulegen, bevor sie auf ihrem langen Weg nach Nordeuropa und Sibirien (im Frühling) oder gen Süden bis hinunter nach Südafrika (im Herbst) weiterwandern.

Oberflächlich lebende Mies- und Herzmuscheln werden dann zeitweilig durch Eiderenten und Austernfischer stark dezimiert und lokal sogar ausgelöscht.

Einfallende Ringelgans-Schwärme können besonders für die Bauern auf den Halligen zu einer echten Pla-

◁ **Schnabelformen einiger Watvögel im Vergleich mit ihrer Hauptnahrung im Wattboden**

1 Sandregenpfeifer

2 Sanderling

3 Knutt

4 Rotschenkel

5 Pfuhlschnepfe

6 Großer Brachvogel

a Wattschnecke
b Herzmuschel
c Schlickkrebs-Wohnröhre
d Baltische Plattmuschel
e Große Pfeffermuschel
f Wohngang des Schillernden Seeringelwurms
g Wattwurm

ge werden, da sie nicht selten ganze Wiesenstriche innerhalb kürzester Zeit abweiden.
Besonders viele Energie- und damit Nahrungsreserven benötigen die Vögel aber nicht nur für ihren weiteren Zug, sondern auch für die Mauser, bei der sie ihr Gefieder wechseln und während der sie deshalb einen enorm erhöhten Stoffumsatz haben. Insbesondere dem Wattenmeer kommt als Mauserplatz, z.B. für die Brandenten, eine wichtige Rolle zu, an dem sie nicht nur Nahrung in Hülle und Fülle finden, sondern auch lange Ruhepausen einlegen können.
Vögel sind für den naturkundlich interessierten Menschen aber auch noch von weiterer Bedeutung:
Als Endverbraucher in der Nahrungskette der Küsten-Ökosysteme stellen Vögel einen wichtigen Anzeiger für den Zustand ihres Lebensraumes dar. Eine dramatische und fortwährende Veränderung des Artenspektrums und der Individuenzahlen muß als ein ernsthaftes Zeichen dafür gewertet werden, daß sich das Lebensraumgefüge verändert (hat).
Die vielen tot aufgefundenen, verölten Seevögel an unseren Küsten spiegeln auf traurige Weise unsere Verantwortung gegenüber der uns umgebenden Natur und ihrer Bewohner wider.
Erschrecken müssen uns auch die in den letzten Jahren rasch ansteigenden Giftkonzentrationen im Fett, Muskelfleisch und in den Eingeweiden der Seevögel, die in harten Wintern den vorzeitigen Tod für die Tiere bedeuten.

Der Anteil der bei uns brütenden Seevögel nimmt sich im Vergleich zu den Durchzüglern sehr bescheiden aus. Um so dringlicher ist es, Rücksicht auf die in den heimischen Gebieten brütenden Seevögel zu nehmen. Von zufällig aufgestöberten Nestern sollte man sich unbedingt schnell wieder entfernen, damit die Elternvögel ihrem Brutgeschäft ungestört nachgehen und ihr Gelege vor Nesträubern schützen können.

Sichelstrandläufer
Calidris ferruginea
Vögel (*Aves*)
Watvögel (*Limicolae*)

K Schlanker Körperbau mit langem, deutlich abwärts gebogenem Schnabel und dunklen Beinen. Im Brutkleid (von April bis August) mit rostbrauner Unterseite, im Winterkleid rahmfarben, dann leicht mit einem Alpenstrandläufer zu verwechseln; Bürzel weiß, im Flug weiße Flügelbinden. 19 cm.

V Brutvogel in den Feuchtgebieten Sibiriens. In Europa an den Küsten als Durchzügler vom Frühling bis zum Herbst.

A Während die Sichelstrandläufer in ihren Brutgebieten nur paarweise zusammenleben, schließen sie sich auf dem Zug zu kleinen Trupps und seltener auch zu Schwärmen zusammen. Häufig kann man sie mit Alpenstrandläufern vergesellschaftet beobachten, denen sie auf den ersten Blick sehr ähneln.
Als sicheres Bestimmungsmerkmal achte man auf den weißen Bürzel, den längeren und deutlich abgebogenen Schnabel sowie die insgesamt schlankere Gestalt. Am Strand wandern sie nahe der Hochwasserlinie entlang und stochern im Untergrund nach Würmern und kleinen Krebsen, oder aber sie wühlen in den Tangen nach Insektenlarven.

Alpenstrandläufer
Calidris alpina
Vögel (*Aves*)
Watvögel (*Limicolae*)

K Leicht untersetzte Gestalt mit leicht abwärts gebogenem Schnabel und dunklen Beinen. Im Sommer oberseits rötlichbraun gemustert, unterseits hell mit einem großen schwarzen Bauchfleck; im Winter oberseits grau, unterseits einheitlich weiß; dunkler Bürzel und weiße Flügelbinden. 17–19 cm.

V Brutvogel an den Küsten in Skandinavien, Großbritannien sowie an Nord- und Ostsee. Im Winter auch von der Rheinmündung bis nach Afrika und am Mittelmeer.

A Dies ist der häufigste Watvogel in unseren Breiten. Die Zahl der im Herbst im Wattenmeer der Schleswig-holsteinischen Westküste durchziehenden Vögel liegt bei etwa 400 000 Tieren. Der Flug des Alpenstrandläufers ist schnell und gewandt, häufig beschreibt er dabei Zickzacklinien. Wenn die großen Schwärme im Licht aufsteigen und alle Vögel gleichzeitig die Richtung wechseln, dann schlägt die Farbe der Vogelwolke schlagartig von Weiß nach sehr Dunkel und umgekehrt um.
Am Strand und im Watt stochern sie mit ihrem Schnabel, der mit empfindlichen Sinneszellen ausgestattet ist, nach kleinen Würmern, Krebsen und Schnecken.

Zwergstrandläufer
Calidris minuta
Vögel (*Aves*)
Watvögel (*Limicolae*)

K Kleinster Watvogel in Mitteleuropa mit dunklen Beinen und einem spitzen, geraden Schnabel. Gefieder ähnlich wie Alpenstrandläufer, jedoch ohne Brustfleck; auf dem Rücken eine weiße V-Zeichnung; weiße, schmale Flügelbinden, Schnabel und Beine dunkel. 13 cm.

V Brutvogel in den Tundren der Arktis; Durchzügler in Mitteleuropa; überwintert in Südeuropa und Afrika.

A Die Nahrung der an den Küsten vorbeiziehenden Zwergstrandläufer besteht aus Insekten und Larven, Würmern, Mollusken, Flohkrebsen und Asseln.

Das Brutgeschäft übernehmen hauptsächlich die Männchen.

Sehr ähnlich ist der seltenere und nur wenig größere Temminckstrandläufer (*C. temminckii*). Er unterscheidet sich durch die grünen Beine und die einheitlichere Färbung der Oberseite. Die weiße V-Zeichnung auf dem Rücken fehlt ihm. Überwinterungs- und Brutgebiete wie Zwergstrandläufer.

Flußuferläufer
Tringa hypoleucos
Vögel (*Aves*)
Watvögel (*Limicolae*)

K Kurzer Hals, gerader, schlanker Schnabel. Oberseits grau- bis olivbraun; Bauch und Seiten hell oder schmutziggrau bis zum Ansatz der Flügel, daher mit weißer „Zunge" vor den Flügeln; Hals und Brust ganz zart gestreift; weiße Flügelbinden. 19,5 cm.

V Brutvogel an Flüssen, Bächen, Seen und Teichen in ganz Europa; im Winter von der Bretagne südwärts bis ans Mittelmeer; rastet auf dem Zug an Strand-, Watt- und Felsküsten.

A Den Flußuferläufer kann man im Freiland neben seinem steifen, flachen Flug und der ruckartig ausgeführten, wenig ausholenden Flügelschläge vor allem an seinem Bewegungsdrang und dem unermüdlichen und für ihn sehr typischen Körperwippen erkennen.
Er besiedelt besonders gerne kiesige Flußläufe. Das Nest wird am Boden eingerichtet. Die Jungtiere flüchten nach dem Schlüpfen sehr schnell aus dem Nest und werden nach etwa 4 Wochen selbständig.

Meerstrandläufer
Calidris maritima
Vögel (*Aves*)
Watvögel (*Limicolae*)

K Gedrungener Körper mit schlankem und wenig abwärts gebogenem Schnabel. Oberseite ± einheitlich grau- bis rußbraun, dunkle Brust, heller Bauch; weiße Flügelbinden im Flug; Schnabel an der Wurzel ähnlich wie die Beine gelborange, sonst dunkel. 21 cm.

V Brutvogel an Berghängen im nördlichen Skandinavien; in Mitteleuropa nur als Wintervogel in kleinen Trupps, besonders an Felsküsten.

A Meerstrandläufer sind an unseren Küsten nur auf dem Durchzug zu beobachten. Meistens sind sie dann mit Steinwälzern (siehe rechts) vergesellschaftet.

In Weichböden und Felsritzen stochern sie nach Würmern, Mollusken und Krebsen, während sich die kurzschnäbligeren Steinwälzer, die diese Beute nicht mehr erreichen können, nicht selten als Nahrungsschmarotzer erweisen und ihnen die Nahrung abjagen.

An Felsküsten sind sie perfekt getarnt und heben sich überhaupt nicht vom Untergrund ab. Dabei sind die kleinen Strandläufer sehr zutraulich und lassen den Beobachter bis auf wenige Schritte an sich heran.

Steinwälzer
Arenaria interpres
Vögel (*Aves*)
Watvögel (*Limicolae*)

K Gedrungener Körper mit kurzem, schlankem, wenig aufwärts gebogenem Schnabel. Oberseite schwarz (im Sommer rotbraun) und weiß gefärbt, vor allem im Flug gut sichtbar; Beine orange. 23 cm.

V Brutvogel an den Felsküsten und Kiesstränden Skandinaviens; überwintert an felsigen mittel-, west- und südeuropäischen Atlantikküsten.

A Steinwälzer tragen ihren Namen völlig zu Recht:
Mit ihrem leicht aufwärts gebogenen Schnabel besitzen sie ein ideales Instrument, um kleine Steine und Algen umzudrehen, unter denen sie nach Würmern, Muscheln, Schnekken, Floh- und Asselkrebsen sowie Insektenlarven suchen. Sie nehmen aber auch pflanzliche Kost zu sich.
Auf dem Durchzug sind sie sehr häufig mit Meerstrandläufern und anderen kleinen Strandläufern vergesellschaftet (siehe links).
Rasten die Trupps auf ausgedehnten Sandflächen, so ist ihr Schnabel kaum geeignet, um sich aus dem Boden Nahrung zu verschaffen. Sie betätigen sich dann statt dessen als Nahrungsschmarotzer (siehe links).

Sandregenpfeifer
Charadrius hiaticula
Vögel (*Aves*)
Watvögel (*Limicolae*)

K Gedrungene Form, Schnabel kurz. Oberseite und Hinterkopf braun, Gesicht schwarz mit weißem Streif über dem Schnabelansatz; breites, schwarzes Halsband; Beine und Schnabel orange, Schnabelspitze dunkel. 19 cm.

V Brutvogel an den Küsten von West- bis Nordeuropa; überwintert am Atlantik von Frankreich und weiter südlich.

A Die Sandregenpfeifer gehören zu den Watvögeln, die regelmäßig an unseren Küsten brüten. Ein Pärchen brütet zwischen April und Juni gemeinsam 2 unscheinbare Gelege mit bis zu 5 Eiern aus, die in eine kleine lockere Sandmulde gelegt werden. Die langbeinigen Küken flüchten sehr schnell aus dem Nest und werden nach etwa 25 Tagen flügge. Bei Gefahr ducken sie sich am Boden und vertrauen auf die Tarnfarbe ihres Gefieders. Die Altvögel rufen dagegen laut und eindringlich und versuchen, den möglichen Feind zu „verleiten“, indem sie sich als ein leichtes Opfer flügellahm stellen und so die Aufmerksamkeit auf sich selbst ziehen.
Die Nahrung der Sandregenpfeifer besteht aus kleinen Schnecken, Muscheln, Flohkrebsen und verschiedenen Insekten.

Seeregenpfeifer
Charadrius alexandrinus
Vögel (*Aves*)
Watvögel (*Limicolae*)

K Deutlich schlanker als der auf den ersten Blick sehr ähnliche Sandregenpfeifer (links), jedoch mit unterbrochenem dunklem Brustband (bei den Männchen fast schwarz) und weißer Stirn; Oberseite fahler; Weibchen insgesamt heller; Füße und Schnabel dunkel. 16 cm.

V Brutvogel an den Sand- und Kiesstränden Mitteleuropas, aber auch an salzigen Binnenseen und trockenen Schlammflächen; Stand- und Wintervogel in Nordafrika.

A Seeregenpfeifer sind in ihrer Umgebung ausgezeichnet getarnt und deshalb leicht zu übersehen.
Mit tippelnden Schritten laufen sie schnell am Boden und bleiben ganz plötzlich ruckartig stehen, so wie es auch für den Sandregenpfeifer sehr typisch ist. Von Mai bis Juni bebrüten beide Partner das sehr offen auf dem Boden plazierte Gelege, aus dem zwischen 2 und 4 Jungtiere schlüpfen, die in ihrer Umgebung hervorragend getarnt sind und sehr schnell auf ihren staksigen und zunächst unförmigen Beinen das Nest verlassen. Bis sie nach 7 Wochen flügge werden, sind sie noch auf die Betreuung ihrer Eltern angewiesen. Im Gegensatz zu den Sandregenpfeifern ziehen die Seeregenpfeifer nur eine Brut im Jahr hoch.

Goldregenpfeifer
Pluvialis apricaria
Vögel (*Aves*)
Watvögel (*Limicolae*)

K Schlanker Körper mit hochgehaltenem Kopf, kurzem, schlankem Schnabel und schlanken, spitzen Flügeln. Oberseite braun, gelb („gold") gesprenkelt, im Winter weniger kontrastreich; Unterseite und Achselhöhle hell; südliche Rasse (*P. a. apricaria*) im Sommer mit weißer Brust und schwarzem Bauch, bei der nördlichen Rasse (*P. a. albifrons*) schwarze Zeichnung bis zur Kehle hinaufreichend; Unterflügel ganz weiß; Beine und Schnabel dunkel. 28 cm.

V Brutvogel in Skandinavien, Großbritannien, vereinzelt auch an der deutschen Nordseeküste; Durchzügler an Nord- und Ostsee; überwintert an Küsten südlich der Rheinmündung und am Mittelmeer.

A Goldregenpfeifer brüten in Tundren, Mooren und Heidelandschaften des hohen Nordens. Ein wichtiger Rastplatz auf ihrem Durchzug sind die Marschlande, Salzwiesen und Wattengebiete an der deutschen Nordseeküste, wo sie zuweilen in großen Schwärmen einfallen. Im Flug haben ziehende Schwärme eine deutliche V- oder Keilform.
Vom Kiebitzregenpfeifer im Ruhekleid nicht leicht zu trennen. Hauptunterschiede sind der zartere Schnabel, der aufrechte Gang und die hellen Unterflügelachseln, die nur im Flug sichtbar werden.

Kiebitzregenpfeifer
Pluvialis squatarola
Vögel (*Aves*)
Watvögel (*Limicolae*)

K In der Form ähnlich dem Goldregenpfeifer, doch in der Körperhaltung geduckter und mit kräftigerem Schnabel. Oberseite des Sommerkleides mit weißen Flecken (Goldregenpfeifer mit gelben Flecken); Wangen, Kehle, Brust und Bauch dann tiefschwarz und von einer deutlichen weißen Randzone umgeben; Unterflügel weiß mit schwarzen Achseln. Schnabel und Beine dunkel. 28 cm.

V Brutvogel in den arktischen Tundren; Wintergast an den europäischen Atlantikküsten von der Nordsee bis ans Mittelmeer, besonders an Schlammstränden, Sandbänken etc.

A Kiebitzregenpfeifer treten bei uns in der Regel nur im Ruhekleid oder in verschiedenen Mauserstadien auf. Sie leben dann vorzugsweise an der Küste, z. B. im Wattenmeer, und ernähren sich von kleinen Würmern, Mollusken und Schnecken. Wie alle Regenpfeifer picken auch sie hastig und schnell im Untergrund nach Nahrung und „sichern“ anschließend die Umgebung, indem sie aufschauen und Ausschau halten.

Sanderling
Calidris alba
Vögel (*Aves*)
Watvögel (*Limicolae*)

K Gedrungene Gestalt, ähnlich dem Alpenstrandläufer. Im Ruhekleid oberseits silbergrau, mit schwarzem Schulterfleck, Unterseite reinweiß, insgesamt sehr hell; im Brutkleid (sehr selten in unseren Breiten) oberseits und an der Brust rötlichbraun mit schwarzen Flecken und hellen Federsäumen. Immer mit deutlichem, weißem Flügelstreif. Schnabel und Beine dunkel. 20 cm.
V Brutvogel in arktischen Tundren und auf arktischen Inseln, z. B. Spitzbergen; Durchzügler und Wintergast in Mittel- und Westeuropa, auch im westlichen Mittelmeer.
A Sanderlinge trippeln in kleinen, scheuen Trupps flink und aufgeregt mit kleinen Schritten an der fallenden und steigenden Wasserlinie am Strand entlang.
Sie suchen nach kleinen Würmern, Krebsen und Mollusken, die mit dem Wasser angespült werden oder dicht unter der Oberfläche des Strandes versteckt leben. Geschickt weichen sie den Wellen aus, ohne dabei auffliegen zu müssen.

Knutt
Calidris canutus
Vögel (*Aves*)
Watvögel (*Limicolae*)

K Kräftige, gedrungene Gestalt mit kurzem, schlankem Schnabel. Winterkleid oberseits hellgrau, unterseits fast weiß; im Brutkleid (seltener in unseren Breiten) unterseits rostrot, auf dem Rücken kontrastreich gemustert; schmale Flügelbinden; grünliche Beine, dunkler Schnabel. 25,5 cm.

V Brutvogel in arktischen Tundren bis nach Sibirien und auf Spitzbergen; überwintert an den sandigen, schlammigen Küsten des Atlantik von Mittel- bis Südeuropa, auch am Mittelmeer.

A Während die Knutt-Pärchen im hohen Norden beim Brutgeschäft eher ein Einzelleben führen und ihr Territorium gegenüber Artgenossen scharf abgrenzen, sind sie auf dem Zug und während der Rast äußerst gesellige Vögel.
Im Frühjahr und Herbst kann man über dem Wattenmeer riesige Schwärme durchziehender Knutts beobachten, die in der Höhe zumeist ein großes Oval bilden. Im niedrigen Flug zieht sich die Wolke auseinander und wirkt eher gestreckt. Da alle Vögel zugleich ihre Flugrichtung schwenken, verändert sich die Farbe des Pulks bei günstigen Lichtverhältnissen schlagartig von Silbergrau nach Weiß und umgekehrt, oder, falls das Brutkleid noch nicht abgelegt ist, auch nach Rot.

Grünschenkel
Tringa nebularia
Vögel (*Aves*)
Watvögel (*Limicolae*)

K Sehr schlanker, hochbeiniger Watvogel mit einem schmalen, langen und leicht aufwärts gebogenen Schnabel. Oberseite einheitlich grau, auf dem Rücken ein keilförmiges weißes Feld; Unterseite weiß; Kopf und Brust im Sommer gestreift; Beine grün (Name!), im Flug deutlich den Schwanz überragend. 30 cm.

V Brutvogel in feuchten Mooren und Sümpfen, sowie auf flachen Gras- und Heideflächen (jedoch immer in der Nähe vom Wasser) von Nord- und Osteuropa; Durchzügler und seltener Wintergast in Mitteleuropa. An Binnengewässern und Küsten.

A Bei den Grünschenkeln bebrüten die Männchen fast ausschließlich das bis zu 4 Eiern umfassende Gelege. Als Nest dient eine kleine Bodenmulde, die nur wenig ausgepolstert wird. Die Küken flüchten nach dem Abtrocknen auf ihren unverhältnismäßig großen Beinen sofort aus dem Nest und werden so lange geführt, bis sie flügge sind.
Kleiner und schmaler gebaut ist der langbeinige Bruchwasserläufer (*Tringa glareola*). Er ist an der Küste jedoch äußerst selten zu beobachten, da der Bruchwasserläufer beim Durchzug bevorzugt Süßwasser aufsucht.

Rotschenkel
Tringa totanus
Vögel (*Aves*)
Watvögel (*Limicolae*)

K Hochbeinige, schlanke Gestalt mit einem langen, geraden Schnabel. Oberseite ± einheitlich braun, mit einem weißen Keil am Rücken; Unterseite hell, Brust gesprenkelt; Schwanz schwarz-weiß gebändert; im Flug große, weiße Flügelzonen sichtbar, Beine weit über den Schwanz hinausragend. Beine und Schnabel rotorange, Schnabelspitze dunkel. 28 cm.

V Küstennaher Brutvogel in ganz Europa. Skandinavische und mitteleuropäische Vögel ziehen in Richtung Ärmelkanal und ans Mittelmeer. Rotschenkel leben an Feuchtgebieten, Gewässern, Marsch- und Salzwiesen.

A Ihr Flug ist schnell und ruckartig. Die Nahrung besteht aus Würmern, Schnecken, Muscheln, kleinen Fischen und Jungfröschen, die sie am Strand und in Wiesen aufspüren.
Als Brutplatz dient eine kleine Bodenmulde, die mit wenigen Halmen getarnt und wenn nötig auch ausgepolstert wird. Die Küken schlüpfen nach 3 Wochen und werden nach weiteren 4 Wochen flügge.
Rotschenkel sind im Freiland leicht auszumachen, da sie gerne an erhöhten Standorten sitzen und aufgeregt mit dem Körper wippen. Ihre angestammten Lebensräume und Brutgebiete sind jedoch zusehends gefährdet.

Dunkler Wasserläufer
Tringa erythropus
Vögel (*Aves*)
Watvögel (*Limicolae*)

K Schlanke, hochbeinige Gestalt mit langem, geradem Schnabel. Brutkleid rußig-schwarz, weiße Flekken an der Oberseite, weißer Augenring, im Flug ein großes, weißes Oval auf dem Rücken; Ruhekleid oberseits blaßgrau; im Übergangskleid unregelmäßig gefleckt; Beine rot, im Flug den Schwanz weit überragend, Schnabel zweifarbig; oberseits schwarz, unterseits rot. 30,5 cm.

V Brutvogel an Waldlichtungen in Nordeuropa und Sibirien; Wintergast an den Küsten südlich der Rheinmündung und am Mittelmeer; Durchzügler an Nord- und Ostsee.

A Dunkle Wasserläufer sind an unseren Küsten nur gelegentliche Durchzügler und dann auch meistens nur einzeln zu beobachten.
Die Brutbiologie dieser Art weist einige interessante Besonderheiten auf: So bebrüten nur die Männchen die am Boden in einer Mulde eingerichteten Gelege, und die frisch geschlüpften Küken werden nur noch wenige Tage von den Eltern betreut und anschließend sich selbst überlassen.
Im Freiland kann man ihn beim ersten, flüchtigen Blick mit einem Rotschenkel verwechseln. Untrügliche Erkennungsmerkmale aber sind die fehlende Flügelbinde, die charakteristische Schnabelfärbung und der sehr aufrechte und lebhafte Gang.

Kampfläufer
Philomachus pugnax
Vögel (*Aves*)
Watvögel (*Limicolae*)

K Schlanke, hochbeinige Gestalt; Männchen deutlich größer als Weibchen, im Brutkleid (März bis August) unverkennbar an der großen Halsfederkrause und den Ohrenbüscheln. Männchen und Weibchen im Ruhekleid oberseits unscheinbar braun „geschuppt", Flügel mit zarten, weißen Binden; Unterseite hell; Schnabel- und Beinfarbe variabel. 23/29 cm.

V Brutvogel an Sümpfen, Marsch-, Feucht- und Salzwiesen in Nord- und Mitteleuropa; Standvogel an Rhein- und Themsemündung; Wintergast am Mittelmeer.

A Besonders auffällig bei den Kampfläufern ist das unterschiedliche Aussehen der Geschlechter. Während die Weibchen unscheinbar befiedert sind, tragen die Männchen zur Brutzeit mächtige Federhalskrausen, von denen nicht zwei die gleiche Färbung tragen. Die Farbpalette reicht von Schwarz über alle Braunschattierungen bis hin zu reinem Weiß.
Das auffällige Federkleid hat eine wichtige soziale Funktion: Im Frühjahr treffen sich die Männchen auf Balzplätzen und fechten ritualisierte Scheinkämpfe aus. Die dabei aufgeplusterten, großen Halskrausen sollen dem Artgenossen imponieren und den Anspruch auf ein Weibchen anmelden und verstärken.

Pfuhlschnepfe
Limosa lapponica
Vögel (*Aves*)
Watvögel (*Limicolae*)

K Großer, hochbeiniger Watvogel mit sehr langem, schlankem, leicht aufwärts gebogenem Schnabel. Ruhekleid oberseits einheitlich braun, auf dem Rücken ein weißes Dreieck, Schwanz braun-weiß gebändert, keine Flügelbinden; Unterseite heller. Im Brutkleid unterseits und am Hals rostrot. Schnabel blaß gelborange mit schwarzer Spitze. 38 cm.

V Brutvogel in den Sümpfen und Tundren Nordeuropas und Sibiriens; Wintergast und Durchzügler an den europäischen Atlantikküsten.

A Zur Zugzeit scharen sich die Pfuhlschnepfen meist zu kleinen Trupps zusammen und rasten in der Regel in unmittelbarer Nähe vom Wasser, z.B. an Sandstränden und im Wattenmeer. Im Binnenland sind sie bei uns nur selten zu beobachten. Das eindeutigste Unterscheidungsmerkmal zur ähnlichen Uferschnepfe (siehe rechts) ist das Fehlen der Flügelbinden. Wie bei den Brachvögeln (S. 272) läßt sich auch bei den Pfuhlschnepfen ein deutlicher Unterschied in der Schnabellänge von Männchen und Weibchen feststellen. Er ist bei den Weibchen deutlich länger.

Uferschnepfe
Limosa limosa
Vögel (*Aves*)
Watvögel (*Limicolae*)

K Großer, hochbeiniger, aufrechtstehender Watvogel mit langem, geradem Schnabel. Im Flug mit deutlichen weißen Flügelbinden und weit den Schwanz überragenden Beinen. Schwanz schwarz, Bürzel weiß. Brutkleid an Hals, Brust und oberem Rücken rostrot, Unterschwanzdekken weiß; im Ruhekleid unterseits hell, oberseits blaßgrau; Schnabelwurzel blaßorange. 41 cm.

V Brutvogel an den Feuchtwiesen, Küstenmarschen und Mooren in Mittel- und Osteuropa; Wintergast in West- und Südeuropa, dann auch gelegentlich an der Küste.

A Die Uferschnepfen zeigen an ihrem Brutplatz ein auffälliges Balzverhalten:
Mit steil aufgerichteten und aufgefächerten Schwanzfedern stolzieren die Männchen umher und um die Weibchen herum. Dabei lüften sie aufreizend ihre Flügel. Die Paare leben in der Regel einzeln zusammen. Mit ihrem langen Schnabel stochern die Uferschnepfen nach kleinen Kleinkrebsen, Insekten und deren Larven, Kaulquappen und Jungfröschen etc.
In Deutschland ist die Art in ihrem Bestand bedroht.

Großer Brachvogel
Numenius arquata
Vögel (*Aves*)
Watvögel (*Limicolae*)

K Großer, hochbeiniger Vogel mit sehr langem, abwärts gebogenem Schnabel. Oberseite, Brust und Kopf braun; Bürzel weiß; Unterseite hell; Schnabel dunkel, an der Wurzel mit rötlichem Anflug; Beine dunkelgrau. 55 cm.

V An Wiesen, Sümpfen und Mooren; Brutvogel vom Ural bis in die Bretagne; auf dem Durchzug häufig im Wattenmeer; Wintergast in West- und Südeuropa.

A Der Große Brachvogel ist der größte europäische Watvogel.

Während der Brutzeit leben sie paarweise zerstreut, zur Zugzeit jedoch sammeln sie sich zu großen Schwärmen oder größeren Trupps und ziehen gemeinsam in Linie oder Keilform.

Während die Geschlechter im Gefieder völlig gleich sind, unterscheiden sie sich deutlich am Schnabel. Er wird beim Weibchen (17 cm lang) an der Wurzel zunächst gerade geführt, während er beim Männchen (14 cm) schon kurz hinter der Wurzel nach unten abbiegt.

Sehr ähnlich ist der kleinere, bis 41 cm messende Regenbrachvogel (*Numenius phaeopus*), der durch einen deutlichen hellen Scheitel- und Augenüberstreif gekennzeichnet ist. Er wirkt etwas gedrungener und fliegt mit schnellerer Schlagfrequenz.

Säbelschnäbler
Recurvirostra avosetta
Vögel (*Aves*)
Watvögel (*Limicolae*)

K Unverkennbare Gestalt mit langem, säbelartig aufwärts gebogenem Schnabel. Gefieder weiß-schwarz gefärbt, sehr kontrastreiches Flugbild; Schnabel schwarz, Beine grau. 43 cm.
V An Brackwasserseen, Salzwiesen und Strandbereichen, Flußmündungen, Sandbänken und freien Schlammflächen; Brutvogel von Ostpreußen bis zur Rheinmündung; Wintergast in West- und Südeuropa.
A Gute Schwimmer und Gründler. Bei der Nahrungssuche streichen sie mit ihrem Schnabel flach an der Wasser- und Bodenoberfläche weite Bögen und seihen Würmer, Wattschnecken und Kleinkrebse ein.
In der Regel brüten die Säbelschnäbler in lockeren Verbänden. Ihr Nest bauen sie in Nähe der Niedrigwasserlinie in Grasbüscheln und niederen Gestrüppen. Nach einer Brutzeit von 3–4 Wochen schlüpfen aus den Eiern kleine Küken, die bereits einen aufwärtsgebogenen Schnabel tragen und sehr schnell das Nest verlassen. Gelege und Küken verteidigen die Elterntiere aggressiv, selbst gegenüber nesträubernden Silber- und Mantelmöwen.
Dank einiger Schutzmaßnahmen im Salzwiesenbereich steigen die Brutbestände der Säbelschnäbler an der deutschen Küste wieder leicht.

Austernfischer
Haematopus ostralegus
Vögel (*Aves*)
Watvögel (*Limicolae*)

K Kräftiger, gedrungener Körper mit langem, geradem Schnabel. Kopf, Brust (im Brutkleid), Oberseite und Schwanzbinde schwarz; Unterseite, Bürzel und Schwanz weiß. Schnabel, Beine und Augen kräftig rot. 43 cm.

V Küstenbewohner; Standvogel und Teilzieher von Südskandinavien bis nach Gibraltar und ans Mittelmeer; Sommervogel in Nord- und Osteuropa; Wintergast in Südeuropa.

A Kaum ein Strandvogel macht durch seine Größe, kontrastreiche Befiederung und lauten Rufe so eindringlich auf sich aufmerksam wie der Austernfischer.

Zwischen April und Juni legen die Pärchen in eine Bodenmulde bis zu 4 Eier, die von beiden Elternteilen bebrütet werden. Die frischgeschlüpften Jungvögel flüchten schon nach einem Tag aus dem Nest und sind nach 5 Wochen flügge.
Ihre Nahrung besteht aus Krebsen, Muscheln, Wattwürmern, Strandschnecken und Insekten.
Während die Vögel mit verdicktem „Hammer"-Schnabel die Muscheln aufstochern, gelangen die mit dem „Stich"-Schnabel ausgestatteten Tiere durch einen gezielten Hieb zwischen die geöffneten Schalenklappen an die Schließmuskeln und trennen sie durch.

Kiebitz
Vanellus vanellus
Vögel (*Aves*)
Watvögel (*Limicolae*)

K Kräftige, gedrungene Gestalt. Schnabel spitz, Hinterkopf mit auffälligem Schopf. Oberseite und Flügeldecken dunkel, mit grünem Glanz; äußere Flügeldecken und Brust schwarz, Unterschwanzdekken hellbraun bis gelborange; Unterseite und erweiterte Flügelachseln weiß; Schnabel dunkel, Beine fleischfarben. 30 cm.

V An Feuchtwiesen, Rieselfeldern, in Mooren und Marschlandschaften; Standvogel und Teilzieher in ganz West- und Mitteleuropa; Brutvogel in Nord- und Osteuropa.

A Besonderes Kennzeichen des Kiebitz ist sein akrobatisch taumelnder und gaukelnder Balzflug, bei dem die breiten, abgerundeten Flügel weithin sichtbar werden. Während des Lufttanzes wird ein charakteristisches wuchtelndes Geräusch erzeugt.

Das Gelege richten die Kiebitze in einer mit Grashalmen ausgepolsterten Bodenmulde ein. Es wird von beiden Partnern ausgebrütet. Die graubraunen und weißlich gefleckten Jungvögel flüchten, sobald sie abgetrocknet sind, aus dem Nest und werden von den Eltern, bis sie flügge werden, betreut.

Kiebitze fressen Würmer, Insekten und deren Larven.

Der Name rührt von ihrem variationsreichen Ruf „kie-wit" her.

Bläßhuhn
Fulica atra
Vögel (*Aves*)
Rallen (*Rallidae*)

K Plumpe Gestalt mit kurzem, spitzem Schnabel und langen Beinen. Gefieder einheitlich schwarz, Blässe und Schnabel weiß, Beine grün, Füße mit Schwimmlappen. 38 cm.

V Brutvogel an Gewässern mit Ufervegetation und Stadtteichen, außerhalb der Brutzeit auch an der Küste; Brutvogel in ganz Europa, fehlt im nördlichen Skandinavien und auf Island; östlich der Oder nur im Sommer.

A Bläßhühner ernähren sich als gute Schwimmer und Taucher von Wasserpflanzen, Schnecken und Jungfischen.
Im Flug ragen die Beine über den Schwanz nach hinten hinaus.

Teichhuhn
Gallinula chloropus
Vögel (*Aves*)
Rallen (*Rallidae*)

K Plumpe Gestalt mit kurzem, spitzem Schnabel und vorsichtig schreitendem Gang. Gefieder blauschwarz bis tiefbraun, Unterschwanzdecken weiß; Beine grün, Blässe und Schnabel rot, Schnabelspitze gelb. 33 cm.

V An vegetationsreichen Binnengewässern, gelegentlich in den Küstenmarschen; Standvogel in Nordafrika, in Europa bis etwa zur Memel, östlich davon nur Brutvogel.

A Teichhühner sind gewandte Schwimmer und Läufer. Ihre Nahrung besteht aus Wasserinsekten, Krebsen, Schnecken, Würmern und Pflanzenteilen. Pro Jahr werden 2 Bruten aufgezogen.

Prachttaucher
Gavia arctica
Vögel (*Aves*)
Seetaucher (*Gaviidae*)

K Große, plumpe Gestalt mit sehr flacher Stirn und geradem, spitzem Schnabel. Beine sehr weit hinten ansetzend. Ruhekleid auf der Oberseite und den Flügeldecken schlicht graubraun; Unterseite hell; Brutkleid viel kontrastreicher schwarz-weiß mit Streifen und Punkten gefärbt; Schnabel und Beine dunkel. 68 cm.
V Brutvogel an Binnengewässern in Nord- und Osteuropa; Wintergast an den europäischen Atlantikküsten, selten an Land.
A Neben der vorgestellten Art sind an den heimischen Küsten noch zwei weitere Arten zu erwarten: der etwa stockentengroße Sterntaucher (*Gavia stellata*) und der etwa gansgroße Eistaucher (*Gavia immer*). Beide sind Brutvögel arktischer Gebiete.
Alle 3 Formen sind in ihrem Winterkleid, in dem sie bei uns erscheinen, nur mit sehr viel Übung voneinander zu unterscheiden. Alle drei Taucher liegen tief im Wasser und unternehmen auf der Nahrungssuche nach Fischen ausgedehnte Tauchgänge, die bis zu einer Minute andauern können.
Im Flug kann man sie dagegen nur selten beobachten.

Zwergsäger
Mergus albellus
Vögel (*Aves*)
Entenvögel (*Anatinae*)

K Kleine, kräftige Gestalt mit relativ großem Kopf. Männchen weiß mit schwarzer Wange und Rückenzeichnung, im Flug kontrastreich weiß und schwarz; Weibchen überwiegend grau mit rotbrauner Kopfkappe und weißen Wangen. 42 cm.
V An Binnen- und Küstengewässern; Brutvogel in Nordskandinavien, Nordosteuropa und Sibirien; Wintergast in Mittel- und Westeuropa bis zur Normandie sowie von Südfrankreich bis zum Schwarzen Meer.
A Zwergsäger brüten in Baumhöhlen. Sie sind vorzügliche Schwimmer und tauchen nach Würmern, Mollusken und kleinen Fischen.

Mittelsäger
Mergus serrator
Vögel (*Aves*)
Entenvögel (*Anatinae*)

K Längliche Körperform mit aufrechtgetragenem, durch eine Haube scheinbar großem Kopf; Schnabel schlank, an der Spitze abgebogen. Männchen oberseits schwarz und weiß gemustert, Brust rotbraun und schwarz getupft, weißer Halsring, Kopf- und Schopfgefieder grün; Weibchen überwiegend blaßbraun und grau mit farblich nicht deutlich abgesetztem, kräftig braunem Kopf. Männchen und Weibchen im Flug mit weißen Flügelfeldern, Schnabel und Füße rotorange. 58 cm.
V An bewaldeten Binnengewässern und Meeresküsten.
A In Deutschland bedrohter Brutvogel.

Gänsesäger
Mergus merganser
Vögel (*Aves*)
Entenvögel (*Anatinae*)

K Langgestreckter, massiger Körper mit großem Kopf und schlankem, am Ende abgebogenem Schnabel. Männchen oberseits dunkel, unterseits, an den Flanken und auf der Brust weiß mit lachsfarbenem Anflug, Kopf schwarzgrün. Weibchen überwiegend grau mit heller Unterseite, Kopf braun, farblich deutlich gegenüber dem weißen Gefieder am Hals abgesetzt; beide Geschlechter mit buschiger Haube. Männchen und Weibchen mit roten Beinen und Schnäbeln. 66 cm.

V An bewaldeten Binnengewässern und Flüssen, auf dem Durchzug und auf der Rast auch in Küstennähe; Brutvogel in Skandinavien, rund um die Ostsee, in Schottland und auf Island, fehlt am Mittelmeer.

A Der Gänsesäger brütet dort, wo in der Nähe von Binnengewässern alte Baumhöhlen großer Spechte oder extra dafür eingerichtete Nistkästen mit großem Einflugloch für die Einrichtung eines Nestes zur Verfügung stehen. Nördlich der Baumgrenze werden auch Felshöhlen und -nischen als Brutplatz angenommen. Da aber solche Ansprüche nur noch an wenigen Orten bei uns erfüllt werden können, gehört der Gänsesäger zu den bedrohten Brutvögeln in Deutschland.
Ihre Nahrung besteht aus Fischen.

Eiderente
Somateria mollissima
Vögel (*Aves*)
Entenvögel (*Anatinae*)

K Große, massige Meerente mit sehr flacher Stirn und fast 3eckigem Kopf. Männchen im Brutkleid oberseits weiß mit schwarzer Kopfkappe und grünlichen Hinterkopfzonen, Brust mit lachsfarbenem Anflug; im Ruhekleid auch oberseits, am Kopf und an der Brust dunkel; Weibchen ± einheitlich dunkelbraun. Beine und Schnabel bei Männchen und Weibchen dunkel. 58 cm.

V An felsigen und sandigen Meeresstränden, besonders auf einsamen Inseln, aber auch in direkter Nähe von Möwenkolonien; Brut- und Standvogel rund um Nord- und Ostsee, in Schottland, Nordirland, der Bretagne und auf Island.

A Eiderenten sind ausgezeichnete Schwimmer und Taucher.
Ihre Hauptnahrung besteht aus Miesmuscheln, für die sie mehr als 50 m tief tauchen können, um sie zu erreichen. Um solche Leistungen zu vollbringen, ist ein sehr hoher Energiebedarf zu stillen, und so wundert es nicht, daß die großen Enten täglich etwa ein Drittel ihres eigenen Körpergewichtes an Nahrung zu sich nehmen. Im Wattenmeer sind sie von großer ökologischer Bedeutung, denn keine Vogelart entnimmt diesem Lebensraum so viel Biomasse wie sie. Nicht selten fallen sie in großen Trupps ein und fressen ganze Muschelbänke kahl.

Eisente
Clangula hyemalis
Vögel (*Aves*)
Entenvögel (*Anatinae*)

K Schlanke, kurzschnäbelige Meerente mit rundem Kopf und hoher Stirn. Männchen im Winterkleid kontrastreich weiß und schwarz, Bruststreifen und Kopfseiten dunkelbraun, sehr langer Schwanzspieß; Weibchen oberseits, an der Brust und am Kopfscheitel braun, mit einem dunkleren Fleck an der hinteren Wange, Unterseite hell. Schnabel und Beine bei Männchen und Weibchen grau, beim Männchen mit orangenem Oberschnabelfeld, keine Flügelbinden. Männchen 53 cm, Weibchen 41 cm.

V Brutvogel an Küsten- und Binnengewässern Skandinaviens und Islands, meist auf unbetretenen, flachen Inseln; Wintergast und Durchzügler rund um Nord- und Ostsee, im Binnenland sehr selten.

A Eisenten kann man im Winter in Küstennähe auf dem Wasser schwimmend beobachten. Sie sind vorzügliche Schwimmer und Taucher und erbeuten so am Meeresboden Schnecken, Muscheln, Krebse und Würmer.

Leider verfangen sie, und auch andere Meerenten, sich häufig in den Stellnetzen der Fischer, die in unmittelbarer Küstennähe aufgestellt werden, und müssen dann jämmerlich darin ertrinken.

Samtente
Melanitta fusca
Vögel (*Aves*)
Entenvögel (*Anatinae*)

K Dunkle Meerente mit sehr wenigen hellen Flecken. Männchen schwarz mit gelborangenem Schnabel und weißem Augenfleck. Weibchen tiefbraun, mit dunklem Schnabel und 2 hellen Flecken auf den Kopfseiten.
Beide Geschlechter mit roten Beinen, im Flug mit deutlichen weißen Armschwingen. 56 cm.
V Brutvogel in Nordskandinavien; Wintervogel an Nord- und Ostsee und am Atlantik.
A Im Winter regelmäßig in Gesellschaft mit Eiderenten.
Die Nahrung besteht aus ertauchten Muscheln, Schnecken, Kleinkrebsen, Würmern und Seesternen.

Trauerente
Melanitta nigra
Vögel (*Aves*)
Entenvögel (*Anatinae*)

K Typische Entengestalt mit einem dunklen ± einfarbigen Gefieder. Männchen ganz schwarz mit orangegelbem Oberschnabelfleck und -höcker; Weibchen tiefbraun, Wangen etwas heller, Schnabel grau. Beide Geschlechter mit dunklen Beinen. 48 cm.
V Brutvogel an den Binnengewässern Skandinaviens, auf Island sowie im Norden von Schottland und Irland; Wintervogel rund um Nord- und Ostsee, am Ärmelkanal und den Atlantikküsten bis nach Marokko.
A Trauerenten sind in Deutschland nur auf dem Durchzug an der Küste zu beobachten. Nahrung wie Samt- und Eiderente.

Brandente, Brand-„Gans“
Tadorna tadorna
Vögel (*Aves*)
Entenvögel (*Anatinae*)

K Gänseartige Gestalt mit kontrastreichem Gefieder und rotem Schnabel. Kopf schwarzgrün, Hals, Flanken und Unterseite weiß, rostbraunes Brustband; Männchen mit rotem Schnabelhöcker, deutlich größer als das Weibchen. Bis 61 cm.

V An sandigen und felsigen Meeresküsten; Brutvogel an den Atlantikküsten von Norwegen bis zur Bretagne; überwintert an der Nordsee und der europäischen Atlantikküste, auch am Mittelmeer.

A Brandenten brüten in Kaninchenbauten, Gebüschdickichten und ausgespülten Höhlungen in unmittelbarer Gewässernähe. Das Nest wird mit Federn und Pflanzenmaterial ausgepolstert. Die 7–12 Eier werden einen Monat lang nur vom Weibchen bebrütet, die Aufzucht teilen sich die Eltern anschließend. Nach etwa 2 Monaten werden die Jungvögel flügge.
Zur Zugzeit versammeln sie sich (rund 1 000 000) am Großen Knechtsand zwischen der Elbe- und Wesermündung in der Deutschen Bucht, um hier zu mausern. Während dieser Zeit können die Enten kaum oder gar nicht fliegen und sind auf die reichhaltige Nahrung im Wattboden angewiesen. Hierzu trampeln sie große Kuhlen in den Boden und fressen anschließend die freigelegten Muscheln und Würmer.

Graugans
Anser anser
Vögel (*Aves*)
Gänsevögel (*Anserinae*)

K Kräftige Gestalt mit überwiegend graubraunem, hellgesäumtem Gefieder. Schnabel orange, Beine fleischfarben. 76–89 cm.

V Brutvogel an Küstenstreifen und nahen Binnengewässern in Nord-, Ost- und Mitteleuropa; überwintert rund um Nord- und Ostsee, an der Atlantikküste bis nach Gibraltar und am Mittelmeer.

A Graugänse ernähren sich von Sumpfpflanzen, Klee, Gras und Samen.

Im Flug ziehen sie in Keilformation. Weitere durchziehende und überwiegend braune Wildgänse an unseren Küsten sind Bläß-, Saat- und Kurzschnabelgans.

Nonnengans
Branta leucopsis
Vögel (*Aves*)
Gänsevögel (*Anserinae*)

K Kurzschnäbelige, überwiegend dunkel gefärbte Gestalt. Unterseite, Bürzel und Gesicht weiß, sonst dunkel gefärbt. 58–68 cm.

V Brutvogel in den küstennahen Tundren von Grönland, Spitzbergen und Nowaja Semlja; Wintergast in Schottland, Irland und an den Nordseeküsten von Dänemark bis nach Belgien.

A Nonnengänse, auch „Weißwangengänse“ genannt, leben gesellig und ziehen in unregelmäßigen Trupps. Im Winterquartier findet man sie häufig auf Feldern, Salzwiesen und im Wattenmeer. Sie ernähren sich überwiegend vegetarisch.

Ringelgans
Branta bernicla
Vögel (*Aves*)
Gänsevögel (*Anserinae*)

K Dunkles Gefieder mit weißem Halsring und weißen Unterschwanzdecken. Kopf und Hals schwarz; Oberseite braun; Unterseite mit weißlichem oder dunkelgrauem Bauch; weiße V-Färbung im Schwanz; Schnabel und Beine schwarz. 55–60 cm.

V An arktischen Gewässern und Tundren; Brutvogel auf Grönland, Spitzbergen (Bauch hell) und im nördlichen Rußland (Bauch dunkel); Durchzügler und Wintergast von Dänemark bis an den Ärmelkanal, im Wattenmeer und auf den Salzwiesen.

A Die Nahrung der Ringelgänse, die an den heimischen Küsten überwintern, besteht überwiegend aus Algen, Seegras und Salzpflanzen, insbesondere Andelgras.
Auf ihrer Rast fallen sie in großen Trupps über eng begrenzte Landstriche herein und können zum Leidwesen der Bauern ganze Wiesen kurzfressen. Außerdem gründeln sie in den flach gelegenen Seegraswiesen vor der Küste.
Ringelgänse fliegen sehr rasch, aber nicht in Formation.
Einzeln angetroffene Vögel sind mit großer Wahrscheinlichkeit krank, denn in der Regel leben sie sehr gesellig.

Lachmöwe
Larus ribundus
Vögel (*Aves*)
Möwenvögel (*Laridae*)

K Kleinste der häufigen heimischen Möwen. Schlanke Gestalt mit rotem Schnabel, roten Beinen und spitzzulaufenden Flügeln. Oberseite und Flügeldecken hellgrau, Flügelunterseite dunkler; Brust, Bauch und Flanken weiß; zur Brutzeit mit schokoladenbrauner Kopffärbung; im Ruhekleid am Kopf weiß, mit einem dunklen Fleck hinter dem Auge. 36–38 cm.

V An Binnengewässern, Verlandungszonen, Flußdeltas und an der Küste; Brutvogel in ganz Europa von Großbritannien bis zum Ural, nicht im hohen Norden; Teilzieher von etwa der Memel und Schwarzem Meer bis an den Ärmelkanal.

A Die Lachmöwe brütet in Kolonien, zumeist an inselreichen Gewässern in Küstennähe und im Binnenland. Die 3 Eier werden $3\frac{1}{2}$ Wochen lang bebrütet. Die Jungvögel werden nach 4 Wochen flügge.

In unmittelbarer Nähe und unter dem direkten Schutz ihrer Kolonien brüten häufig auch andere Seevögel wie z.B. Brandseeschwalben, Säbelschnäbler und Schwarzhalstaucher.

Mit der Möwenkolonie erlischt auch ihr Brutvorkommen.

Neben Würmern und Insekten frißt die Lachmöwe auch Abfälle. An Schutthalden und in Stadtparks ist dieser „Kulturfolger“ häufig.

Silbermöwe
Larus argentatus
Vögel (*Aves*)
Möwenvögel (*Laridae*)

K Körper kräftig, Schnabel groß. Gefieder weiß, Flügeldecken grau mit schwarzen Spitzen; Schnabel gelb mit rotem Unterschnabel- („Brut"-)Fleck, Beine fleischfarben; Jungtiere erst im 3. Jahr ausgefärbt, vorher schmutzigbraun gefleckt. 66 cm.

V Teilzieher an fast allen europäischen Küsten.

A Silbermöwen gehören zu den Vögeln, die als Kulturfolger und der damit verbundenen Erschließung neuer Nahrungsquellen in ihren Beständen sehr stabil sind und eher noch zunehmen.
Sie fressen sowohl Fische, Würmer, Krebse, Muscheln, Schnecken und Seesterne als auch Abfälle von Müllhalden. Außerdem gelten sie als Nesträuber bei anderen Seevögeln. Ihre eigenen Gelege mit gewöhnlich 3 gesprenkelten Eiern verteidigen sie hartnäckig durch Sturzflugangriffe auf den vermeintlichen Feind. Gewöhnlich werden die Nester in der flachen Strand- und Dünenvegetation an unbetretenen Stellen eingerichtet, aber auf Helgoland brüten die Silbermöwen auch direkt im Felsen auf großen Felsvorsprüngen. Nach 4 Wochen Brutgeschäft schlüpfen die Küken und werden nach etwa 5–8 Wochen flügge, halten sich dann aber noch längere Zeit in der näheren Umgebung auf.

Heringsmöwe
Larus fuscus
Vögel (*Aves*)
Möwenvögel (*Laridae*)

K In Gestalt und Färbung einer Silbermöwe ähnlich, nur wenig kleiner, Flügeldecken und Rücken jedoch schwarz (Skandinavien) bis tiefgrau (Großbritannien). Schnabel gelb mit rotem Brutfleck, Beine gelb; unausgefärbte Jungvögel dunkelbraun, mit fleischfarbenen Beinen (kaum von jungen Silbermöwen zu unterscheiden). 55 cm.

V Brutvogel an den Küsten Skandinaviens und Schottlands; Teilzieher an der Nordsee und den Britischen Inseln; überwintert auch am Atlantik südlich des Ärmelkanals und am Mittelmeer. Als „Kulturfolger" dehnt sich ihr Verbreitungsgebiet von Skandinavien zusehends nach Süden aus, so daß sie zunehmend auch an der Nordsee Brutkolonien bilden.

A Heringsmöwen ernähren sich von Fischen, marinen Wirbellosen und Aas. Neuerdings werden sie auch auf Müllhalden beobachtet. Heringsmöwen brüten auf flachem Dünengelände an sandigen Küsten, aber auch auf Felsen. Viel später als die Silbermöwen, mit denen sie sich sonst vielleicht auch verpaaren könnten, treffen sie in ihren Brutgebieten ein und besetzen die angestammten vorjährigen Nistplätze. Die 3 gelegten Eier sind von denen der Silbermöwen nicht zu unterscheiden.

Mantelmöwe
Larus marinus
Vögel (*Aves*)
Möwenvögel (*Laridae*)

K Größte Möwe an unseren Küsten. In der Gefiederfärbung ähnlich einer Heringsmöwe, jedoch massiger, plumper und mit kräftigerem Schnabel; Beine fleischfarben. 64–80 cm, Spannweite bis 170 cm, in Skandinavien noch größer.

V Teilzieher an den Küsten Skandinaviens sowie rund um Nord- und Ostsee, Großbritannien und Ärmelkanal; überwintert an den Küsten vom Baltikum bis nach Gibraltar, auch am Mittelmeer.

A Diese großen Möwen sind weniger gesellig als ihre kleineren Verwandten. Mantelmöwen ernähren sich von Abfällen der küstennahen Müllhalden, von Fischen, marinen Wirbellosen und auch Mäusen. Außerdem plündern sie die Nester anderer Seevögel, überwältigen auch deren Küken und betreiben parasitischen Beuteraub, indem sie anderen Seevögeln hinterherfliegen und sie zwingen, ihre Beute abzutreten und fallenzulassen.
Der bevorzugte Brutplatz der Mantelmöwen sind kleine Felseninseln und flache Sandstrände. Größere Kolonien sind selten, meist brüten sie in kleinen Gruppen.

Sturmmöwe
Larus canus
Vögel (*Aves*)
Möwenvögel (*Laridae*)

K In Erscheinung und Gefiederfärbung an eine schlanke Silbermöwe erinnernd, doch deutlich kleiner, Schnabel schlanker, ohne roten Schnabelfleck. Schnabel und Beine gelbgrün. Oberseite und Flügeldekken hellgrau, Unterseite und Schwanz weiß; Kopf weiß, mit sehr feiner brauner Strichelung. 40 cm.

V An felsigen und sandigen Küsten und an Binnengewässern, auch in Stadtparks als Kulturfolger; Brutvogel in Skandinavien und Nordrußland; Teilzieher an allen europäischen Küsten von der Arktis bis an den Ärmelkanal und in der westlichen Ostsee; überwintert auch weiter südlich und am Mittelmeer.

A Sturmmöwen ernähren sich von Wirbellosen, Aas und Abfall von Müllhalden, die sie als Kulturfolger aufsuchen. Außerdem jagen sie anderen Möwen und Seeschwalben die Beute ab und betätigen sich als Nesträuber. Im Binnenland kann man sie als Schwärme auf frisch umgepflügten Äckern beobachten.
Die Nester werden zu ebener Erde aus wenigen Zweigen angelegt. Das Brutgeschäft wird von beiden Partnern betrieben und dauert etwa $3\frac{1}{2}$ Wochen für die 3 Eier. Die Küken werden nach 5 Wochen flügge.
Im Binnenland werden die Gelege häufig das Opfer von Mardern und Bisamratten.

Skua
Stercocarius skua
Vögel (*Aves*)
Raubmöwen (*Stercocariidae*)

K Große, kräftige Möwengestalt mit dunkelbraunem Gefieder und weißem Feld in den spitz zulaufenden Armschwingen. Schwanz kurz und keilförmig, mittlere Federn ein wenig hervorstehend (nicht bei den Jungvögeln); Beine und Schnabel dunkel. 53–61 cm.

V Brutvogel auf Island, den Faröer, Orkneys und Shetlands; Durchzügler in Mitteleuropa; überwintert vor den Küsten Süd- und Westeuropas.

A Obwohl die Skuas ein sehr plumpes Aussehen haben, sind sie doch sehr gewandte Flieger. Sie verfolgen andere Seevögel, insbesondere Möwen und Seeschwalben, um ihnen im Fluge die Beute abzujagen. Dabei bedrängen sie selbst die großen Baßtölpel so lange, bis diese die bereits abgeschluckte Nahrung wieder aus dem Magen hervorwürgen und ausspeien. Noch im Fluge greifen sie sich dann die bereits vorverdaute Nahrung.
In ihren Brutgebieten erbeuten die Skuas für ihre Nachkommen und sich selbst auch kleine Nagetiere, Lemminge, marine Wirbellose und Fische.

Spatelraubmöwe
Stercocarius pomarinus
Vögel (*Aves*)
Raubmöwen (*Stercocariidae*)

K In Gestalt ähnlich der Skua, doch mit einem langen, keilförmigen Schwanz und spatelartig ausgezogen mittleren Steuerfedern. Tritt in 2 Phasen auf:
Helle Phase an Kehle und Bauch hell, mit deutlichem Brustring, sonst dunkel; dunkle Phase einheitlich dunkelbraun (sehr selten); immer mit weißem Feld in den Armschwingen; Schnabel und Beine fast schwarz. 53–56 cm.
V Brütet im Norden Rußlands; Durchzügler an allen europäischen Atlantikküsten; überwintert vor Westafrika.

A Die Spatelraubmöwe ernährt sich ähnlich wie die Skua.
Sehr ähnlich ist die Schmarotzerraubmöwe (*Stercocarius parasiticus*). Sie ist etwas kleiner (51 cm) und leicht an den spießartig verlängerten Steuerfedern zu unterscheiden. Außerdem fehlt ihr in der hellen Phase das dunkle Brustband. Die dunkle Phase tritt bei dieser Art durchaus häufig auf. Ihr Flug ist insgesamt schneller und erinnert etwas an einen Falken. In der dunklen Phase und im Jugendkleid sind die beiden Arten kaum voneinander zu unterscheiden.

Falkenraubmöwe
Stercocarius longicaudus
Vögel (*Aves*)
Raubmöwen (*Stercocariidae*)

K Kleinste Raubmöwe unserer Breiten, von schlanker Gestalt und sehr wendig im Flug. Mittlere Steuerfedern sehr schmal und lang ausgezogen (25 cm = $^2/_5$ der Gesamtlänge); im Gefieder ähnlich der Schmarotzer- und Spatelraubmöwe, aber weniger Weiß in den Armschwingen. Schnabel und Beine dunkel; 58 cm.
V Brutvogel in Norwegen und Nordrußland; Durchzügler an den europäischen Atlantikküsten; überwintert vor den Küsten Westafrikas.
A Ebenso wie die anderen Raubmöwen verfolgt auch die Falkenraubmöwe als Nahrungsschmarotzer zielstrebig andere Seevögel, um diese zum Ausspeien der bereits abgeschluckten Nahrung zu zwingen. Die schlanken, falkenartig fliegenden und sehr elegant wendenden Vögel stellen selbst Flugakrobaten wie den kleinen Seeschwalben nach, die es in ihren Flugkünsten und ihrer Ausdauer offenbar nicht mit ihnen aufnehmen können. Die Schwanzspieße sind bei dieser Art so extrem lang, daß eine Verwechslung mit den hellen Phasen von Spatel- und Schmarotzerraubmöwe praktisch ausgeschlossen ist.

Brandseeschwalbe
Sterna sandviciensis
Vögel (*Aves*)
Seeschwalben (*Sternidae*)

K Schlanke, kräftige Gestalt mit überwiegend weißem Gefieder und schwarzer, struppiger Kopfhaube. Flügeldecken hellgrau; Beine kurz und schwarz, Sohlen gelb; Schnabel schwarz mit gelber Spitze. 41 cm.
V Brutvogel an sandigen, flachen Meeresküsten, in flachen Dünenlandschaften und auf kleinen Inseln (z. B. Hallig Norderoog, Trischen, Oldeoog, Scharhörn); überwintert in Griechenland und Westafrika.
A Brandseeschwalben sind die größten Seeschwalben an unseren Küsten. In ihrer Statur erinnern sie fast schon an eine kleine Möwe, im Flug sind sie jedoch leicht an dem weit ausholenden Flügelschlag und den spitzgeschnittenen Schwingen zu erkennen. Zur Brutzeit treffen sie sich zu dichten Kolonien (mehrere 1000 Tiere) an flachen Sand- und Kiesstränden, die für bodenlebende Beutegreifer unzugänglich sind. Während des auffälligen Balzverhaltens recken sie ihre Köpfe und lüften ihre Flügel. Als „Brutgeschenk“ werden kleine Fische überreicht.
Ernähren sich als Stoßtaucher: Mit kräftigen Flügelschlägen und nach unten gesenktem Schnabel „rütteln“ sie etwa 3–10 m über der Wasseroberfläche und stürzen sich abrupt senkrecht in die Fluten, um nach kleinen Fischen zu jagen.

Zwergseeschwalbe
Sterna albifrons
Vögel (*Aves*)
Seeschwalben (*Sternidae*)

K In Gestalt und Verhalten sehr ähnlich den vorigen Arten, jedoch deutlich kleiner und ohne lange Schwanzspieße. Gefieder überwiegend weiß, Oberseite und Flügeldecken grau, Flügelspitzen und Kopfkappe schwarz; fliegt mit schnellen, ruckartigen Schlägen; Beine und Schnabel gelb, Schnabelspitze schwarz. 24 cm.

V Brutvogel an wenig betretenen und geschützt liegenden Sand- und Kiesstränden, vom Baltikum bis nach Gibraltar und am Mittelmeer; überwintert in Afrika.

A Die kleinste europäische Seeschwalbe ist in ihrem Brutbestand an den deutschen Küsten akut bedroht. Das liegt vor allem daran, daß durch die Zunahme des Freizeittourismus auch der Bedarf an Sandstränden steigt, die als angestammte Brutgebiete für die Vögel verlorengehen.
Im Gegensatz zu den Brand-, Küsten- und Flußseeschwalben brüten die Zwergseeschwalben nicht in dichtgedrängten Kolonien, sondern nur in lockeren, kleinen Verbänden. Eng begrenzte Schutzmaßnahmen können deshalb auch nicht so effektiv wirken, weil sie immer nur wenige Brutpaare zu schützen vermögen.

Küstenseeschwalbe
Sterna paradisaea
Vögel (*Aves*)
Seeschwalben (*Sternidae*)

K Körper sehr schlank; Flügel lang und spitz ausgezogen, Schwanz tiefgegabelt. Gefieder überwiegend weiß, Flügeldecken grau. Kopfhaube schwarz, Beine und Schnabel rot. 36 cm.

V Brutvogel in Küstenbereichen mit flacher Vegetation, in Nord- und Mitteleuropa, Großbritannien und auf Island; überwintert im südlichen Afrika.

A Die Küstenseeschwalbe brütet in Bodenkolonien, häufig mit den sehr ähnlichen Flußseeschwalben (siehe rechts) vermischt. Die deutlichsten Unterscheidungsmerkmale sind der einheitlich rote Schnabel und die kürzeren Beine.
Die Brutmulde wird aggressiv gegenüber jedem Eindringling, ob Mensch, Schaf, Kuh oder Möwe, verteidigt, indem sich die Vögel aus rüttelnder Schwebehaltung senkrecht auf den Eindringling stürzen und kräftig zupicken. Das Nest wird als kleine, gepolsterte Mulde angelegt. Die Küken (meistens 3 pro Gelege) verlassen nach dem Abtrocknen schnell das Nest. Sie werden von den Alttieren mit Kleinfischen noch so lange gefüttert, bis sie flügge werden.

Flußseeschwalbe
Sterna hirundo
Vögel (*Aves*)
Seeschwalben (*Sternidae*)

K Sehr schlanke Gestalt mit schmalen, lang ausgezogenen Flügeln und tiefgegabeltem Schwanz. Gefieder überwiegend weiß, Flügeldecken und Rücken hellgrau, Kopfhaube schwarz; Beine und Schnabel rot, Schnabelspitze schwarz. 36 cm.

V Brutvogel an Binnengewässern, Verlandungszonen und an der Küste in ganz Europa, nicht im hohen Norden; überwintert in Afrika.

A Flußseeschwalben sind gewandte Flieger. Als Stoßtaucher erbeuten sie kleine Fische, Mollusken und Würmer.

An den heimischen Küsten brüten sie häufig zusammen mit den Küstenseeschwalben (siehe links). Ihre Gelege verteidigen sie wie diese auch sehr aggressiv. Um ihren durchaus ernstgemeinten Attacken zu entgehen, ist es ratsam, sich sofort aus dem Brutgebiet zu entfernen und dabei einen Stock oder ähnliches in die Höhe zu halten, weil die Vögel sich immer auf den höchsten Punkt des Eindringlings stürzen.

Im Gegensatz zu den Küstenseeschwalben sind die Flußseeschwalben auch an Binnengewässern zu finden. Weil ihre Nester meist nur flach über der Hochwasserlinie liegen, können bei Sommerstürmen die Gelege ganzer Kolonien verlorengehen.

Das Leben
am Vogelfelsen

Für den Betrachter sind die großen Vogelkolonien felsiger Meeresküsten ein eindrucksvolles Naturschauspiel. Es wird begleitet von einem wirren Geschrei und Durcheinander verschiedenster Rufe vor dem Hintergrund der immerwährenden Brandung der Wellen an das harte Gestein.
Zumeist sind Vogelfelsen an unzugänglichen und vor dem menschlichen Zugriff geschützten Stellen gelegen. Wenn nicht, dann werden sie durch strenge Schutzmaßnahmen und Betretungsverbote abgeschirmt. Deutschlands einziger Vogelfelsen aber, der „Lummenfelsen" auf Helgoland, bietet von April bis Anfang September die seltene Möglichkeit, Verhalten und Brutbiologie von Dreizehen- und Silbermöwen, Eissturmvögeln, Trottellummen und Tordalken sehr genau beobachten zu können, ohne daß sich die Vögel dabei gestört fühlen müssen. Am Beispiel dieser Seevogelkolonie kann auch gezeigt werden, warum weit mehr als 5000 Vogelpaare auf so engem Raum miteinander leben können, ohne einander ernstlich zu stören. Die Erklärung kann durch die artspezifische Einnischung jeder der dort brütenden Art und ihrer Ansprüche an den Brutplatz gegeben werden:
Dreizehenmöwen besetzen sehr enge Simse, auf denen sie aus Algenmaterial ein enges Nest bauen. Silbermöwen benötigen für ihr Nest größere Nischen und Vorsprünge, weil sie allein für das An- und Abfliegen schon mehr Platz in Anspruch nehmen müssen. Die Eissturmvögel besiedeln breitere Halbhöhlen und tiefe Nischen, die ihnen genügend Platz zum Anfliegen und Balzen geben. Trottellummen besetzen auf Helgoland die freien seewärts gerichteten und von der Witterung ausgehöhlten Felsbänder, die direkt über dem Wasser liegen. Sie brüten ganz dichtgedrängt und bieten sich so gegenseitigen Schutz gegenüber den nesträubernden Silbermöwen. Die wenigen Tordalken brüten auf kleinen und möglichst über dem Wasser hängenden Felswänden am Rande der Kolonie.
Auch in ihrem Nahrungserwerb unterscheiden sich die einzelnen Arten:
Während die Alken nach Fischen und Wirbellosen tauchen, sammeln die Eissturmvögel und Möwen ihre Beute von der Wasseroberfläche oder folgen den vorbeifahrenden Schiffen.
Wesentliche Unterschiede bestehen auch in der Brutdauer der einzelnen Arten. Während die jungen Dreizehenmöwen erst Ende Juli/Anfang August flügge vom Felsen fliegen, springen die jungen Alken schon einen Monat zuvor von der überhängenden Steilwand herab und wandern mit ihren Eltern aufs offene Meer. Die letzten Jungvögel, die den Felsen verlassen, sind die des Eissturmvogels. Erst in der zweiten Septemberhälfte fliegen sie vom Felsen, nachdem die Alttiere schon 3 Wochen zuvor aufs offene Meer gezogen sind.
Bis zum kommenden Frühjahr wird es dann still am Felsen, und nur die verlassenen Nester der Dreizehenmöwen zeugen von dem vergangenen und im nächsten Jahr wiederkehrenden Treiben.
Noch artenreicher bestückt sind die Vogelfelsen in der Bretagne, in Wales, Irland oder Norwegen. Hier brüten z.B. auch die eleganten Baßtölpel in dicht besetzten Kolonien, meist auf flacheren, breiten Stellen der Klippe oder auf deren Oberkanten. Dagegen legen sowohl die Papageientaucher als auch die überwiegend in der Dunkelheit aktiven Schwarzschnabel-Sturmtaucher ihre Brutplätze gerne unter Felsvorsprüngen oder selbst in leeren Kaninchenbauten an.

Kormoran
Phalacrocorax carbo
Vögel (*Aves*)
Kormorane (*Phalacrocoridae*)

K Große, plumpe Gestalt mit kurzen, weit hinten angesetzten Schwimmbeinen sowie einem langen, schlanken, am Ende hakenförmig gebogenen Schnabel. Wangen hell, sonst sehr dunkles Gefieder, Schnabel gelb. 90 cm.

V Brutvogel an den Küsten vom Nordmeer bis in die Bretagne und auf Island, auch an der Ostsee; brütet auf Felsen und Bäumen.

Kormorane ernähren sich von Fischen, die sie „paddelnd" unter Wasser jagen. Nach einem Tauchzug trocknen sie ihr ungefettetes Gefieder mit ausgebreiteten Flügeln an freien Plätzen. Oft fliegen sie dicht über der Wasseroberfläche dahin. Im Flugbild erinnern sie an ein dunkles Kreuz.

Sehr ähnlich ist die kleinere Krähenscharbe (*Phalacrocorax aristotelis,* bis 76 cm), die jedoch ein einheitlich dunkles Gefieder trägt. Auf dem Kopf trägt sie während der Brut- und Balzzeit einen kleinen Federschopf. Die Ernährungsweise ist ähnlich wie beim Kormoran, und auch das „Aushängen" des nassen Flügelgefieders kann man bei ihr beobachten. Krähenscharben legen ihre Nester an kleinen Felsvorsprüngen an. Die Paare brüten einzeln oder in lockeren Kolonien jeweils bis zu 4 Eier aus. An der Nord- und Ostseeküste sind sie nur seltene Irrgäste.

Baßtölpel
Sula bassana
Vögel (*Aves*)
Tölpel (*Sulidae*)

K Große, schlanke Gestalt mit kräftigem, langem, spitzem Schnabel. Gefieder strahlendweiß mit rahmfarbenem Kopf und schwarzen Flügelspitzen; Spannweite 1,8 m; Schnabel blaugrau; guter Schwimmer; Jungtiere viel dunkler gefärbt, Adultkleid erst im 4. Jahr. 91 cm.

V Irrgäste an den heimischen Küsten, selten an Land; große Brutkolonien an den Felsküsten der Bretagne, in Großbritannien, Island und Norwegen.

A Der Baßtölpel ist der größte atlantische Meeresvogel in Europa. In der Regel kann man ihn nur weit draußen auf dem Meer über dem Horizont oder aber von Schiffen aus beobachten. Aus 30 m Höhe stürzt er sich senkrecht und mit halb angewinkelten Flügeln ins Wasser, um nach Fischen zu stoßen.
Leider verhakeln sich die großen Vögel dabei nicht selten in abgerissenen Netzresten („ghostnets"), Sechserpacks von Bierdosen und Angelschnüren, die sie für leichte Beute halten. Die unfreiwilligen Halskrausen können sie nicht mehr abstreifen und gehen daran jämmerlich zugrunde. Im stark geschwächten Zustand nähern sie sich dann auch den Küsten, wo sie jedoch schon so abgemagert anlanden, daß jede Hilfe zu spät kommt – Unrat als tödliche Vogelfalle!

Dreizehenmöwe
Rissa tridactyla
Vögel (*Aves*)
Möwenvögel (*Laridae*)

K Kleine, schlanke, gewandt fliegende Möwe mit schwarzen Beinen, gelbgrünem Schnabel und leuchtend roter Mundhöhle. Gefieder überwiegend weiß, Flügeldecken und Rücken grau, Flügelspitzen schwarz; Jungvögel mit schwarzer Genickbinde und auffälligem schwarzem Flügelstreif. 40 cm.

V Brutvogel an den atlantischen Felsküsten, von Norwegen bis nach Großbritannien und am Ärmelkanal; in Deutschland nur auf Helgoland. Überwintert auf hoher See, nach heftigen Stürmen gelegentlich auch an den Küsten und im Binnenland.

A Dreizehenmöwen ernähren sich von Fischen, Krebsen, Würmern und in zunehmendem Maße auch von Abfällen.
Schon von weitem kann man ihre Brutkolonien an den steilen Felshängen der Küsten wegen ihres lauten Geschreies wahrnehmen. Während sie nämlich auf hoher See und abseits der Nester wenig ruffreudig sind, kreischen sie am Brutfelsen ein durchdringendes „Kitti-week". Auf kleinsten Felssimsen und Vorsprüngen bauen sie ein Nest aus Algen, in das sie 2 oder 3 Eier hineinlegen und gemeinsam bebrüten. Nach 3 Wochen schlüpfen die Küken, nach weiteren 5 Wochen werden sie flügge. Bis dahin werden sie von ihren Eltern am Nest betreut.

Eissturmvogel
Fulmarus glacialis
Vögel (*Aves*)
Sturmvögel (*Procellariidae*)

K Gestalt plump, mit kräftigem, durch Nasenröhren charakterisiertem Schnabel, Augen groß und dunkel. Gefieder weiß, Rücken und Flügeldecken grau; bisweilen auch als dunkle Phase mit rauchgrauem Gefieder und dunkleren Flügelspitzen; Schwingen im Segelflug starr gestreckt mit nur wenigen, leicht ausholenden Schlägen, eleganter Gleiter. 48 cm.

V Brütet an Felsklippen von Norwegen bis zur Bretagne, in Deutschland nur auf Helgoland; im Winter auf hoher See.

A An Land kriechen die Eissturmvögel nur unbeholfen auf ihren Fersen und benutzen zur Unterstützung auch die Flügel. Als ursprüngliche Hochseevögel des arktischen Atlantiks werden sie in den letzten Jahrzehnten nun auch in der Nordsee regelmäßig gesichtet. Auch die junge Helgoländer Brutkolonie (etwa 25 Paare, Bruterfolge seit 1972) ist eher im Zuwachs begriffen.
Wenn die Vögel mit etwa 5–7 Jahren geschlechtsreif werden, brüten sie paarweise jeweils nur 1 Ei aus. Das Jungtier wird etwa 3 Wochen, bevor es flügge wird, von den Eltern verlassen. Zur Abwehr gegenüber Störenfrieden kann es schon wie die Altvögel ein übelriechendes, ätzendes Ölsekret ausspeien. So wird die Art wirksam gemieden.

Trottellumme
Uria aalge
Vögel (*Aves*)
Alkenvögel (*Alcidae*)

K Plumpe Gestalt mit spitzem Schnabel. Oberseite schwarzbraun; Unterseite weiß; einige Tiere mit weißem Augenring („Ringellumme") und nach hinten gezogener Linie. 42 cm.

V Brutvogel an felsigen Nordatlantikküsten bis Westeuropa und nach Island, in Deutschland nur auf Helgoland; überwintert auf hoher See.

A Lummen sind gewandte Taucher und Fischjäger, während ihre Flugkünste, ähnlich wie bei den Tordalken, weit dahinter zurückbleiben. Wie die Tordalken können sie nämlich nicht richtig segeln, sondern schießen einem Torpedo gleich gradlinig über das Wasser hinweg. Im Frühjahr bilden die Lummen dichtgedrängte Brutkolonien auf steilen Felsen mit breiteren Simsen, so daß viele Tiere direkt beieinander stehen und sich und die Jungtiere gegenseitig schützen.
Das einzige, spitzkonisch geformte Ei kann aufgrund seiner Form nicht vom Felsen rollen.
Aus ihm schlüpft nach 30 Tagen ein Küken, das schon nach 20–25 Tagen unter den Lockrufen seiner Eltern („orrrrrr") von den hochgelegenen Felsvorsprüngen den (Flatter-)Sprung in die Tiefe wagt und sich mit den Eltern hinaus auf die offene See begibt. Erst dort werden die Vögel flügge.

Tordalk
Alca torda
Vögel (*Aves*)
Alkenvögel (*Alcidae*)

K Gestalt plump; Schnabel kräftig, seitlich abgeflacht. Oberseite rußschwarz; Unterseite und Brust reinweiß; weiße Seitenlinie von den Augen zur oberen Schnabelwurzel; Flug geradlinig, mit sehr schnellen Flügelschlägen. 41 cm.

V Brutvogel an felsigen Meeresküsten in Nord-, West- und Mitteleuropa sowie auf Island; in Deutschland nur auf Helgoland; überwintert auf dem offenen Meer.

A Tordalken sind wie die Lummen Vögel der Hochsee und gehen außerhalb der Brutzeit nicht an Land. Während sie sich als Flieger nur durch einen sehr schnellen Flügelschlag rasant, aber wenig wendig erweisen, sind sie dagegen gewandte Taucher, die ihrer Beute, z. B. Fischen, Würmern, Mollusken und Krebsen, geschickt mit halbgeöffneten Schwingen flugtauchend nachjagen.

Die auf der Nordsee überwinternden Tordalken werden zusehends durch die intensive Altölentsorgung der Schiffahrt auf hoher See gefährdet. Die durch das Öl beruhigten Wasserflächen werden von den Vögeln bevorzugt angeflogen. Durch das Putzen des verdreckten Gefieders gelangt das Öl in den Verdauungstrakt und blockiert dessen Funktion. Als Folge verhungern und erfrieren die Tiere elendig.

Gryllteiste
Cepphus grylle
Vögel (*Aves*)
Alkenvögel (*Alcidae*)

K Gestalt ähnlich der Trottellumme, jedoch deutlich kleiner, Gefieder schwarz, eiförmiges, weißes Feld auf den Flügeldecken, Achseln und Unterflügel hell; Schnabel spitz und dunkel, Mundhöhle tiefrot. Winterkleid sehr hell, Scheitel, Hals, Rükken und Oberseite weiß mit dunklen Tupfern, Hand- und Armschwingen unverändert schwarz. Beine rot. 34 cm.

V Teilzieher an den Atlantikküsten von Skandinavien bis nach Großbritannien, auch an der Ostsee und auf Island; überwintert vor den Küsten vom Baltikum bis nach Dänemark.

A Die Gryllteiste ist der am engsten an das Land gebundene heimische Alkenvogel. Auf offener See ist er nur selten zu beobachten. Die Paare brüten in felsigen Nischen, Höhlen oder unter Steinklötzen in lockeren, kleineren Kolonien. Jedes Paar brütet in der Regel 2 Eier aus, aber im Gegensatz zu den Lummen und Tordalken verlassen die Jungvögel den Brutplatz erst, wenn sie nach 5–6 Wochen flügge geworden sind.

Papageitaucher
Fratercula arctica
Vögel (*Aves*)
Alkenvögel (*Alcidae*)

K Gestalt plump mit großem, rundem Kopf und einem unverkennbaren, massigen, gelb-rot-blau gefärbten Schnabel (im Winter kleiner und blasser). Rücken, Flügeldecken, Hals- und Kopfhaube schwarz, Unterseite, Brust und Gesicht weiß; Beine rot. 29–36 cm.

V Brutvogel an den Küsten von Norwegen, Island, Großbritannien, Orkneys, Faröer und Shetlands, auch am Ärmelkanal; überwintert auf dem offenen Meer.

A Papageitaucher ernähren sich als Flugtaucher und stellen kleinen Fischen nach, die sie säuberlich aufgereiht nach einem Fang aus dem Mund herausschauen lassen. Im Gegensatz zu heimischen Alken graben sie eine Bruthöhle nahe oder direkt an steilen Küstenhängen, in die sie nur 1 Ei legen. Die Jungvögel verlassen 7 Wochen nach dem Schlüpfen flügge das Nest.

In Deutschland sind sie nur seltene Irrgäste. Bis etwa 1840 gab es auch auf Helgoland eine Kolonie dieser Vögel. Die letzten Tiere wurden mit Schlingen vor ihrem Brutloch gefangen und wahrscheinlich als präparierte Bälge für private Sammlungen verkauft. Eine durchaus vertretbare Wiederansiedlung aber ist sehr schwierig, da die Vögel zum Brüten nur den eigenen Heimatfelsen aufsuchen.

Unsere Küstenregionen sind Naturräume, in denen die natürlichen Ökosysteme und Lebensgemeinschaften noch weitgehend erhalten sind.
Wo sich Land und Meer begegnen, treffen grundverschiedene Lebensräume aufeinander; der genaue Verlauf ihrer gegenseitigen Grenzmarken läßt sich allerdings nicht völlig liniengenau abstecken. Im Gezeitenrhythmus werden die Grenzen sogar mehrfach täglich verlagert. Das marine Milieu und die terrestrischen Biotope verzahnen sich miteinander. Zwischen dem dauerüberfluteten Sublitoral und den höchsten Flutmarken erstreckt sich eine amphibische Zone, die wechselweise dem Festland und dem offenen Meer angehört. Strenggenommen endet der Einfluß des Meeres auf die Artengefüge und Lebensgemeinschaften aber nicht einmal exakt an der Hochwasserlinie, er reicht noch wesentlich weiter auf landfestes Gebiet herüber. Dieser facettenreiche Naturraum hat sich auf weiten Strecken noch viele Züge seiner Ursprünglichkeit bewahren können. Die Küstensäume sind daher ungemein erlebniswerte und gleichzeitig auch schutzbedürftige, schützenswerte Lebensräume!
Seit jeher sind die Küstengebiete als Urlaubs- und Erholungslandschaften außerordentlich beliebt. Die Wirtschaftsstruktur ganzer Küstenregionen wird durch den Freizeitbetrieb und seine Installationen bestimmt. Nicht immer sind die Folgen solcher Vermarktung erfreulich oder gar unproblematisch. Wo der Mensch außerhalb seiner alltäglichen Wohn- und Wirkstätten individuenreich an den Stränden auftaucht und dort zumindest zeitweise zum Bestandteil von Gezeitenzone oder Küstenlandschaft wird, sind Konflikte mit den Zielen von Naturschutz und Landschaftspflege nicht zu vermeiden!
Zum unmittelbaren touristischen Druck auf die küstentypischen Lebensräume kommt ein enormer Flächenverbrauch durch Zersiedlung und Verkehrswege hinzu.
Besonders nachhaltig auf die störempfindlichen Artengefüge der Küsten wirkt sich der Eintrag von Umweltgiften in die Meeresgebiete aus. Fast alle europäischen Flüsse führen den küstennahen Gewässern beachtliche Schadstoff-Frachten zu. Geradezu fatal und heute auch an nahezu allen Küstenabschnitten sichtbar sind die Effekte von Öleintrag aus der Tankerfahrt (einschließlich deren Havarien) oder der verantwortungslosen Entsorgung auf anderen Schiffen! Die Mengen verölter und verendeter Seevögel, die jährlich aufgefunden werden, zeigen, daß die schleichende Ölpest an den Küsten sicherlich ebenso problematisch ist wie ein akuter Ölunfall!
Andererseits gibt es fast überall an den Küsten Naturschutzgebiete, in denen die typische Pflanzen- und Tierwelt zusammen mit ihren einzigartigen Lebensstätten erhalten werden sollen. Große Teile des niedersächsischen und schleswig-holsteinischen Wattenmeeres sind unterdessen als Nationalparkgebiete ausgewiesen worden.
Damit läßt sich der Schutz von Natur und Landschaft sicherlich großflächig realisieren – Naturschutz ist aber nicht nur eine amtliche Angelegenheit! Jeder einzelne kann dazu seinen eigenen, wichtigen Beitrag leisten!
Ein paar simple, aber wirksame Regeln sollten für jeden Naturfreund eine Selbstverständlichkeit sein:

* Pflanzen werden nicht abgepflückt!
Die Küstensäume sind vergleichsweise arm an auffälligen, großblütigen Arten. Unter den Blütenpflanzen in den Dünenzügen, den Salzwiesen oder an den Klippen wachsen viele ökologische Spezialisten. Ihre Bestände sollten nicht unnötig dezimiert werden!

* Tiere werden nicht getötet!
Gegen das Aufsammeln von Totmaterial in den Flutsäumen und im Angespül ist gewiß nichts einzuwenden, dagegen ist das mutwillige Töten von Tieren als Freizeitbeschäftigung, z.B. auch „Sport"-Angeln, unnötig!

* Tiere werden nicht aufgestört und beunruhigt!
Bootsfahrten oder Wattwanderungen zu Seehundbänken sind zwar sehr beliebt, bedeuten jedoch gerade während der Sommermonate eine enorme Streßsituation für die Tiere. Da das Werfen und Aufziehen der Jungen, der Haarwechsel und die Paarung gerade in diese Zeit fallen, sollten die Seehunde vor jeglichen Störungen geschützt werden! Auch für die zahlreichen Vogelarten an der Küste sind rigorose Wanderer sehr störend und beunruhigend!

Weiterführende Literatur

Die Literatur zu den Lebensgemeinschaften am Strand, in den Watten und an den Felsenküsten ist so umfangreich, daß wir an dieser Stelle nur einige wenige weiterführende Literaturangaben nennen können. Das Gewicht liegt zudem fast ausschließlich auf solcher Literatur, die einen direkten Bezug zur Nord- und Ostsee hat.

ABRAHAMSE, J. (Hrsg.): Wattenmeer. Wachholtz Verlag, Neumünster, 1976

AICHELE, D. & GOLTE BECHTLE, M.: Was blüht denn da? Kosmos Verlag, Stuttgart, 1986

ANGEL, H. & WOLSELY, P.: Kosmos Familienbuch Lebensraum Wasser. Kosmos Verlag, Stuttgart, 1983

BARNES, R. S. K.: The Coastline. John Wiley & Sons, Chichester, New York, Brisbane, Toronto, 1977

BARRETT, J. H. & YOUNGE, C. M.: Collins pocket guide to the seashore. Collins, London, 1958

CAMPBELL, A. C.: Der Kosmos Strandführer. Kosmos Verlag, Stuttgart, 1977

DAHL, F. (Begr.): Die Tierwelt Deutschlands. Gustav Fischer Verlag, Jena, 1925

FECHTER, R., GRAU, J. & REICHOLF, J.: Lebensraum Küste. Mosaik Verlag, München, 1985

FITTER, R., FITTER, A. & BLAMEY, M.: Pareys Blumenbuch. Parey Verlag, Hamburg u. Berlin, 1974

GERLACH, S. A.: Meeresverschmutzung – Diagnose und Therapie. Springer Verlag, Berlin, Heidelberg u. New York, 1976

GESSNER, F.: Meer und Strand. VEB Deutscher Verlag der Wissenschaften, Berlin-Ost, 1957

GRIMPE, G. & WAGLER, E. (Hrsg.): Die Tierwelt der Nord- und Ostsee. Akademische Verlagsgesellschaft, Leipzig, 1927–1957

HEYDEMANN, B.: Ökologie und Schutz des Wattenmeeres. Schriftenreihe des Bundesministers für Ernährung, Landwirtschaft und Forsten, Angewandte Wissenschaft Bd. 255, Münster-Hiltrup, 1981
HEYDEMANN, B. & MÜLLER-KARCH, J.: Biologischer Atlas Schleswig-Holstein. Wachholtz Verlag, Neumünster, 1980
HEINZEL, H., FITTER, R. & PARSLOW, J.: Pareys Vogelbuch. Paul Parey Verlag, Hamburg u. Berlin, 3. Aufl. 1979
HISCOCK, S.: A field guide to the British Brown Seaweeds (Phaeophyta). – Field Studies 5, 1–44, 1979
JANKE, K.: Die Makrofauna und ihre Verteilung im Nordost-Felswatt von Helgoland. – Helgoländer Meeresuntersuchungen 40, 1–55 (Sonderdruck), 1986
JANKE, K. & KREMER, B. P.: Das Watt. Kosmos Verlag, Stuttgart, 1990
JONES, W. E.: A key to the genera of the British Seaweeds. – Field Studies 1, 1–32, 1962
KERMACK, D. M. & BARNES, R. S. K. (Hrsg.): Synopses of the British fauna (new series). Linnean Society of London, Cambridge University Press u. E. J. Brill, Leiden. Ab 1970
KOCK, K.: Das Watt – Lebensraum auf den zweiten Blick. Herausgegeben vom BUND e.V. und der Naturgesellschaft Schutzstation Wattenmeer e.V., 1983
KORNMANN, P. & SAHLING, P.-H.: Helgoländer Meeresalgen. – Helgoländer wissenschaftliche Meeresuntersuchungen 29, 1–289 (Sonderdruck), 1977
KREMER, B. P.: Meeresalgen. Neue Brehm-Bücherei No. 489. Ziemsen Verlag, Wittenberg-Lutherstadt, 1975
KREMER, B. P.: Pflanzen unserer Küsten. Kosmos-Verlag, Stuttgart, 1977
KREMER, B. P. & JANKE, K.: Die Insel Helgoland. Seevögel-Sonderheft 2, 1–26, 1986
KUCKUCK, P.: Der Strandwanderer, Paul Parey Verlag, Hamburg u. Berlin, 1974
LEWIS, J. R.: The ecology of rocky shores. English University Press, London, 1964
LÜNING, K.: Meeresbotanik. Thieme Verlag, Stuttgart, 1985
LUTHER, G.: Seepocken der deutschen Küstengewässer. Helgoländer Meeresuntersuchungen 41, 1–43 (Sonderdruck), 1987
MEYER, H.-U.: Schulbiologische Untersuchungen im Wattenmeer. Verlag Schmidt und Klaunig, Kiel, 1985
MOORE, P. J. & SEED, S.: The ecology of rocky coasts. Hodder & Stoughton, London, 1985
MUUS, B. J. & DAHLSTRÖM, P.: Meeresfische. BLV Verlag, München.
NEWELL, R. C.: The biology of intertidal animals. Logos Press, London, 2. Aufl., 1979
PETERSON, R. T., MOUNTFORT, G. & HOLLOM, P.A.D.: Die Vögel Mitteleuropas. Paul Parey Verlag, Hamburg u. Berlin, 12. Aufl. 1979
REINECK, H. E.: Das Watt – Ablagerungs- und Lebensraum. W. Kramer Verlag, Frankfurt, 1978
REISE, K.: Tidal flat ecology. Springer Verlag, Berlin, Heidelberg u. New York, 1985
SMIT, C. J. & WOLFF, W. J.: Birds of the Wadden Sea. Report 6 of the Wadden Sea working group. Balkema, Rotterdam, 1981
STEPHENSON, T. A. & A.: Life between tidemarks on rocky shores. Freeman, San Francisco, 1972
STREBLE, H.: Was find' ich am Strande? Kosmos Verlag, Stuttgart, 4. Aufl. 1987
STRESEMANN, E.: Exkursionsfauna für die Gebiete der DDR und der BRD. Volk und Wissen volkseigener Verlag, Berlin-Ost, 1985
TAIT, R. V.: Meeresökologie – das Meer als Umwelt. Thieme Verlag, Stuttgart, 1971
TARDENT, P.: Meeresbiologie. Thieme Verlag, Stuttgart, 1979
TEBBLE, N.: British bivalve seashells. British Museum Publications, London, 2. Aufl. 1976

Thies, M.: Biologie des Wattenmeeres. Aulis Verlag, Köln, 1985

Tuck, G. & Heinzel, H.: Die Meeresvögel der Welt. Paul Parey Verlag, Hamburg u. Berlin, 1980

Vauk, G.: Die Vögel Helgolands. Paul Parey Verlag, Hamburg u. Berlin, 1972

Vauk, G.: Naturdenkmal Lummenfels Helgoland. Niederelbe Verlag, Otterndorf, 1985

Vauk, G. & Prüter, J.: Möwen. Niederelbe Verlag, Otterndorf, 1987

Wohlenberg, E.: Die Wattenmeer-Lebensgemeinschaften im Königshafen von Sylt. Helgoländer wissenschaftliche Meeresuntersuchungen 1, 1–92, 1937

Wolff, W. J.: Flora and vegetation of the Wadden Sea. Report 3 of the Wadden Sea working group. Balkema, Rotterdam, 1979

Ziegelmeier, E.: Die Muscheln (Bivalvia) der deutschen Meeresgebiete. Helgoländer wissenschaftliche Meeresuntersuchungen 6, 1–64 (Sonderdruck, verändert 1974), 1957

Ziegelmeier, E.: Die Schnecken (Gastropoda, Prosobranchia) der deutschen Meeresgebiete und brackigen Küstengewässer. Helgoländer wissenschaftliche Meeresuntersuchungen 13, 1–66 (Sonderdruck, verändert 1973), 1966

Bildnachweis

Balzer, B. (107re), **Diedrich, J.** (263, 264, 276, 282li, 283), **Ewald, G.** (26li, 28re, 79li, 160re, 162), **Greve, W.** (45re), **Kage, M.** (237re), **Kerber, B.** (261), **König, R.** (2/3, 30li, 31re, 60li, 67, 68, 83li, 86re, 87li, 112li, 125li, 127u, 136li), **Kremer, B. P.** (23re, 30re, 31li, 32re, 33, 34/35, 38li, 39re, 40li, 41re, 42li, 43li, 47li, 78re, 81, 82li, 83re, 84li, 85re, 86li, 89, 92, 112re, 132/133, 134, 136re, 137re, 138re, 139, 140, 141, 142re, 143re, 144re, 145li, 146, 147li, 148li, 150, 151, 154, 155, 156li, 157, 158, 159, 161, 163, 164, 165, 210), **Limbrunner, A.** (282re), **Penski, K.** (292), **Quedens, G.** (4/5, 22, 23li, 25, 26re, 27, 29, 78li, 80, 84re, 85li, 87re, 95re, 129u, 152li, 228re), **Rohdich, W.** (131), **Valentin, C.** (129, 247, 248), **Wernicke, K.** (18/19, 79re, 250/252, 254, 255, 256, 257, 258, 259, 260, 262, 265, 266, 267, 268, 269, 270, 271, 272, 273, 274, 275, 277, 278, 279, 280, 281, 284, 285, 286, 287, 288, 289, 290, 291, 293, 294, 295, 296, 297, 298/299, 302, 303, 305, 306, 307, 308, 309).

Alle anderen Aufnahmen **Klaus Janke.**

Register

A

B

C

N

O

P

Q

R

S

T

U

V

W

X

Z

Leitformen im Felswatt

An Felsküsten bilden die hier festsitzenden Pflanzen und Tiere kennzeichnende Besiedlungsgürtel, deren obere und untere Grenze von den Gezeitenwasserständen festgelegt werden. Rinnentang und Seepocken markieren das durchschnittliche Hochwasserniveau, der Sägetang reicht bis zur Niedrigwasserlinie herunter. Besonders artenreich sind die kleineren Felstümpel der unteren Gezeitenzone

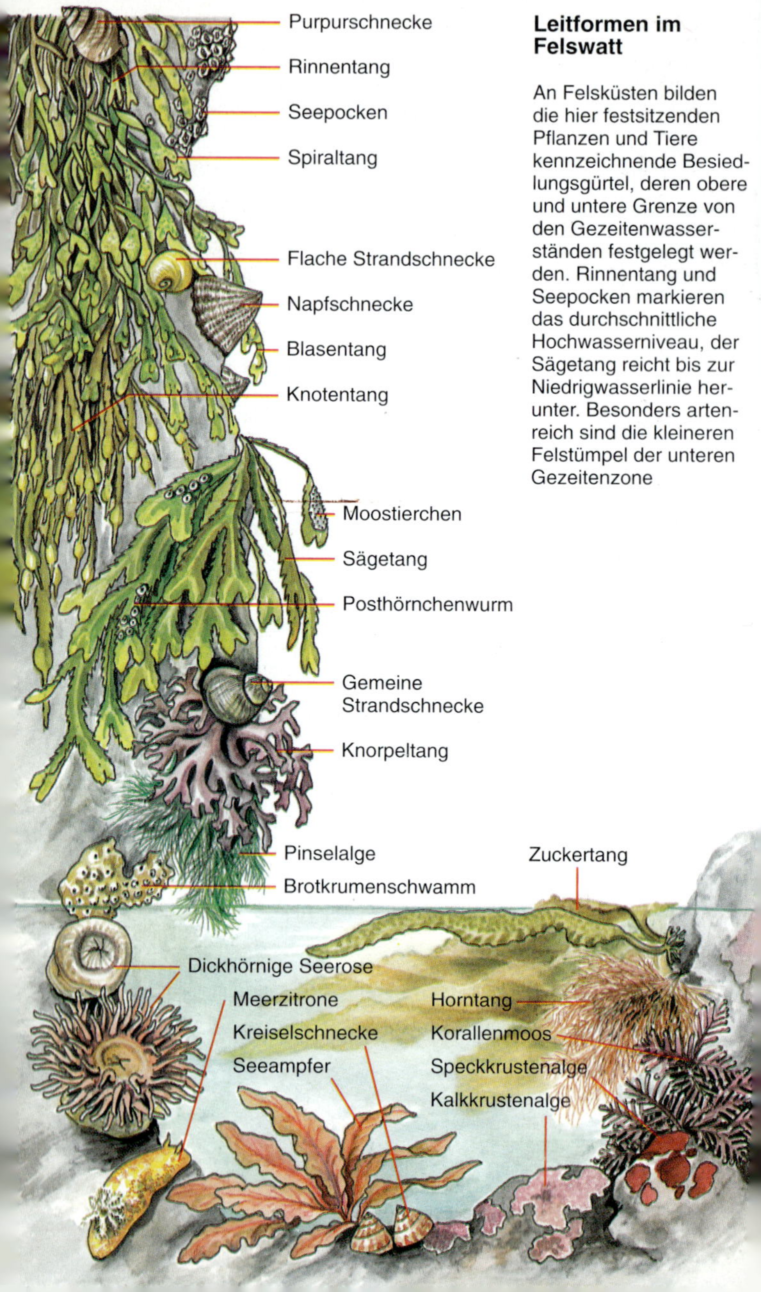